파워포인트 2013과
프레젠테이션 기획

내멋대로 요리하는 IT cafe

파워포인트 2013과
프레젠테이션 기획

좋은 IT 기초교육팀 지음

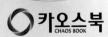
카오스북
CHAOS BOOK

파워포인트 2013과
프레젠테이션 기획

발행일 | 2015년 3월 5일 초판 1쇄 발행

지은이 | 김휴정, 김혜정, 이경미, 이명숙

발행인 | 오성준   **발행처** | 카오스북

등록번호 | 제 406-2012-000111호

주소 | 경기도 파주시 문발동 507-9번지

전화 | 031-949-2765   **팩스** | 031-949-2766

홈페이지 | www.chaosbook.co.kr

디자인 | 디자인 콤마

인쇄처 | 이산문화사

값 22,000원

ISBN 978-89-98338-74-9 93000

서문

프레젠테이션은 이미 우리에게 너무나 친숙한 단어가 되어 있습니다. 프레젠테이션이란 단순한 발표의 요약을 보여주는 배경 그림이 아니라 발표자의 발표력을 돕는 비언어적인 지원군의 역할을 해야 합니다.

저자들이 생각하는 프레젠테이션이란 청중의 Needs를 이해하고, 청중의 호기심을 이야기로 만들어 보여주는 것입니다. 또한, 프레젠테이션은 사람과 사람이 교감하는 커뮤니케이션 입니다. 그러므로 프레젠테이션 디자인의 흐름은 자연스럽고 이해하기 쉽게 제작되어야 합니다. 저자들은 수년간 대학에서 프레젠테이션 강의를 해오면서 프레젠테이션 제작을 위해 고민하는 학생들의 모습을 지켜보면서, 공감하고 소통할 수 있는 프레젠테이션을 제작하기 위해 본 교재를 집필하게 되었습니다.

이 책은 3파트로 구성하였습니다.

첫번째 파트인 파워포인트 기본에서는 파워포인트 2013의 핵심기능을 담았습니다.

1장에서는 파워포인트 2013의 새로운 기능들 알아보기와 텍스트 슬라이드 만들기를 수록하였으며, 2장은 테마와 슬라이드 마스터 다루기를 실었습니다. 3장과 4장에서는 파워포인트에서 가장 많이 사용되는 도형과 이미지 슬라이드 다루는 법과 스마트아트 슬라이드 만들기를 수록하였습니다. 5장에서는 표, 차트 슬라이드 만들기를 살펴보았으며, 6장에서는 멀티미디어, 애니메이션 기능을 이용해 청중의 관심을 유도하는 방법에 대해 실었습니다.

두번째 파트인 파워포인트 시각화하기에서는 파워포인트 디자인을 시각화할 수 있는 활용적인 면을 모아서 담았습니다. 첫번째 파트에서 기본기를 공부했다면, 두번째 파트는 청중들의 집중과 흥미유발을 이끌 수 있는 파워포인트에서의 주요 기능들과 활용법을 수록했습니다.

7장에서는 도형, 스마트아트를 활용한 슬라이드 만들기와 8장에서는 표, 차트를 활용한 슬라이드를 수록했습니다. 9장 애니메이션을 활용한 슬라이드에서는 프레젠테이션 전체에 생기를 불어넣는 기법을 실었습니다.

세번째 파트인 프레젠테이션 기획하기에서는 컨셉과 디자인 원리 등을 담았습니다.

10장 프레젠테이션 이해하기에서는 프레젠테이션을 제작하기 위한 기획의 배경과 목적, 청중분석, 정보전달법과 발표하기에 대해 수록했습니다. 11장은 기획력에서 가장 중요한 핵심인 컨셉과 스토리텔링에 대해 수록하였습니다. 이장에서는 컨셉의 의미와 마인드맵을 활용한 컨셉 찾기와 스토리텔링에 대해 설명하고 있습니다. 12장 슬라이드의 디자인 원리에서는 레이아웃, 타이포그라피, 컬러, 이미지, 스토리텔링 등에 대해 통일성과 조화를 이루어 내기 위한 방법에 대해 수록하였습니다.

저자들은 책을 집필하면서 독자의 입장에서 어렵지 않게 프레젠테이션을 제작할 수 있는 방법에 대해 많은 시간 생각을 하고 의견을 모았습니다. 완벽한 프레젠테이션이란 없습니다. 하지만, 발표자의 진심이 담긴 프레젠테이션은 청중들의 마음과 충분히 소통할 수 있다고 저자들은 생각합니다. 이 책을 통해 프렌젠테이션을 준비하는 많은 프레젠터들에게 조금이나마 길잡이가 되었으면 하는 바람입니다. 아울러 한권의 책이 나오기까지 힘써주신 카오스북 임직원 여러분들께 깊은 감사를 드립니다.

2015년 2월
저자일동

contents ▶
차 례

Part 2 파워포인트 시각화하기

프레젠테이션
기획하기

Part 3

파워포인트 기본

01

파워포인트 시작하기와 텍스트 슬라이드

학습목표

새로워진 파워포인트 2013의 작업 화면과 리본 메뉴를 알아보고 기본 사용법을 살펴본다. 프레젠테이션의 시작으로 기본적인 제목 슬라이드와 텍스트 슬라이드를 만들어보면서 기본 사용법과 텍스트 활용법을 익히고 마스터를 설정하여 적용하는 방법에 대해 알아본다.

01 파워포인트 2013 화면 구성 익히기

파워포인트 2013 기본 화면과 각 요소의 명칭과 기능, 발표용 슬라이드를 만들 때 필요한 모든 명령이 포함된 리본 메뉴를 알아보자. 이 절에서는 파워포인트를 처음 실행하면 나타나는 인트로 화면의 구성을 비롯해 슬라이드 만드는 방법과 저장을 시작하는 방법에 대해 배운다

1.1 파워포인트 2013의 새로운 기능

파워포인트 2013의 새로운 기능들에 대해 살펴보자. 파워포인트 2013에서는 와이드스크린기능, 발표자 도구, 균등한 간격으로 개체정렬, 이동경로 애니메이션, 마지막으로 읽은 위치표시 등 다양한 기능들이 새롭게 추가되었다.

1 와이드스크린

파워포인트 2013에서는 16:9의 와이드스크린 슬라이드를 기본 사이즈로 지원한다. 와이드스크린 및 HD 형식으로 디스플레이 기기가 변화하는 환경에 맞추어 기본 화면 크기를 바꾼 것으로, 표준(4:3), 와이드스크린(16:9) 해상도의 테마도 지원한다. 슬라이드 크기는 [디자인]-[사용자 지정]-[슬라이드 크기]에서 변경할 수 있다.

표준 스크린(4:3)

와이드 스크린(16:9)

2 발표자 도구

한 대의 컴퓨터에 두 대 이상의 모니터를 연결할 경우 한쪽 모니터에서는 전체 화면 슬라이드 쇼를 표시하고 다른 모니터에서는 '다음 슬라이드, 발표자 노트, 타이머' 등의 미리 보기를 표시하는 '발표자 도구'를 나타낼 수 있다. 따라서 발표자 모니터에는 슬라이드와 슬라이드 노트가, 청중에게는 슬라이드만 보이도록 설정할 수 있다. 모니터가 한 대 밖에 없는 경우는 Alt + F5 를 통해 발표자 도구를 사용해 볼 수 있다.

발표자 도구

3 균등한 간격으로 개체 정렬

도형 및 그림, 차트나 표 등의 개체를 슬라이드에 삽입하고 배치할 때 스마트 가이드가 자동으로 나타난다. 스마트 가이드를 사용하면 개체를 균등한 간격으로 정렬할 수 있다.

4　이동 경로 애니메이션

이동 경로 애니메이션을 만들 때 개체의 최종 위치를 표시한다. 개체 이동 경로의 끝점에는 고스트 이미지가 나타난다.

5　마지막으로 읽은 위치

한 번 열었던 문서를 다시 실행하면 마지막으로 읽은 위치가 표시된다. 따라서 예전에 읽었던 부분을 찾아 문서를 계속 읽을 수 있다.

1.2 화면 구성요소

화면 구성요소는 리본 메뉴와 슬라이드 개요, 슬라이드 창, 슬라이드 노트 창, 상태 표시줄 등으로 구성된다. 각각의 구성요소를 살펴보자.

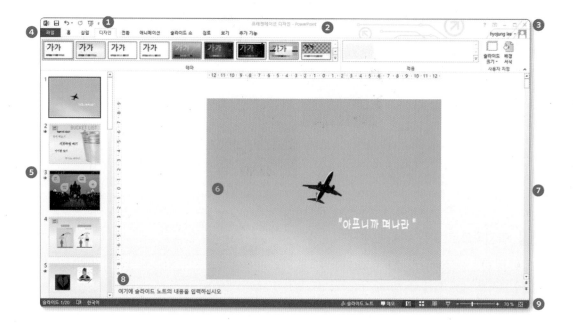

❶ **빠른 실행 도구모음**: 자주 사용하는 명령을 추가할 수 있다.

❷ **제목 표시줄**: 현재 프레젠테이션의 이름이 표시된다. 이 부분을 드래그하여 창을 이동할 수 있다. 더블클릭하면 창을 최대화하거나 또는 원래 크기로 복원한다.

❸ **창 최소화/최대화/닫기 버튼**: 파워포인트 2013 창을 최소화하거나 최대화한다. 또한 현재 열려있는 프레젠테이션을 닫을 때 클릭할 수 있다.

❹ **리본 메뉴**: 파워포인트 명령을 범주별로 구분해 놓았다. 범주 이름이 있는 탭을 클릭해 해당 탭을 열고 명령을 눌러 실행한다. 또한 사용자가 사용하지 않는 탭을 감추거나 새로운 탭을 만들어 명령을 추가할 수 있다.

❺ **[슬라이드/개요] 탭**: 슬라이드의 미리보기 또는 개요를 볼 수 있다. 슬라이드 탭에서 미리보기를 클릭하면 해당 슬라이드로 이동한다. 마우스 오른쪽 버튼을 클릭하면 메뉴가 표시되므로 슬라이드 복제 등의 명령을 선택할 수 있다.

❻ **슬라이드**: 파워포인트에서 실제 작업이 이뤄지는 곳이다. 텍스트를 입력하거나 도형을 배치하고 표, 차트, 그림 등과 같은 개체를 삽입한다.

❼ **스크롤 막대**: 슬라이드가 확대된 경우에는 스크롤 막대를 위/아래로 드래그하거나 맨 위와 아래에 있는 화살표 버튼을 클릭해 슬라이드의 위와 아래를 볼 수 있다.

❽ **슬라이드 노트**: 발표할 내용이나 참조할 사항을 입력한다. 슬라이드의 노트 인쇄 기능을 이용하면 내용을 인쇄할 수 있다.

❾ **상태 표시줄**: 슬라이드 번호/전체 슬라이드 수, 프레젠테이션에 적용된 테마 이름, 확대/축소 위려 상태를 알려준다.

1.3 리본 메뉴

리본 메뉴는 프레젠테이션을 만들기 위한 각 명령 버튼들을 관련 탭에 기능별로 모아놓은 실행 메뉴다. 리본 메뉴의 종류를 자세히 살펴보면 메뉴를 보다 쉽게 사용할 수 있다.

❶ **파일 탭**: 파일 탭에는 이전 버전의 오피스 단추 기능이 변경된 탭으로 문서의 저장, 열기, 정보, 새로 만들기, 인쇄 등의 문서관리 기능들이 있다. '최근에 사용한 항목'에서는 현재 열린 파일의 자세한 정보와 최근 사용한 파일들을 큰 창에서 볼 수 있어 파일관리가 편리하다. 옵션은 파워포인트 작업 환경을 설정할 수 있다.

❷ **[홈] 탭**: 복사/붙여넣기, 슬라이드 삽입, 글꼴, 단락, 도형, 도형 채우기 색 등 파워포인트에서 가장 많이 사용하는 기능을 모았다.

❸ **[삽입] 탭**: 표, 그림, 차트, 동영상 등의 개체를 파워포인트에 삽입할 수 있는 명령을 제공한다.

❹ **[디자인] 탭**: 슬라이드의 크기/방향, 탬플릿, 테마, 배경 등의 슬라이드 디자인과 관련된 명령을 제공한다.

❺ **[전환] 탭**: 쇼 보기에서 슬라이드가 바뀔 때 나타나는 효과를 지정한다. 특정 시간이 지나면 자동으로 화면이 전환되도록 설정할 수 있다.

❻ **[애니메이션] 탭**: 개체에 애니메이션 효과와 순서 등을 적용할 수 있다.

❼ **[슬라이드쇼] 탭**: 보기를 조정하거나 쇼 설정 변경, 예행연습(리허설), 해상도 변경 등을 작업한다.

❽ **[검토] 탭**: 맞춤법 검사, 사전, 한자, 메모 등의 유용한 도구를 실행할 수 있다.

❾ **[보기] 탭**: 기본, 여러 슬라이드, 슬라이드 노트, 읽기용 보기를 선택할 수 있고 마스터 전환, 눈 금선 표시, 창 저화 등과 같이 보기와 관련된 기능을 제공한다.

❿ **[추가 기능] 탭**: 사용자 지정 명령과 새로운 기능을 추가할 수 있어서 다른 프로그램과의 연계를 쉽게 할 수 있다.

⓫ **필요할 때 표시하는 탭(상황 탭)**: 작업할 때 리본 메뉴에 나타났다가 사라지는 고유한 색의 탭이 다. 상황 탭에는 그림 및 그래픽과 같은 항목에 사용할 수 있는 특수 서식도구가 포함되어 있다. 상황 탭을 나타나게 하려면 해당 개체를 더블클릭하여 그 상황에 맞는 메뉴가 나타나게 한다.

02   파워포인트 기본 사용법

파워포인트의 기본 사용법에 대해 알아보자. 새로 시작하는 법과 저장하는 법, 레이아웃을 변경하는 방법 등과 슬라이드를 추가하는 법, 다양한 보기 등에 대해 학습한다.

2.1   새로 시작하기

새로운 프레젠테이션을 제작하기 위해서는 기본 서식으로 시작하거나 편리하게 디자인에 신경 쓸 필요 없는 디자인 세트를 이용해서 시작한다. 프레젠테이션을 새로 만드는 방식은 다음의 3가지를 주로 사용한다.

1   기본 서식으로 새로 만들기

파워포인트 2013을 시작하면 기복 서식 상태의 파일로 시작한다. 기본 서식 파일은 디자인이 전혀 적용되지 않은 빈 파일로 가장 기본이 되는 파일이다. [파일]−[새로 만들기]−[새 프레젠테이션]으로 기본 서식 파일을 시작한다.

② 테마를 이용한 프레젠테이션으로 시작하기

테마는 디자인에 신경 쓰지 않고 슬라이드를 만들 수 있도록 미리 만들어둔 디자인 세트를 말한다. 배경 이미지나 배경색, 글씨 체, 도형 효과 등이 미리 만들어져 있기 때문에 사용하기 편리하 게 디자인이 적용된 슬라이드를 만들 수 있다. 다시 새로 만들기의 홈으로 가려면 화살표를 클릭하여 돌아간다.

❶ [파일]–[새로 만들기]–[테마]를 클릭하여 주제에 어울리는 테마를 선택한다.

❷ 새로운 프레젠테이션이 만들어지며 제목 슬라이드가 표시된다.

③　온라인의 프레젠테이션 서식으로 시작하기

MS 오피스 온라인의 프레젠테이션 서식에는 내용이나 다이어그램이 삽입되어 있는 서식이 들어 있다. 온라인의 특성상 새로 업데이트되는 테마나 서식, 다이어그램을 사용할 수 있다.

❶ [파일]–[새로 만들기]에서 오피스 온라인 목록의 [프레젠테이션]을 선택한다.

❷ [디자인]이나 [디자인 슬라이드]를 선택하면 전체적으로 통일감 있는 디자인의 프레젠테이션으로 시작할 수 있다.

2.2 파일 저장

파일을 저장하기 위해 [파일]–[다른 이름으로 저장] 메뉴를 열면 여러 저장 방식이 나타나며 이 중 하나를 선택한다.

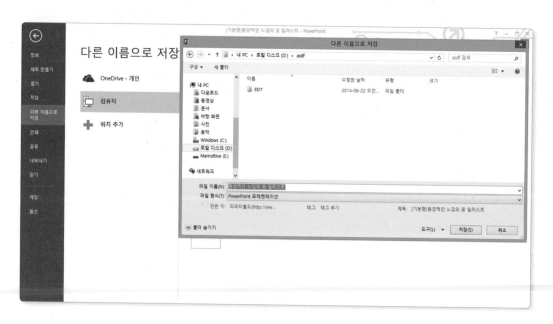

🔥 TIP

파워포인트의 파일 형식

[다른 이름으로 저장하기]에서 파일 형식을 다양하게 지정할 수 있다. 2007이후의 버전의 기본 파일 확장자는 .pptx이며 2003 버전까지는 .ppt이다. 저장할 때 주의할 점은 상위 버전에서는 이전 버전 파일을 열 수 있지만 낮은 버전에서는 상위 버전 파일을 열 수 없다는 점이다. 그리고 온라인에서 많이 볼 수 있는 .pptm 파일은 VBA매크로와 ActiveX 컨트롤을 포함할 수 있으며 확장자가 다른 파일과 구별되므로 확장자별 파일관리에 도움이 된다.

파워포인트 파일 형식

PowerPoint 파일 형식	확장명
프레젠테이션	.pptx
97~2003 버전 프레젠테이션	.ppt
매크로 사용 프레젠테이션	.pptm
서식 파일	.potx
매크로 사용 서식 파일	.potm
슬라이드쇼	.ppsx
매크로 사용 쇼	.ppsm
Office 테마	.thmx

[다른 이름으로 저장] 창의 왼쪽 아래에 있는 [옵션]에는 [파일의 글꼴 포함] 옵션이 있다. 이 기능을 체크하면 새 글꼴을 사용했을 경우에 글꼴 파일을 별도로 가지고 다니지 않고도 발표할 수 있다. 하지만 [프레젠테이션에 사용되는 글꼴만 포함]할 경우는 슬라이드를 편집할 수 없으므로 주의한다.

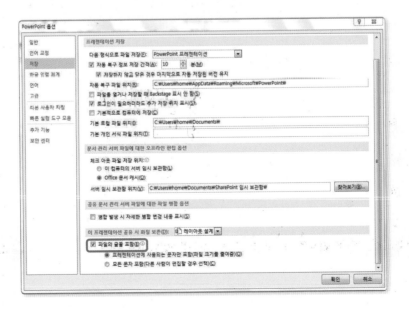

2.3 　다양한 화면 보기

파워포인트에는 사용하려는 용도에 따라 '기본', '여러 슬라이드', '읽기용 보기', '슬라이드쇼', '슬라이드 노트'의 5가지 보기 방식이 있으며 '마스터 보기'가 있다. 상태 표시줄의 [보기]를 사용해도 되고 [보기]-[프레젠테이션 보기]의 메뉴를 클릭해도 된다.

❶ 여러 보기

❷ 확대 비율

❸ 현재 창 크기에 맞춤

1 　기본 보기

기본 보기는 프레젠테이션을 작성하고 디자인할 때 사용하는 주 편집 보기이다. 이 보기에는 개요/슬라이드 창, 슬라이드 노트 창의 3가지 작업 영역이 있다. 상태 표시줄의 [현재 창 크기에 맞춤]을 선택하면 편집 창이 화면에 맞게 설정되며, [확대 비율]에서 편집 창의 크기를 조절하여 작업할 수도 있다.

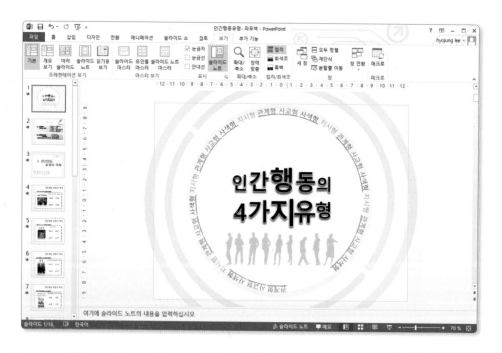

2 여러 슬라이드 보기

여러 슬라이드 보기는 슬라이드를 축소판 그림 형태로 표시하기 때문에 한 화면에서 전체 슬라이드를 한꺼번에 살펴보기에 적합하니, 슬라이드 구성 순서를 바꾸거나 복사, 삭제 등의 작업을 편리하게 실행할 수 있는 것이며 슬라이드 선산 효과를 실정할 때 이용한다. 특정 슬라이드를 더블 클릭하면 해당 슬라이드를 기본 보기 상태로 볼 수 있다.

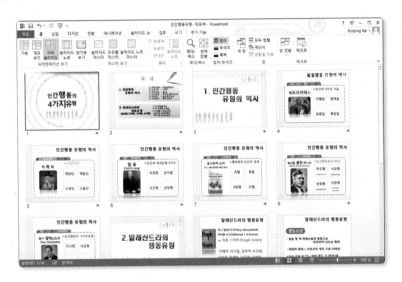

3 읽기용 보기

읽기용 보기는 슬라이드쇼를 읽기 형태로 볼 수 있는 2013 버전에 추가된 기능이다. 슬라이드 편집 작업을 하면서 [보기]-[프레젠테이션 보기]-[읽기용 보기]를 실행하면 별도의 창에서 슬라이드쇼를 볼 수 있어서 애니메이션이나 실행을 참고하는데 도움이 된다. 창 아래의 읽기용 보기 버튼을 사용하여 이동할 수도 있다.

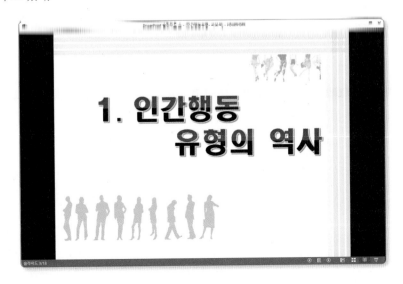

4 슬라이드쇼 보기

슬라이드쇼 보기는 슬라이드쇼가 전체 화면으로 표시되며 청중이 보는 것과 동일한 프레젠테이션을
보게 된다. 그래픽, 타이밍, 동영상, 애니메이션 효과 및 전환 표시가 실제 프레젠테이션에서 어떻게
보이는지 확인할 수 있다.

❶ [보기]-[프레젠테이션 보기]-[슬라이드쇼]를 선택하거나 `F5` 키를 누른다.
❷ 슬라이드쇼에서 `Esc` 키를 누르거나 슬라이드쇼 화면에서 마우스 오른쪽을 눌러 [쇼 마침]을 클
  릭하면 쇼를 마칠 수 있다.

5 슬라이드 노트 보기

슬라이드 편집 모드가 아닌 슬라이드 노트 보기에서는 슬라이드에 관련 있는 내용을 노트 영역에
작성한다. 기본 보기에서 편집 창 아래에 노트를 입력할 수도 있으며 [보기]-[프레젠테이션 보기]-[슬
라이드 노트]를 클릭하여 슬라이드 노트 보기를 실행한다.

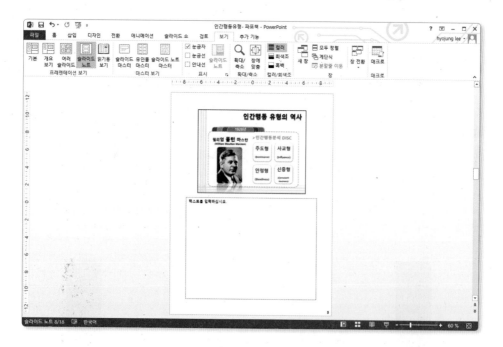

2.4 슬라이드 추가

슬라이드 추가는 용도에 맞게 필요한 슬라이드를 추가하여 사용한다. 또한 다른 테마의 슬라이드를 복사하여 슬라이드를 새롭게 만들 수도 있다.

1 슬라이드 레이아웃 추가하기

슬라이드의 레이아웃 이름으로 각 레이아웃의 용도를 알 수 있는데 원하는 레이아웃을 선택하여 슬라이드를 추가한다. 프레젠테이션에 새로운 슬라이드를 추가하면 다음 중 하나를 실행한다.

❶ [홈]−[슬라이드]−[새 슬라이드]에 있는 레이아웃을 고르거나 단축키 Ctrl + M 을 누른다.

❷ 같은 레이아웃을 지정하는 경우 슬라이드 개요창에서 슬라이드를 선택 후 Enter 키를 치거나 [새 슬라이드]를 클릭한다.

❸ 슬라이드의 레이아웃을 변경하려면 [슬라이드]−[레이아웃]에서 변경할 레이아웃을 클릭한다.

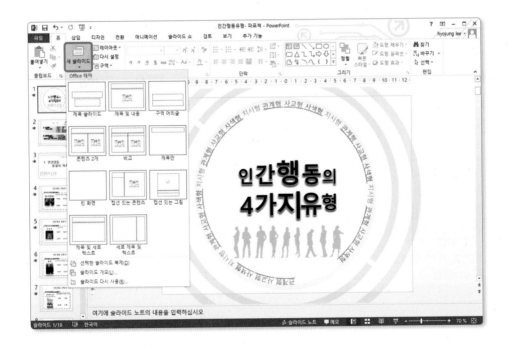

✋ TIP ## 슬라이드 레이아웃

슬라이드에는 11개의 레이아웃이 있다. 가장 많이 사용하는 레이아웃으로는 '제목, 제목 및 내용. 콘텐츠 2개, 제목만' 등이 있다. 각 레이아웃에 따라 슬라이드의 구성이 달라지므로 그 특성을 살펴보자.

제목 슬라이드
제목과 부제목으로 구성되며 주로 표지를 작성할 때 사용

제목 및 내용
제목과 콘텐츠 개체틀로 구성

구역 머리글
하나의 영역을 미리 소개 하는 슬라이드

콘텐츠 2개
제목과 2개의 콘텐츠 틀로 구성

비교
제목과 콘텐츠 틀 및 콘텐츠 제목으로 구성

제목만
제목만으로 구성되므로 각 개체는 삽입 메뉴를 이용하여 삽입

빈 화면
자유로이 개체를 삽입할 수 있는 레이아웃

캡션있는 콘텐츠
제목과 콘텐츠 틀이 주가 되며 왼쪽에 보조 텍스트 개체틀로 구성

캡션있는 그림
그림 개체가 주가 되며 아래에 보조 텍스트 개체틀로 구성

제목 및 세로 텍스트
제목과 세로 텍스트 틀로 구성

세로제목 및 텍스트
세로 제목과 텍스트 틀로 구성

2   슬라이드 복사하기

❶ [슬라이드] 탭의 복사할 슬라이드에서 마우스 오른쪽 버튼을 클릭하여 [복사]를 클릭한다.

❷ [슬라이드] 탭에서 슬라이드의 새 복사본이 들어갈 위치를 마우스 오른쪽 버튼으로 클릭한 다음 [붙여넣기]를 클릭한다.

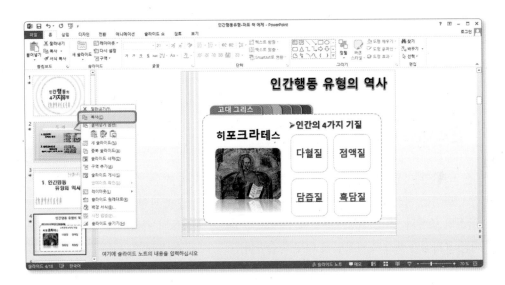

TIP 슬라이드 복제하기

슬라이드 복제는 복사할 슬라이드 바로 다음에 붙여넣기가 자동으로 이루어진다.
다른 파일의 슬라이드를 복사하는 경우는 붙여넣기 옵션의 [대상테마 사용]을, 원본 디자인 형식을 그대로 유지하려면 [원본서식 유지]를 선택한다.

❶ **대상 테마 사용**: 테마가 다른 슬라이드의 경우 붙이려는 곳에 테마로 변경되어 복제된다.
❷ **원본서식 유지**: 원본서식을 그대로 유지하여 복제한다.
❸ **그림**: 그림으로 복제되므로 슬라이드의 수는 늘어나지 않고 그림 형식으로 복제된다.

3   슬라이드 삭제하기

슬라이드 탭에서 삭제할 슬라이드를 선택한 후 Delete 키를 누르거나 바로 가기 메뉴에서 [슬라이드 삭제] 또는 [잘라내기]를 실행한다.

03   슬라이드에 텍스트 입력하기

텍스트 슬라이드는 슬라이드를 구성하는 여러 요소 중 텍스트를 주된 소재로 사용하여 작성된 슬라이드를 말한다. 요즘의 경향은 그림이나 동영상을 주된 요소로 사용하지만 아직까지도 텍스트는 내용 전달을 위한 중요한 기본 요소로 쓰이고 있다. 이 절에서는 텍스트의 사용방법과 문단 구성이나 단락 구성에 대하여 알아보고 여러 가지 예제를 통해 텍스트 활용을 배운다.

3.1 슬라이드에 텍스트 입력하기

텍스트는 프레젠테이션에서 일차적으로 내용을 전달하는 역할을 하는 가장 기본적 표현 도구다. 내용에 잘 어울리는 텍스트 슬라이드는 이미지보다 더 뛰어난 전달 효과를 가지므로 꾸준히 사용되고 있다. 글꼴의 종류와 크기, 색상, 줄 간격 등으로 구성되는 텍스트의 기본 입력 방법을 알아보고 내용에 따른 효과적인 텍스트 사용법에 대해 학습한다.

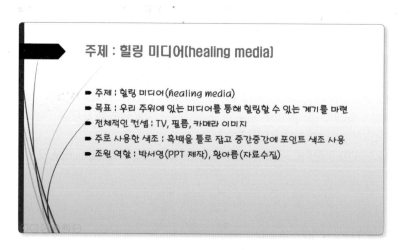

1 텍스트 입력하고 글꼴 서식 지정

슬라이드 레이아웃 중 '제목'과 '제목 및 내용' 레이아웃에서 텍스트를 입력하여 완성한다. 이 슬라이드에서는 글꼴 선택이나 텍스트의 크기, 색상 등에 대해 배운다.

❶ [파일]-[새로 만들기]-[물기] 메뉴를 선택한다. [세로 슬라이드]에 내용을 입력한다.

❷ 제목은 [홈]-[글꼴]에서 글꼴은 'HY헤드라인M', 크기는 '48pt, 그림자'를 지정한다.

❸ 부제목은 [홈]-[글꼴]에서 글꼴은 'HY중고딕' 크기는 '20pt'를 지정한다.

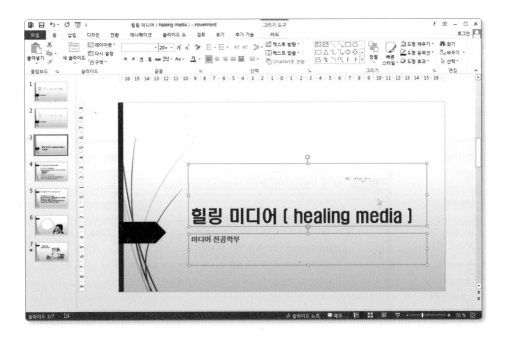

❹ [홈]−[슬라이드]−[새 슬라이드]에서 '제목 및 내용' 레이아웃을 삽입한 후 제목 개체와 내용 개체에 내용을 입력한다.

❺ 제목을 입력한 후 [홈]−[글꼴]에서 'HY헤드라인M, 크기는 32pt', '그림자'를 지정한다.

❻ 내용을 입력한 후 [홈]−[글꼴]에서 'HY엽서M', 크기는 '24pt'를 지정한다.

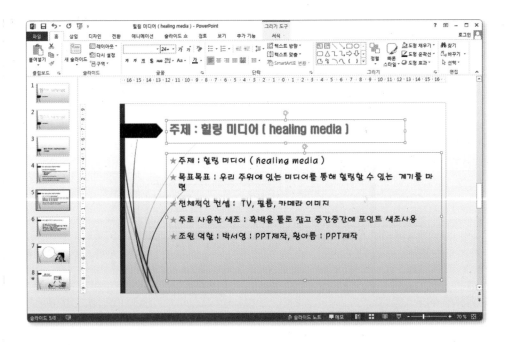

❼ 글꼴에 따라 텍스트 간격이 너무 벌어진 글꼴은 텍스트 간격을 조절하여 사용한다. [글꼴] 그룹에서 [텍스트 간격]을 [좁게]로 지정하면 두 줄로 단락이 나뉘는 것을 한 줄로 조절할 수 있다.

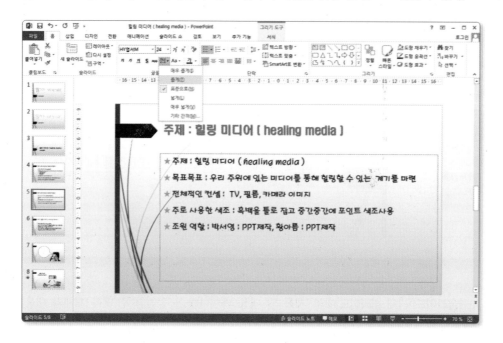

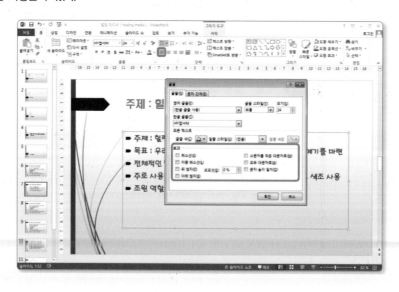

🖐 TIP   글꼴 대화상자의 옵션 살펴보기

[글꼴] 단락의 [대화상자 표시]를 클릭한다. 글꼴을 지정할 뿐 아니라 위첨자나 대/소문자 등 다양한 효과를 지정할 수 있다.

3.2 단락서식 지정하기

단락서식에서는 목록 수준의 변경과 글머리기호의 종류, 색상, 크기를 설정하여 목록의 모양을 설정한다. 각 단락은 목록으로 이루어지는데 각 목록의 수준 늘림과 줄임을 설정하여 계층을 만들고 단락의 줄 간격을 설정하여 슬라이드의 공간을 이용하는 방법을 알아보자.

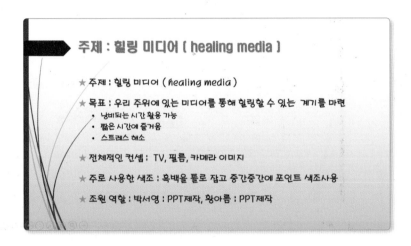

1 글머리기호의 모양과 색 변경하기

❶ 글머리기호와 내용 단락을 선택하여 글머리기호와의 간격을 조절한다. [보기]-[눈금자]를 체크한 후 내용 단락의 블록을 움직여 간격을 조정한다.

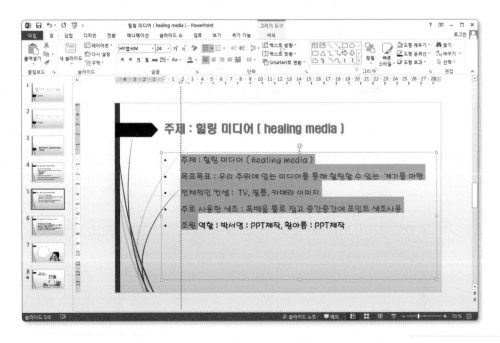

❷ [홈]−[단락]에서 [글머리기호]의 내림단추를 클릭하고 [글머리기호 및 번호 매기기]를 선택한다.

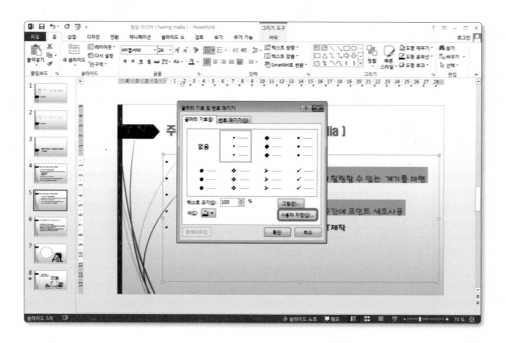

❸ [글머리기호 및 번호 매기기]의 [사용자 지정]에서는 다양한 글머리기호를 지정할 수 있다. [기호] 상
  자에서 [글꼴]−[현재글꼴], [하위집합]−[기타 기호]를 설정하여 글머리기호를 '★'를 선택한 후 [확
  인]을 클릭한다.

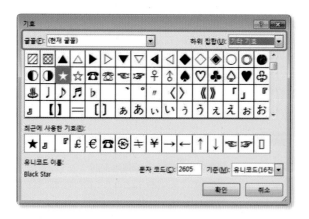

❹ [글머리기호 및 번호 매기기] 대화상자에서 색을 '옥색 강조2'를 선택한 후 확인을 클릭한다.

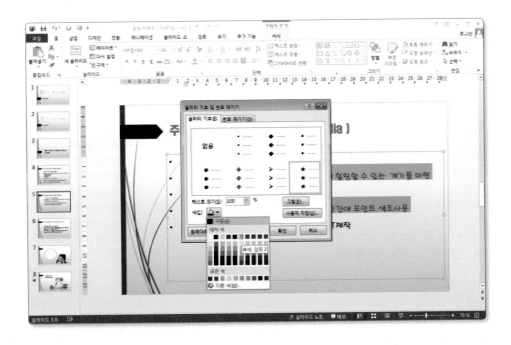

2 단락 바꾸기/줄 바꾸기

단락을 바꾸기 위해 Enter 키를 누르면 자동으로 글머리기호가 붙은 새 단락이 생긴다. 단락이 아닌 줄 바꿈은 Shift + Enter 를 누르면 줄만 바뀐다.

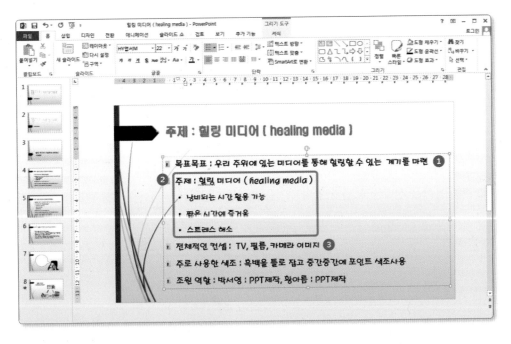

❶ 텍스트는 단계별로 입력하는데 계속 Enter 키를 누르면 같은 수준의 단계가 생긴다.

❷ 목록수준을 늘리려면 탭([Tab]) 키를 클릭하거나 [홈]−[단락] 모음에 있는 목록수준 늘림 ![icon]을 클릭한다.

❸ 목록수준을 줄일 때는 [Shift] + [Tab] 키나 [홈]−[단락] 모음에 있는 목록수준 줄임 ![icon]을 클릭한다.

③ 줄 간격 조절하기

균형 있는 슬라이드를 만들기 위해 텍스트의 줄 간격을 조정한다. 줄 간격 대신 [Enter] 키를 사용하면 간격이 너무 늘어나서 어색하게 보일 수 있으므로 주의한다.

❶ 단락을 선택한 후 [홈]−[단락]에서 줄 간격 ![icon] 의 화살표를 클릭한다.

❷ 줄 간격을 '배수'로 설정하면 값을 소수점까지 지정할 수 있다. 전체 글상자를 선택한 후 줄 간격을 '1.2'로, 단락 앞의 간격을 '18pt'로 설정한다.

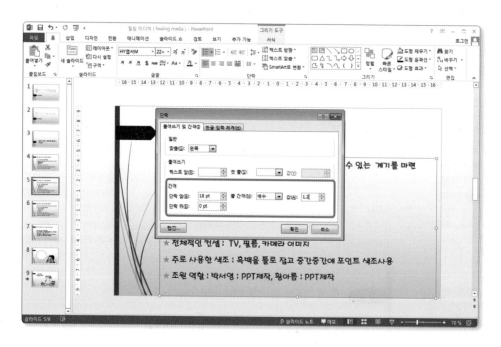

❸ 제2 수준 목록을 선택한 후 단락 앞의 간격을 '0pt'로 설정한다.

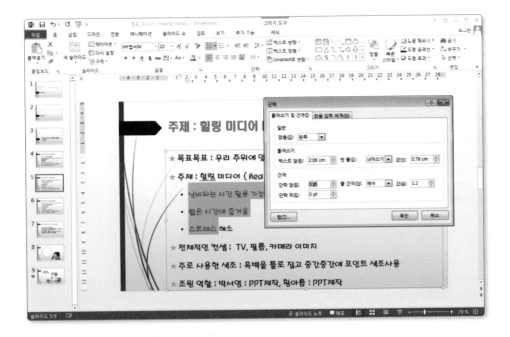

❹ 수준별 단락의 간격이 다르게 설정된 것을 확인한다.

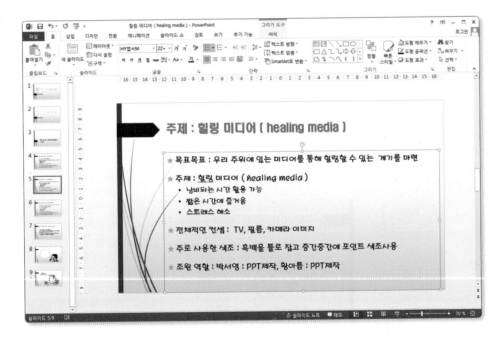

TIP   그림으로 글머리기호 설정하기

❶ [글머리기호 및 번호 매기기] 대화상자에서 [그림]을 선택한다.

❷ [그림삽입] 창에서 [Office.com 클립아트]의 검색 창에 '동물'을 입력한다. 여러 가지 동물 클립 아트 중에서 글머리기호로 사용하고 싶은 그림을 선택한 후 [삽입]을 클릭한다.

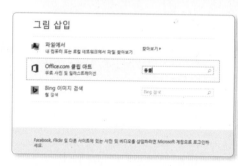

❸ 선택한 그림이 글머리기호로 사용되었다. [그림삽입] 창의 [파일에서]를 선택하면 저장된 그림으로 글머리기호를 지정할 수 있다.

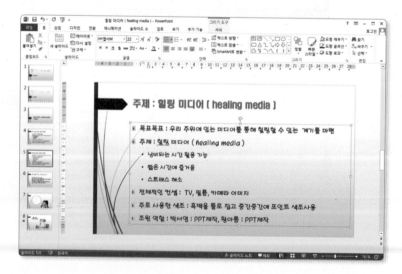

3.3 워드아트 스타일로 멋있는 텍스트 만들기

워드아트 스타일은 텍스트 스타일 갤러리로 입체효과와 그림이나 질감 등 다양한 스타일을 지정할 수 있는 편리한 기능이다. 워드아트 스타일을 선택하기 전에 텍스트의 글꼴과 크기를 먼저 설정한 후 워드아트를 적용하면 완성된 스타일을 확인할 수 있다.

1 워드아트 스타일 적용하기

❶ 제목 개체를 선택한다.

❷ [그리기도구]-[서식] 메뉴의 '워드아트 스타일 자세히' 버튼을 클릭한다. 여러 가지 스타일이 미리보기를 할 수 있으므로 어울리는 스타일을 선택한다.

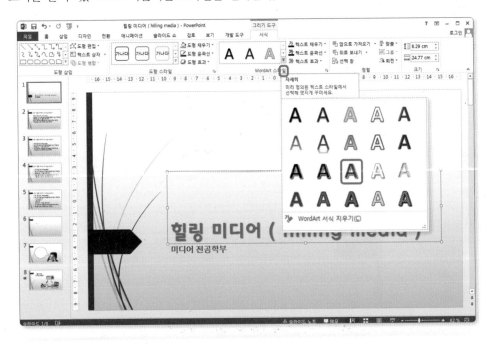

❸ 선택한 스타일의 색상을 변경하기 위해 [텍스트 채우기]를 선택한 후 '자주, 강조5, 50% 더 어둡게' 를 지정한다.

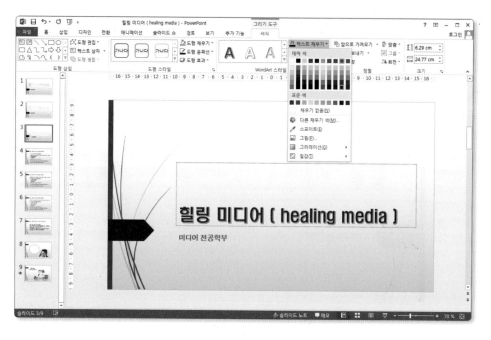

2 텍스트 효과 지정하기

❶ [텍스트 효과]에는 '그림자', '반사', '네온', '입체효과', '3차원 회전', '변환' 등의 옵션이 있다.

❷ '그림자' 효과를 지정하면 텍스트에 음영을 지성하여 입체감을 줄 수 있다. '오프셋 내각신 오른쪽 아래'를 지정한다.

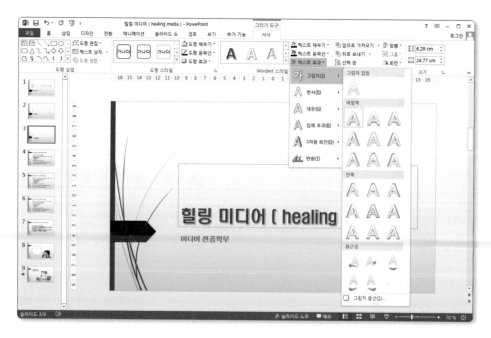

❸ '네온' 효과에서 네온의 색상과 크기 정도를 선택한다. 개별적인 설정을 원하면 [네온옵션] 창을 열어 색상, 크기 투명도를 자세하게 설정할 수 있다.

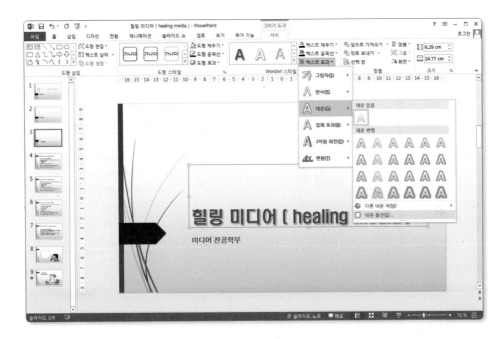

❹ [네온 옵션]에서 색상을 '검은색', 크기는 '7pt', 투명도는 '75%'로 지정한다.

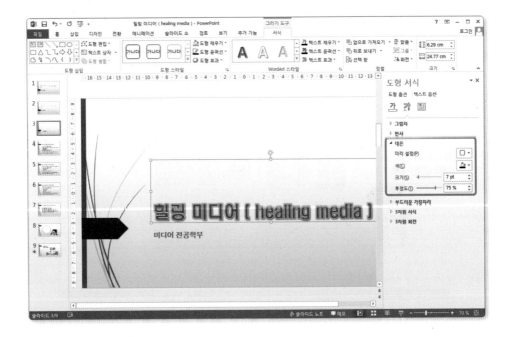

❺ [변환] 옵션에서 '수축'을 선택한다. 제목 개체를 크게 키우고 위치를 조정한다.

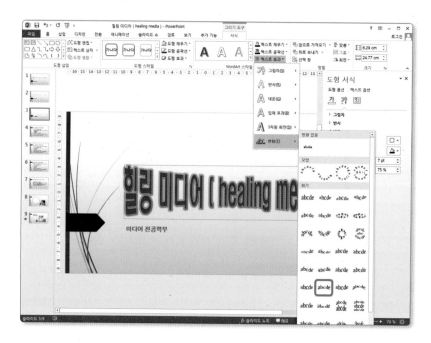

❻ 개체의 '휘기' 조절점을 드래그하여 텍스트의 모양에 따른 휘는 정도를 조절하여 완성한다.

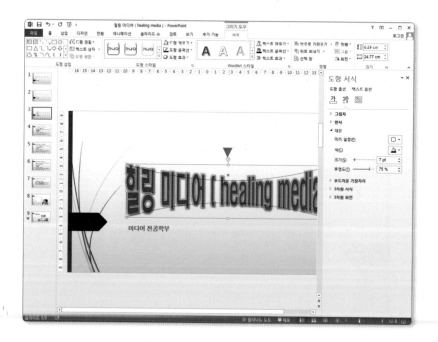

TIP **변환효과의 사각형 옵션으로 텍스트 모양 조절하기**

[그리기도구] – [서식] 메뉴의 [텍스트효과]에서 [휘기]의 [사각형] 옵션을 선택하면 텍스트 개체를 드래그만으로 글자의 높이와 넓이를 조절한다.
아래의 예는 같은 넓이의 텍스트이지만 높이를 조절하였다. 넓이도 같은 방식으로 조절한다.

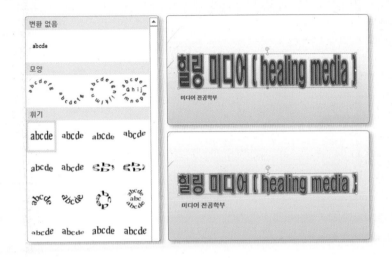

3 텍스트에 그라데이션 넣기

❶ 워드아트 스타일을 이용하면 텍스트에 그라데이션을 쉽게 넣을 수 있다. 텍스트 상자를 선택한 후 오른쪽 메뉴에서 도형서식을 선택한다.

❷ 오른쪽 작업창에서 [텍스트 채우기]–[그라데이션 채우기]를 선택한 후 그라데이션 선택 창에서 원하는 색상과 유형을 선택한다.

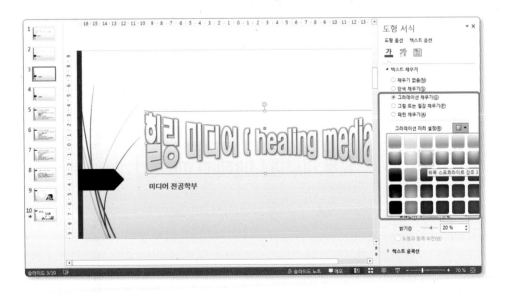

❸ 만약 원하는 색상이 없으면 유형을 고른 후 색상을 편집한다. 그라데이션 종류는 '방사형', 중지점 1은 '연한녹색', 중지점 2는 '노랑', 중지점 3은 '연한녹색'을 지정한다.

4 워드아트 스타일 제거하기

❶ 워드아트 스타일을 사용하지 않을 때는 '워드아트 서식 지우기'를 사용한다.

❷ 워드아트가 적용된 텍스트를 선택한 후 [워드아트 스타일]-[워드아트 서식 지우기]를 클릭하면 텍스트에 적용된 스타일이 모두 제거된다.

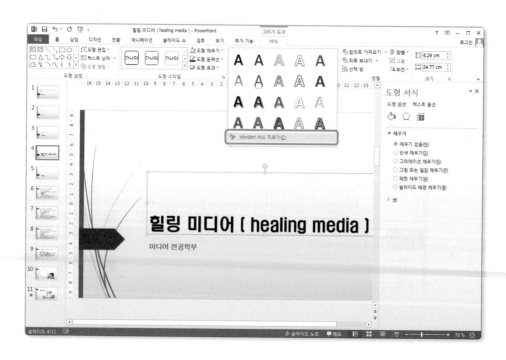

TIP **서식복사**

똑같은 서식을 여러 번 사용하는 경우는 서식복사를 이용하면 빠르게 작업할 수 있다.

- 서식복사 원본에 커서를 위치한 후 [홈] – [클립보드] – [서식복사]를 클릭한다. 여러 번 복사를 할 경우는 더블클릭한다.
- 커서 모양이 서식복사로 변환됨을 확인한 후 [붙여넣기]를 실행할 텍스트를 드래그한다.
- 제2 수준의 단락에 서식복사를 실행하여 제1 수준의 목록으로 변환하였다.

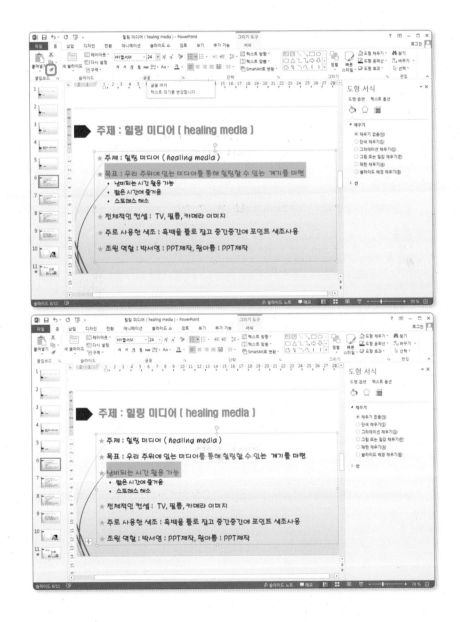

• 글자모양만 복사할 경우는 원본 텍스트의 일부를 선택하여 서식복사한 다음 붙여 넣으면 글머리기
  호와 목록 수준은 유지하면서 글자 모양만 서식복사할 수 있다.

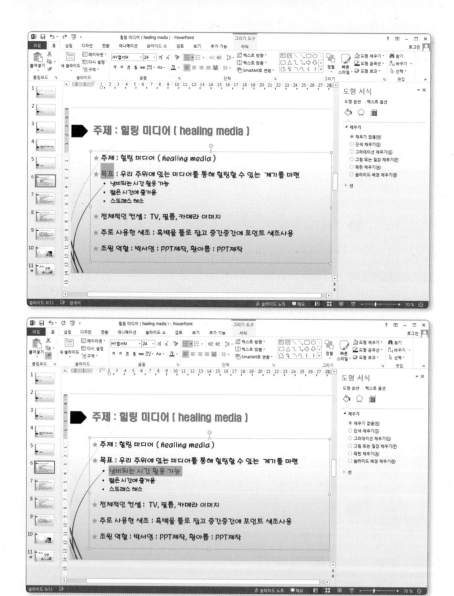

3.4 글꼴에 따른 텍스트 슬라이드

다양한 글꼴들 중에서 슬라이드의 주제와 어울리는 글꼴을 선택할 때 슬라이드 제작의 완성도를 높일 수 있다. 다음 슬라이드에서 서로 다른 분위기의 글꼴과 색상, 크기 등을 비교해보자.

1 기본에 충실한 글꼴

기본 'office 테마'에서 설정된 '맑은 고딕'은 깨끗하게 보이는 장점은 있으나 딱딱한 느낌을 주며 글꼴의 굵기가 가늘어서 프레젠테이션 용도로 사용하기에는 부족한 감이 있다. 내용이 많을 때는 복잡하게 보이지 않는 장점은 있다.

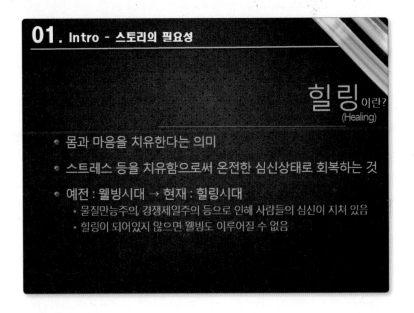

2 부드럽게 변형된 글꼴

고딕과 명조를 혼합한 'KT&G 상상제목 M' 글꼴로 부드럽게 획 끝을 구부려 재미있는 느낌을 주는 글꼴이다. 단조롭지 않으면서도 분위기를 너무 느슨하게 하지 않는 특징이 있다. 그 외에 서울시, 인터파크, 다음 등에서 개발하여 홍보와 이미지 구현을 위해 무료 배포한 글꼴 등을 많이 사용하고 있다.

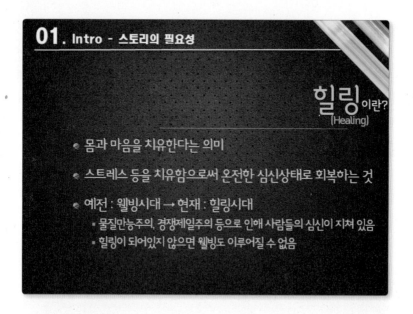

3 자연스러운 손글씨체 글꼴

친근하고 편안한 느낌을 주는 네이버의 '나눔 손글씨 펜'은 마치 손으로 쓴 듯한 부드러움을 준다. 부드러운 내용에 어울리며 자연을 주제로 한 내용과 잘 어울린다. 너무 부드러워서 내용 전달에 부족하다고 생각되면 일부 텍스트에만 강조를 위해 사용할 수도 있다.

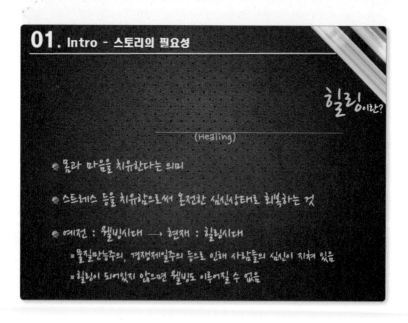

그외 스마트폰을 위한 글꼴도 많이 개발되고 있어서 다양한 분위기를 쉽게 나타낼 수 있다. 아래의 또 다른 글꼴은 스마트폰 글꼴인 '365달콤한 버핀' 글꼴이다.

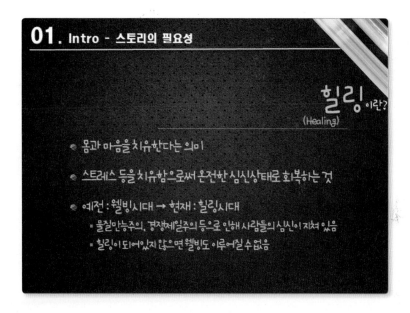

그밖에 수없이 많은 글꼴들이 있으나 슬라이드의 주제나 배경에 따라 사용하는 것이 좋다. 단 저작권이 있는 글꼴은 사전에 사용허가를 받은 후 사용해야 한다.

3.5   청중에게 다가가는 문단 작성하기

파워포인트로 문단을 작성하는 방법은 일반 문장과는 다르게 요약해서 작성해야 한다. 텍스트 슬라이드에서 많은 글을 사용하면 청중들은 지루해하므로 깔끔하고 간결하게 문단을 표현해야 한다. 발표 텍스트가 준비되면 다음의 조건에 따라 수정한다.

1 텍스트 다듬기

❶ 글에서 중요한 문단을 먼저 찾고, 그 문단의 키워드(절대 빠지면 안 되는 단어)를 찾는다.

❷ 키워드를 중심으로 발표를 위한 표현으로 새로 만든다. 명사로 끝날 수 있게 어울리는 조사를 넣어 완성한다.

❸ 복잡한 내용은 단락을 분리하여 요약한다.

After

학생-학사 연계

- 캠퍼스 운동과 학사 운동이 독립성과 통합성을 유지하는 전략 개발
- 학사 사역의 비전,구조,인프라,인력을 구축
- 학사들이 자발적으로 운동이 일어날 수 있도록 지원
- 장기적 안목에서 졸업 후의 삶을 고려한 캠퍼스 사역
- 사역에 집중 할 수 있는 환경을 조성

2 텍스트 표현하기

❶ 한 단락은 2줄을 넘지 않는다.

❷ 한 슬라이드에 텍스트가 7줄을 넘지 않는다.

❸ 글꼴은 정확하게 내용 전달을 할 수 있는 글꼴을 사용한다. '서울남산체 세로쓰기', 32pt, '진한파랑'으로 설정한다.

After

학생-학사 연계

- 캠퍼스 운동과 학사 운동이 독립성과 통합성을 유지하는 전략 개발
- 학사 사역의 비전,구조,인프라,인력 구축
- 학사들이 자발적으로 운동이 일어날 수 있도록 지원
- 장기적 안목에서 졸업 후의 삶을 고려한 캠퍼스 사역
- 사역에 집중 할 수 있는 환경 조성

❹ 슬라이드 창에서 현재 슬라이드를 선택한 후 오른쪽 마우스를 클릭하여 '중복 슬라이드'를 지정하여 다른 글꼴과 비교해보자.

❺ 줄 간격을 '1.5', 글꼴은 '인터파크 고딕M'으로 지정한다. 글머리기호는 [사용자 지정]에서 스페이드, 색상은 '주황'으로 설정하여 완성한다.

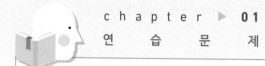

chapter ▶ 01
연 습 문 제

연습문제 1

다음의 텍스트 슬라이드에서 복잡한 단락을 제2 수준으로 분리한 후 줄 간격, 글머리기호 등을 지정하여 슬라이드를 완성해보자.

도전적인 기업문화

- 기업문화 : 도전적인 기업문화-적극적인 고객유치 및 공격적인 영업문화
- 연봉 : 대졸초임이 가장 높음 5200만원-연봉이 높은 만큼 업무강도가 상당히 높다
- 꿈이 PB라면 문화은행으로 오라-대부분 은행의 PB 발령은 7~10년이지만 문화은행은 3~5년 차에 발령 가능
- 지점직원의 하루 일과-7시 출근, 8시 회의, 9시 오픈, 4시까지 은행업무

도전적인 기업 문화

❶ 도전적인 기업문화
   - 적극적인 고객유치 및 공격적인 영업문화

❷ 대졸초임 연봉이 가장 높은 5200만원
   - 연봉이 높은 만큼 업무강도가 상당히 높다

❸ 꿈이 PB라면 문화은행으로 오라
   - PB발령은 7~10년이지만 문화은행은 3~5년 차에 발령 가능

❹ 지점직원의 하루 일과
   - 7시 출근, 8시 회의, 9시 오픈, 4시까지 은행업무

» 작성 조건

❶ 제1 수준의 단락을 분리하여 제2 수준 단락을 추가한다.

❷ 제1 수준의 글머리기호는 [글머리기호 및 번호매기기]—[그림]에서 클립아트의 '경제' – '원 안의 달러기호'를 지정한다.

❸ 제2 수준의 글머리기호는 '속이 찬 둥근 글머리기호'를 지정한 후 '진한파랑'을 지정한다.

❹ 줄 간격은 '1.0', 1 수준의 단락 앞 간격은 '20pt'를 지정한다.

❺ 제1 수준의 중요한 단어의 색상을 '주황 강조5', 크기를 '32pt'로 지정한다.

❻ 각 수준의 글머리기호와 단락의 간격을 넓힌다. 제목 슬라이드와 목차 슬라이드를 작성해보자. 각 슬라이드에 사용된 서로 다른 글꼴을 비교해보고 본인이 선호하는 글꼴로 다시 한번 더 수정해보자.

연습문제 2

» **작성 조건**

❶ 제목 슬라이드의 '버킷'은 '나눔 손글씨 붓, 66pt, 검은색'으로 지정한다.

❷ 제목 슬라이드의 '리스트'는 '나눔 손글씨 펜, 60pt, 검은색'으로 지정한다.

❸ 목차 슬라이드의 'CONTENTS'는 'Bauhaus 93, 48pt, 그림자, 진한파랑'으로 지정한다.

④ 워드아트 스타일의 [텍스트효과] – [변환]에서 '위쪽 원호'를 지정한 후 회전하여 원에 맞춘다.

⑤ 목차 슬라이드의 번호는 'HY동녘M, 28pt, 굵게, 그림자, 연한녹색'으로 지정한다.

⑥ 목차 슬라이드의 한글은 'HY동녘M, 28pt, 굵게, 그림자, 흰색'으로 지정한 후 [네온옵션]에서 '연한 녹색, 10pt, 투명도 60%'를 지정한다.

연습문제 3

다음 두 슬라이드는 배경과 그림이 있는 텍스트 슬라이드로 간략하게 텍스트를 정리해보자.

» 작성 조건

① 글꼴을 지정한 후 단락을 1, 2 수준으로 구분하여 각 글머리기호를 지정한다.

② 불필요한 단어를 삭제하고 줄 간격을 조정하여 완성한다.

연습문제 4

앞에서 실습한 내용을 바탕으로 다음 내용을 제목 슬라이드와 텍스트 슬라이드로 만들어보자.

우선 글에서 중요한 문단을 먼저 찾고, 그 문단의 키워드를 2~3개 찾는다. 문단의 키워드는 절대 바꾸면 안 되며 빠지면 의미가 상실되는 단어를 말한다. 키워드를 중심으로 발표용 문단을 새로 만든다. 문단 끝에 명사가 오면 서술형 문단을 발표용으로 간략하게 만들 수 있다.

> 존 나이스비츠의 〈메가트렌드〉를 요약하면, 메가트렌드란 인간의 힘으로 어쩔 수 없이 다가오는 미래이며, 여기에 대한 대안이나 준비가 없으면 불확실한 미래를 맞이할 수밖에 없게 된다는 것입니다.
>
> 현대사회는 산업사회에서 정보사회로 변모한다는 것입니다. 미국 인구의 60% 이상이 교육, 소프트웨어, 경리, 회계, 비서, 증권, 보험, 행정, 법률, 의료 전문업에 종사하고 있다 합니다. 이것은 1980년대 통계이기 때문에 현재는 더 많은 사람들이 지식/정보 서비스 산업에 종사할 것입니다. 이처럼 사회는 정보 근로자를 중심으로 한 사회가 된다는 것입니다.
>
> 동력기술에서 하이테크/하이터치의 첨단기술이 중심이 된다고 합니다. 쉽게 말하면, 힘을 생산하는 기계 중심의 기술에서 전자, 컴퓨터, 바이오 등의 첨단산업이 주류를 이루게 될 것이라 합니다.
>
> 경제체제도 국가 중심에서 세계경제 체제로 변화한다고 합니다. 세계경제 동향이 각각의 국가경제에 지대한 영향을 미치게 됩니다. 유럽이나 미국의 경기 침체는 바로 우리나라 경제에 영향을 주는 것을 이미 우리는 경험하고 있습니다. 자동차, 조선, 반도체 등 많은 산업이 여러 이유로 중국, 동남아, 동유럽으로 진출하고 있습니다. 국가경제 체제의 경계선이 무너지고 있는 것입니다.
>
> 단기적인 변화보다는 장기적인 변화에 유의하고 대비해야 합니다. 단기적 변화는 어느 정도 예측이 가능하지만, 오늘날과 같이 비약적으로 발전하는 과학기술 시대에는 어느 것이 출현할지 예측하기 힘듭니다. 불과 4~5년 전, 누가 아이패드와 같은 태블릿PC가 출현할 것인지 예측이나 했습니까? 장기적 변화는 기존의 개념을 근본적으로 흔들어놓기 때문에 더욱 유의하여야 하는 것입니다.

» **작성 조건**

❶ 표현은 서술식이 아닌 발표용으로 간결하게 다듬어서 사용한다.

❷ 한 단락은 2줄을 넘지 않는다.

❸ 한 슬라이드에 텍스트가 7줄을 넘지 않는다.

❹ 글꼴이나 배경 등은 마스터에서 서식을 지정한 후 사용한다.

❺ 글꼴은 내용 전달을 정확하게 할 수 있는 글꼴을 사용한다.

❻ 배경이나 그림은 내용을 도와주는 색상, 그림이나 테마를 사용한다.

❼ 제목 슬라이드와 텍스트 슬라이드는 서로 연관성이 있어야 한다.

❽ 다음의 〈결과물 자가 진단표〉에서 스스로 진단을 해보고 만족한 결과가 아닐 경우 다시 만들어 본다.

» **결과물 자가진단표**

평가 항목	평가 점수		
	○	△	×
내용 간결성 (문단 정리, 표현방법)			
청중 배려 (글꼴, 색상)			
설득력 (아름다움)			

chapter

02

테마와 슬라이드 마스터

학습목표

테마는 파워포인트에서 제공하는 디자인 서식으로 일관성 있는 슬라이드를 제작할 때 쉽고 빠르게 디자인을 적용할 수 있다. 기본 테마의 이용과 새로운 테마를 지정하는 방법에 대하여 알아본다. 마스터는 기본 슬라이드를 디자인할 수 있는 도구로 일관성 있게 본인만의 디자인을 지정할 수 있다.

01 테마와 슬라이드 마스터

테마는 파워포인트에서 제공하는 디자인 서식으로 일관성 있는 슬라이드를 제작할 때 쉽고 빠르게 디자인을 적용할 수 있다. 기본 테마의 이용과 새로운 테마를 지정하는 방법에 대하여 알아본다. 마스터는 기본 슬라이드를 디자인할 수 있는 도구로 일관성 있게 본인만의 디자인을 지정할 수 있다.

1.1 테마로 프레젠테이션 꾸미기

테마는 슬라이드 마스터, 테마색, 테마 글꼴, 테마 효과로 구성된 디자인을 말한다. 일관성을 유지하기 위해 이들을 설정해 놓으면 빠르고 쉽게 슬라이드를 제작할 수 있다.

1   기본 테마 적용하기

❶ [파일] 메뉴에서 [새로 만들기]의 '패싯' 테마를 선택한다.

❷ 같은 테마에서 다른 배경색을 선택할 수 있으므로 내용에 알맞은 색상의 테마를 선택한다.

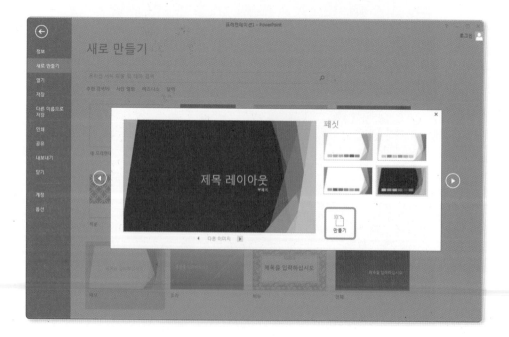

② 새로운 테마 글꼴 만들기

❶ [디자인]-[적용] 그룹의 [자세히]를 선택한 후 [글꼴]-[글꼴 사용자지정]을 클릭한다.

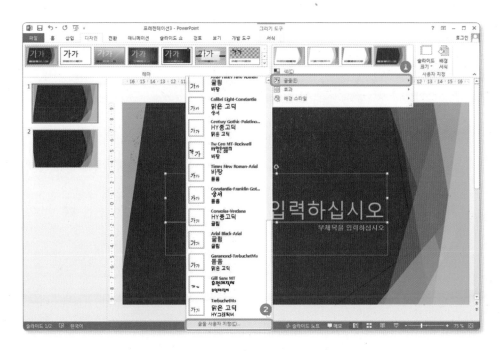

❷ 테마에 어울리게 제목 글꼴은 '나눔 손글씨 펜', 본문 글꼴은 '서울 한강체M'을 지정한 후 현재 테마를 다른 이름 '프로젝트1'로 저장한다.

❸ [디자인]-[적용] 그룹의 [자세히]를 선택한 후 [글꼴]에서 '프로젝트1'의 설정을 확인할 수 있다.

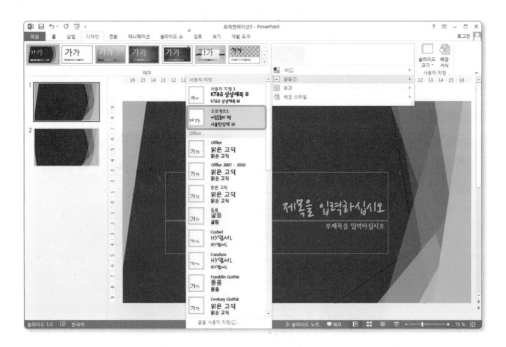

❹ 제목 슬라이드와 내용 슬라이드에 내용을 입력하여 결과를 확인한다.

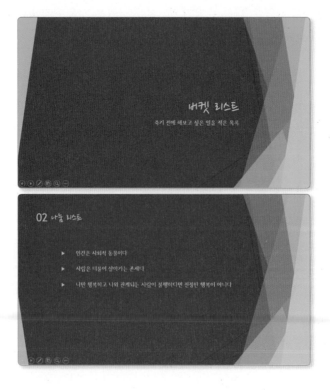

3   새로운 테마색 만들기

❶ [디자인]–[적용] 그룹의 [자세히]를 선택한 후 [색]에서 '노랑' 테마색을 선택한다.

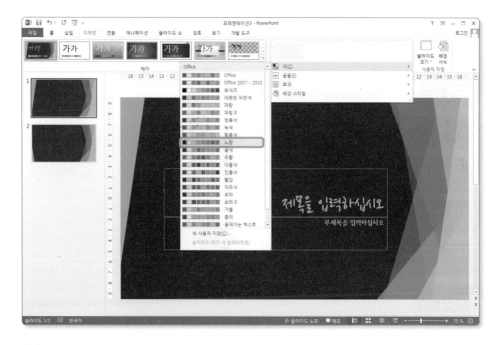

❷ [색]–[사용자 지정]을 클릭하여 열어본 하이퍼링크 색을 '황금색 강조 1'로 변경한 후 이름을 '프로
젝트2'로 저장한다.

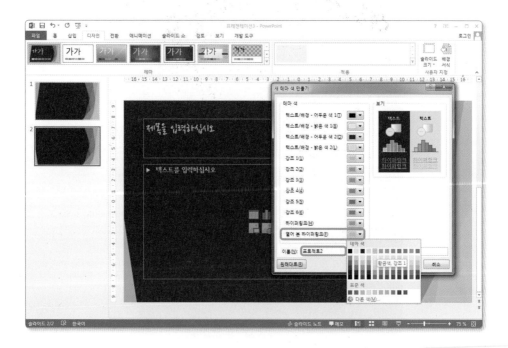

❸ 새로 지정한 테마색을 확인하려면 [디자인]-[적용] 그룹의 [자세히]를 선택한 후 [색]의 목록에서 '프로젝트2'를 확인할 수 있다.

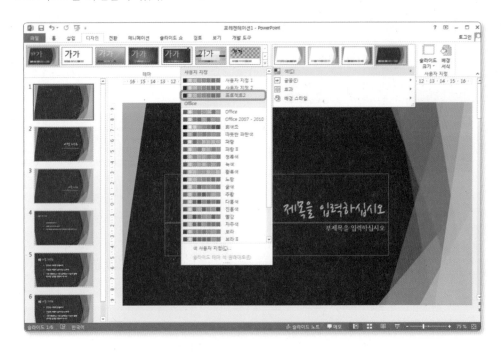

❹ [디자인]-[적용] 그룹의 [자세히]에서 [색]의 '프로젝트2'를 적용한 결과다.

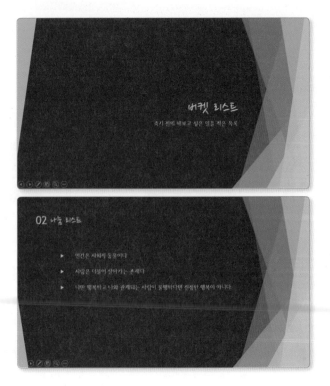

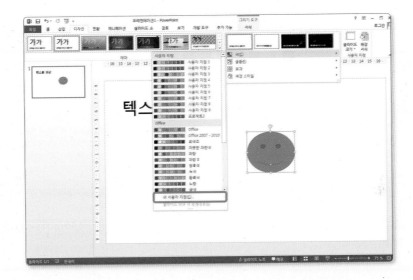 TIP   테마색을 자세히 알아보자

[디자인]-[적용]-[색]의 [색 사용자 지정]을 선택한다.

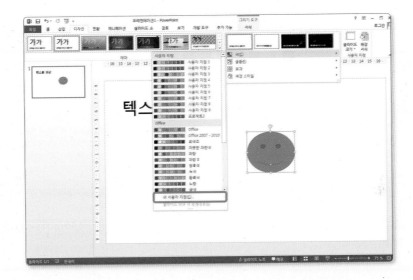

[새 테마색 만들기] 창에서 텍스트, 강조 1~6, 하이퍼링크의 색상을 지정할 수 있다.

❶ 텍스트 색에서는 배경의 밝고 어두운 설정에 따른 텍스트 색상을 지정한다.

❷ 강조 1~6 색상은 도형을 만들었을 때 적용할 수 있는 색상으로 [도형 스타일]에 제시되는 색상을 말한다.

❸ 특히 강조 1색은 도형을 삽입했을 때 기본으로 채워지는 색상이므로 가장 많이 사용할 색상을 지정하는 것이 편리하다.

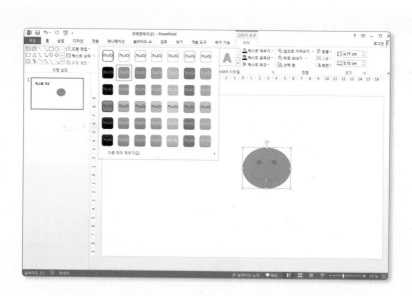

❹ 하이퍼링크와 열어본 하이퍼링크 색상은 [홈] 메뉴에서 수정이 되지 않으며 [새 테마색 만들기]
에서 수정한다.

1.2   슬라이드 마스터 서식 지정하기

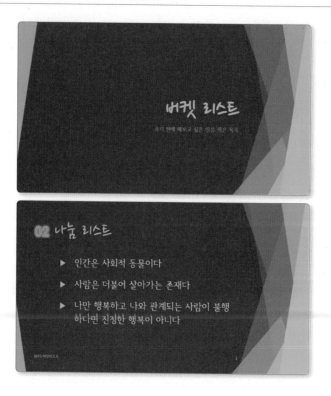

슬라이드를 제작할 때 마스터에서 서식을 지정한 후 슬라이드를 제작하면 일관성 있는 서식을 편리하게 작성할 수 있다. 마스터에서 지정한 서식은 슬라이드의 서식에 그대로 적용된다. 이때 변경할 수 있는 내용은 텍스트에 대한 서식(글꼴 종류, 크기, 색)과 도형 삽입, 배경색 지정, 글머리기호의 종류와 크기, 색상 변경 등이 있다. 또한 날짜, 바닥글, 슬라이드 번호가 나타나는 위치를 변경할 수 있다. 이제 슬라이드 마스터 설정에 관해 살펴보자.

4 슬라이드 마스터 탭 살펴보기

❶ **[슬라이드 마스터 삽입]**: 새 슬라이드 마스터를 삽입한다.

❷ **[레이아웃 삽입]**: 새 슬라이드 레이아웃을 삽입한다.

❸ **[삭제]**: 선택한 마스터나 레이아웃을 삭제한다.

❹ **[이름 바꾸기]**: 선택한 마스터나 레이아웃의 이름을 바꾼다.

❺ **[유지]**: 2개 이상의 마스터가 존재할 경우 마스터가 자동 삭제되는 것을 막는다.

❻ **[마스터 레이아웃]**: 슬라이드 개체들의 선택을 조정할 수 있다.

❼ **[개체 틀 삽입]**: 슬라이드 개체들을 삽입할 수 있다.

❽ **[제목] [바닥글]**: 제목과 바닥글 개체틀을 숨기거나 표시할 수 있다.

❾ **[테마 편집]**: 테마를 편집할 수 있다.

❿ **[배경 스타일]**: 배경색을 지정한다.

⓫ **[배경 그래픽 숨기기]**: 슬라이드 마스터에서 삽입한 개체를 현 레이아웃에서 숨긴다.

⓬ **[슬라이드 크기]**: 슬라이드의 크기를 설정한다.

⓭ **[마스터 보기 닫기]**: 슬라이드 마스터 편집모드를 종료한다.

5 슬라이드 마스터 보기에서 레이아웃 알아보기

슬라이드 마스터에는 부모 슬라이드와 자식 슬라이드가 있다. 슬라이드 마스터는 부모 역할을 하는데 슬라이드 마스터의 변경 사항은 자식 슬라이드 레이아웃에 그대로 적용된다. 반대로 자식 슬라이드 레이아웃의 변경은 그 레이아웃에서만 적용된다. 그러므로 공통으로 적용될 사항은 슬라이드 마스터에서 지정한다.

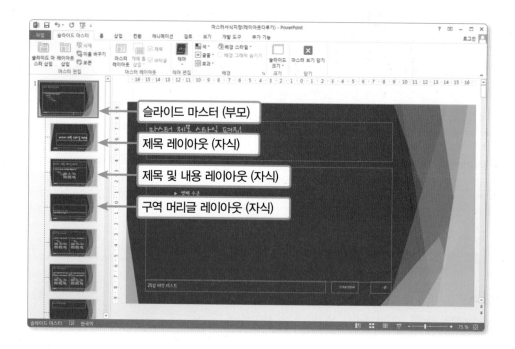

6 '제목' 레이아웃 서식 지정하기

❶ 제목 슬라이드에서 제목 텍스트의 색을 변경해보자. [보기]–[마스터보기]–[슬라이드마스터]에서 '제목 레이아웃'을 선택한다.

❷ 제목 텍스트를 선택한 후 [홈]–[글꼴]–[색]의 사용자 지정 색상을 RGB(0, 204, 153), 부제목 텍스트를 선택한 후 RGB(251, 151, 16)으로 설정한다.

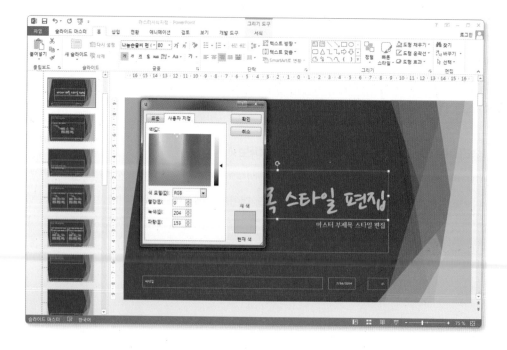

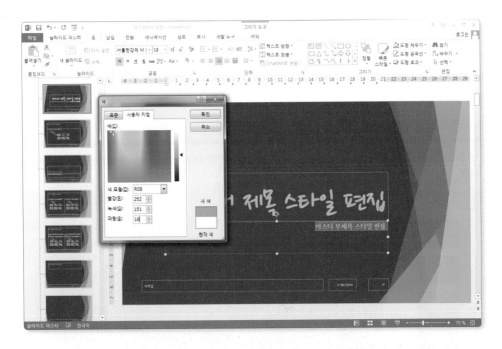

❸ [보기]-[마스터보기]-[슬라이드마스터]에서 [마스터보기 닫기] 혹은 Shift + [기본보기]를 클릭하여 결과를 확인한다.

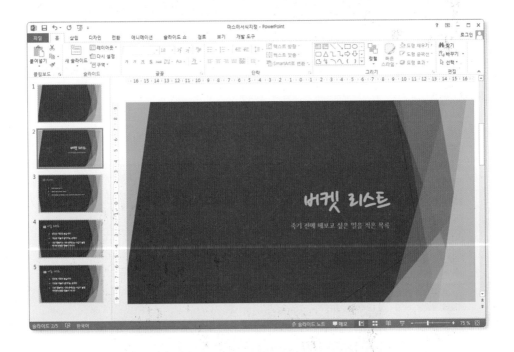

7 '제목 및 내용' 레이아웃 서식 지정하기

❶ [보기]-[마스터보기]-[슬라이드마스터]에서 '제목 및 내용' 레이아웃을 선택한다.

❷ 제목 텍스트를 선택한 후 [홈]-[글꼴]에서 크기를 '66pt'로 설정한다.

❸ 내용 텍스트의 제1 수준 목록을 선택한 후 크기를 '30pt'로 설정한다.

❹ 내용 텍스트의 제2 수준 목록을 선택한 후 크기를 '24pt'로 설정한다.

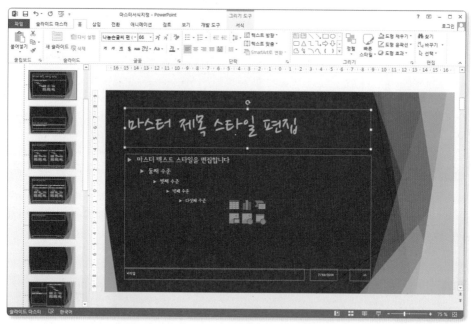

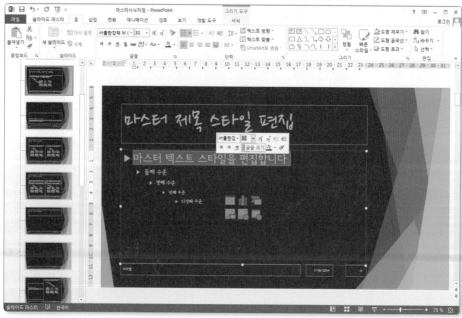

⑧ 단락 간격과 줄 간격 설정하기

❶ [보기]–[마스터보기]–[슬라이드마스터]에서 '제목 및 내용' 레이아웃을 선택한다.

❷ [홈]–[단락]의 줄간격 옵션에서 [단락 앞]은 '24pt', [줄 간격]은 '배수, 1.2'로 설정한다.

❸ 제2 수준 단락은 [단락 앞]은 '0pt', [줄 간격]은 '배수, 1.2'로 설정한다.

❹ [보기]–[마스터보기]–[슬라이드마스터]에서 [마스터보기 닫기]를 클릭한다.

❺ 제목 텍스트의 숫자를 선택한 후 [서식]–[텍스트 효과]–[네온]의 '녹색, 11pt 네온, 강조색1'을 지
정한다.

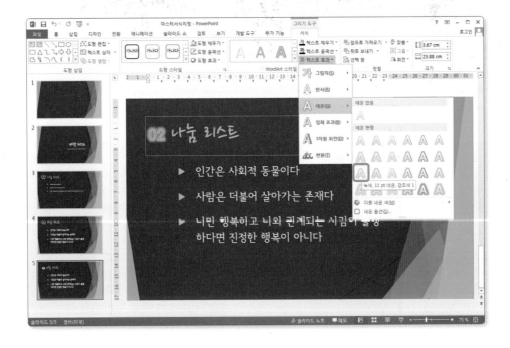

9 슬라이드 번호와 바닥글 삽입하기

❶ [보기]–[마스터보기]–[슬라이드마스터]에서 [삽입] 메뉴를 선택한다.

❷ 슬라이드 마스터를 선택한 후 [삽입]–[텍스트]–[머리글/바닥글]을 클릭하여 세부 사항을 입력한
  다. 슬라이드 번호, 바닥글을 설정하고 '제목 슬라이드에는 표시 안함'을 체크한 후 모두 적용을
  선택한다.

❸ 머리글과 바닥글의 위치를 변경할 때는 슬라이드 마스터에서 위치를 변경한다. 슬라이드 번호,
  바닥글의 글꼴 크기를 '12pt'로 수정한다.

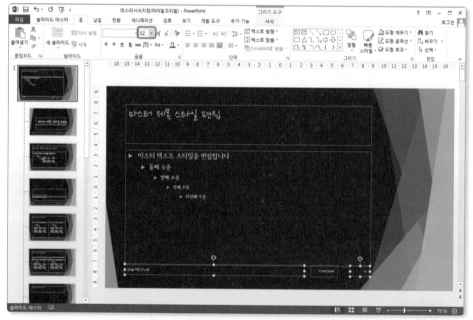

❹ 오른쪽 하단의 미리보기를 클릭하여 결과를 확인한다.

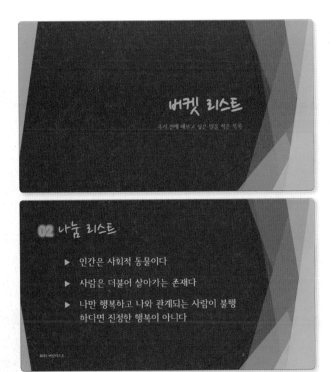

1.3   슬라이드 마스터 레이아웃 다루기

슬라이드 마스터는 기본적으로 11개의 레이아웃이 있다. 이 절에서는 새로운 슬라이드 레이아웃을
추가하여 배경을 수정하고 이름을 지정하여 사용하는 방법을 알아보자.

1   새 레이아웃 만들기

같은 배경을 계속 사용하면 지루할 수 있으므로 기존의 레이아웃을 복제하여 수정한 후 새로운 레이
아웃을 만들어보자.

❶ [제목 및 내용] 레이아웃을 선택한 후 오른쪽 메뉴에서 [레이아웃 복제]를 클릭한다.

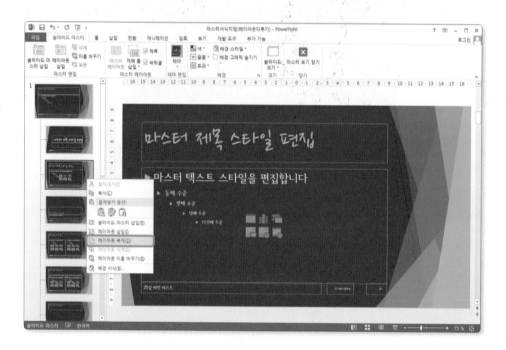

❷ 복제된 [제목 및 내용] 레이아웃을 선택한 후 [배경 자세히]를 클릭하여 [배경서식] 창을 나타나게
한다.

❸ [채우기]-[단색 채우기]의 [색]을 '청회색, 배경 2, 40% 더 밝게'를 선택한다.

❹ 복제된 레이아웃만 배경색이 다른 색으로 변경되었다.

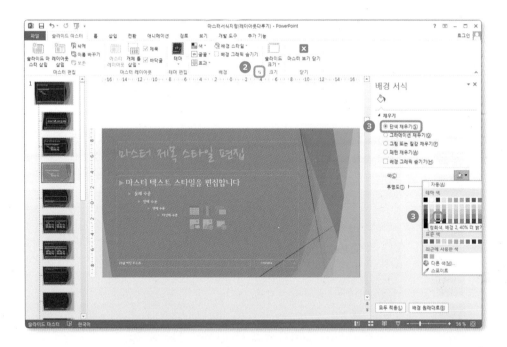

❺ 복제된 레이아웃을 선택한 후 오른쪽 메뉴에서 [레이아웃 이름 바꾸기]를 선택한 후 '푸른배경_제목 및 내용'으로 변경한다.

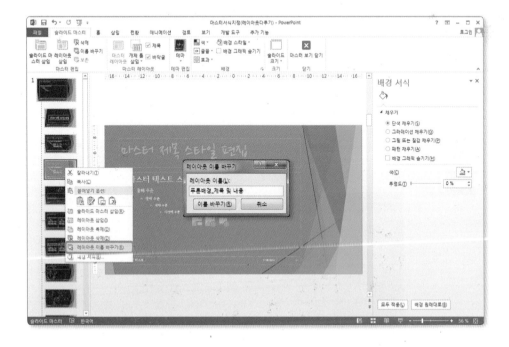

❻ 사용하지 않는 레이아웃은 선택한 후 삭제한다.

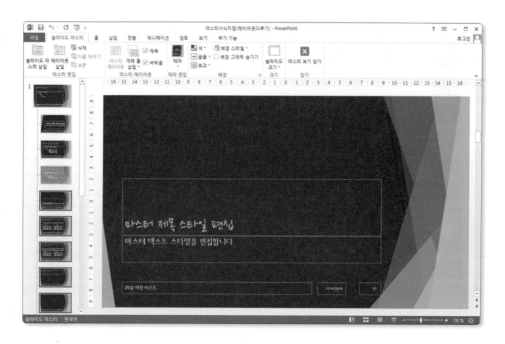

❼ [마스터 보기 닫기]를 클릭하여 [기본 보기]를 한다.

❽ [홈]-[슬라이드]-[새 슬라이드]에서 [푸른배경_제목 및 내용] 레이아웃을 선택하여 새 슬라이드를 추가한다.

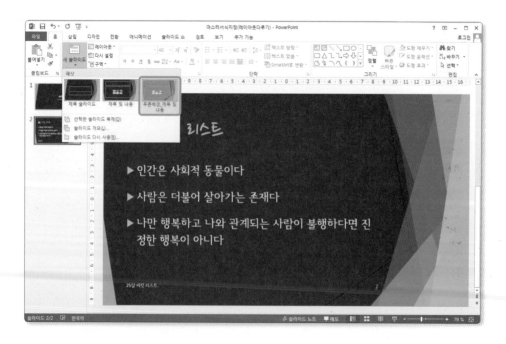

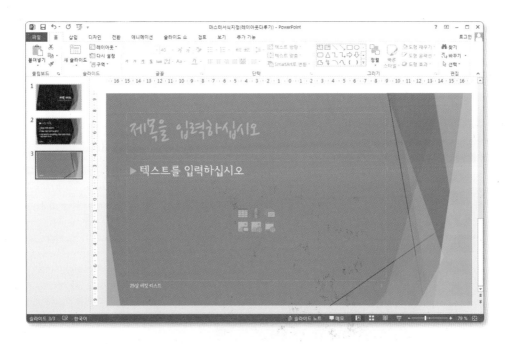

② 복수 마스터 만들기

❶ 새 파일에서 [보기]-[마스터 보기] 그룹의 [슬라이드 마스터]를 선택한다.

❷ 슬라이드 마스터를 선택한 후 오른쪽 버튼 메뉴에서 [슬라이드 마스터 복제]를 선택한다.

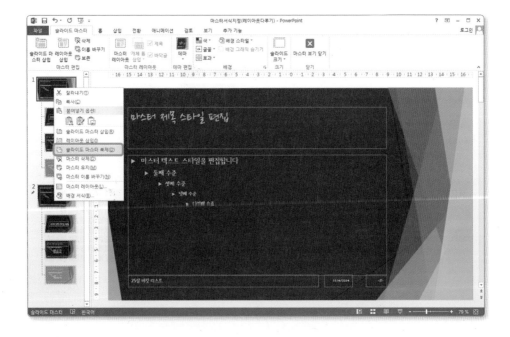

❸ 첫 번째 슬라이드 마스터를 선택한 후 [보존]을 설정하여 마스터를 사용하지 않는 경우에도 삭제되지 않게 보존한다.

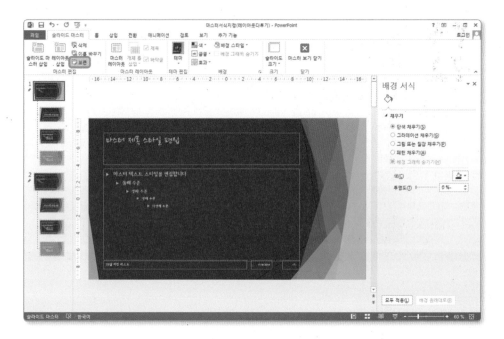

❹ 두 번째 슬라이드 마스터를 선택한 후 [배경 스타일]의 [배경 서식]을 선택한다.

❺ [채우기]에서 패턴 채우기의 '5%'를 선택한다.

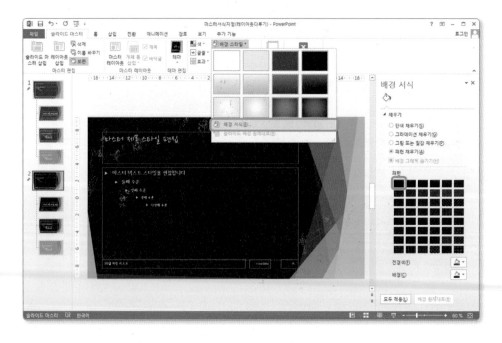

❻ 새 마스터를 오른쪽 선택한 후 [마스터 이름 바꾸기]에서 '패턴_패싯'으로 바꾼다.

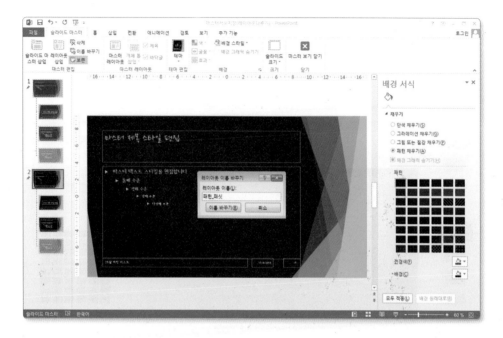

❼ [마스터 보기 닫기]를 클릭하여 [기본 보기]를 한다.

❽ [홈]-[슬라이드]-[새 슬라이드]에서 [패턴_패싯] 마스터에서 [제목 및 내용] 레이아웃을 선택하여 새 슬라이드를 추가한다.

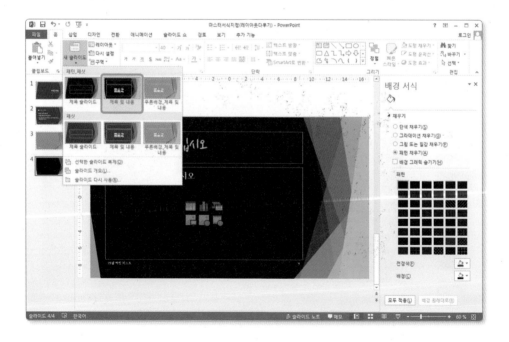

3 마스터 레이아웃 변경 다루기

❶ 마스터를 선택한 후 [마스터 레이아웃]을 선택한다.

❷ 마스터 레이아웃 창에서 필요 없는 레이아웃을 해제하여 마스터를 변경한다.

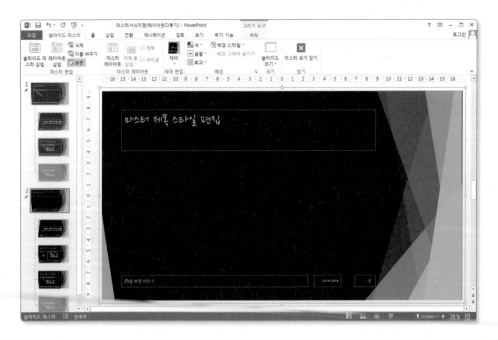

❸ 제목 및 내용 레이아웃을 선택하여 오른쪽 메뉴에서 레이아웃 복제를 선택한다.

❹ 복세된 레이아웃을 선택하여 내용 개체를 삭제한다.

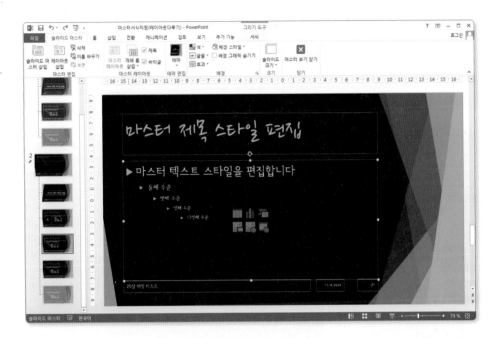

❺ [개체 틀 삽입]을 클릭하여 그림 개체를 3개 삽입한다.

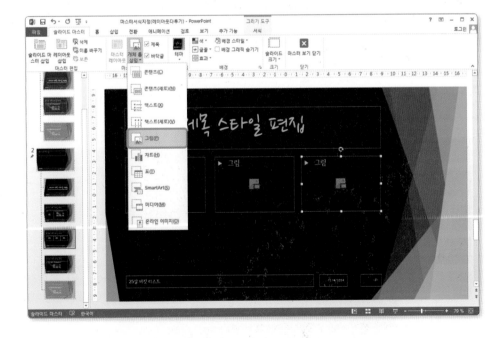

❻ 레이아웃의 이름을 '제목 및 그림 배열'로 변경한다.

❼ [마스터 보기 닫기]를 클릭하여 [기본 보기]를 한다.

❽ [홈]-[슬라이드]-[새 슬라이드]에서 [패턴_패싯] 마스터에서 [제목 및 그림 배열] 레이아웃을 선택하여 새 슬라이드를 추가한다.

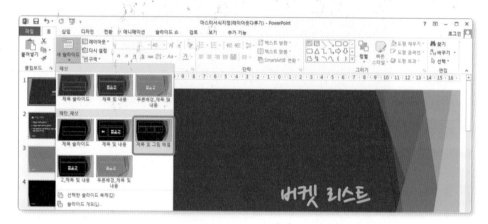

❾ 그림을 삽입하여 슬라이드를 완성한다.

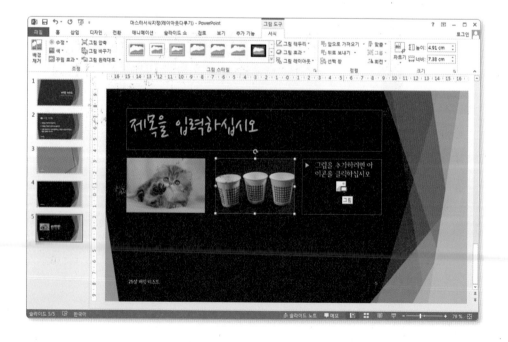

👆 TIP

슬라이드 마스터에서 글머리기호 혹은 텍스트 서식을 변경하면 슬라이드에 변경된 내용이 반영된다. 그러나 슬라이드 마스터의 내용을 변경하기 전에 슬라이드에서 이미 변경한 서식은 슬라이드 마스터를 변경하더라도 영향을 받지 않는다.

이때 [홈] – [슬라이드]에서 [다시 설정]을 클릭하면 기본 서식으로 다시 설정되어 마스터의 서식이 반영된다. 일관성 있는 프레젠테이션을 작성하기 위해서는 먼저 슬라이드 마스터에서 서식을 지정한 후에 해당 슬라이드에서 부분 서식을 지정한다.

1.4   유인물 마스터

프레젠테이션에는 발표용 슬라이드뿐 아니라 발표자가 사용하는 슬라이드 노트가 있고, 프레젠테이션을 진행하는 동안 참석자가 볼 수 있도록 만든 유인물이 있다. 발표 시에 많이 사용되는 유인물 마스터 설정에 대해 알아보자.

❶ [보기]–[유인물 마스터]를 클릭한다.

❷ [페이지 설정]–[한 페이지에 넣을 슬라이드 수]를 '3 슬라이드(3)'를 선택한다.

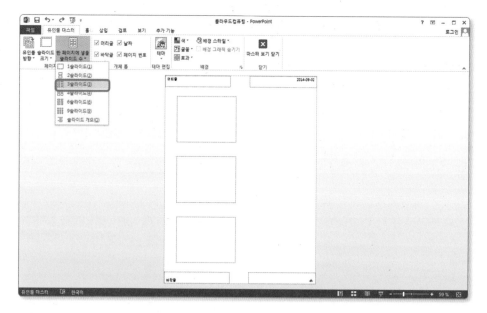

❸ [삽입]–[온라인 그림]에서 분위기에 어울리는 클립아트를 삽입한다.

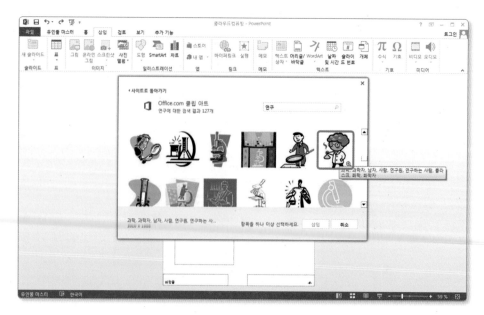

❹ [파일]−[인쇄]에서 슬라이드 수를 '3슬라이드', '회색조'를 설정하고 '머리글 및 바닥글 편집'에서 머리글을 입력한다. 컬러 인쇄가 되는 프린터기라면 컬러인쇄도 좋겠다.

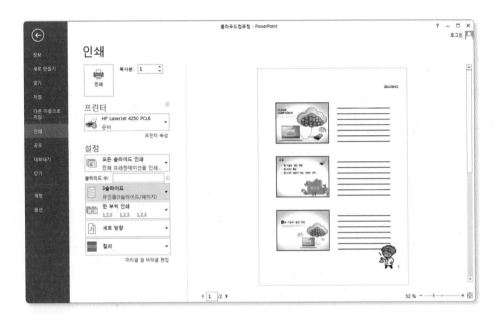

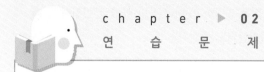

c h a p t e r ▶ 02
연　습　문　제

연습문제 1

슬라이드 마스터 설정하기

앞에서 실습한 기능을 이용해 다음 슬라이드의 마스터를 설정해보자.

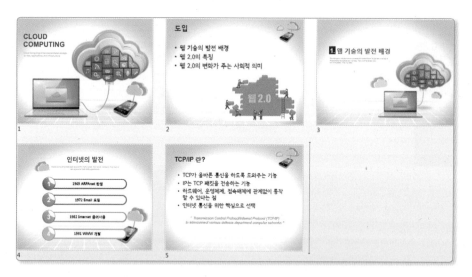

» **작성 조건**

❶ 실습파일 '클라우드컴퓨팅.pptx'를 사용한다.

❷ 마스터 레이아웃은 5가지 종류로 제목, 목차, 간지, 속지1, 속지2를 만든다. 슬라이드 마스터 레이아웃에서 배경을 설정한 후 각각의 레이아웃을 설정한다.

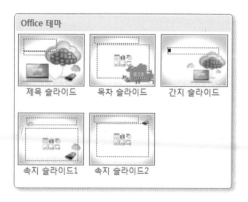

1 [보기]–[마스터 보기] 그룹의 [슬라이드 마스터]를 클릭한다.

2 슬라이드 마스터 레이아웃에 배경을 '배경.png'로 설정한다.

❸ 제목 슬라이드 레이아웃을 설정한다.

1 **제목 글꼴**: Arial, 36pt, 굵게, 진한파랑

2 **부제목 글꼴**: Arial, 11pt, 파랑 강조1, 60% 더 밝게

3 **그림 삽입**: 구름과컴퓨터.png, 구름과휴대폰.png

❹ 목차 슬라이드 레이아웃을 설정한다.

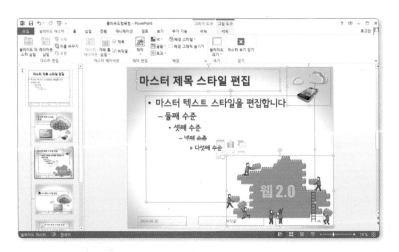

1 제목 및 내용 슬라이드' 레이아웃을 삽입한다.

2 **제목 글꼴:** 맑은고딕, 36pt, 굵게, 진한파랑

3 **제1 수준 글꼴:** 08서울남산B, 32pt, 진한파랑텍스트2, 25% 더 어둡게

4 **줄 간격:** 줄 간격 1줄, 단락 앞 8pt

5 **그림 삽입:** 구름과휴대폰2.png, 웹2.0.png

6 레이아웃 이름을 '목차 슬라이드' 레이아웃으로 변경한다.

❺ 간지 슬라이드 레이아웃을 설정한다.

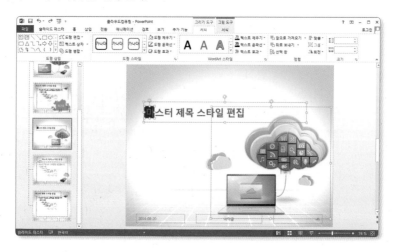

1 '구역 머리글 슬라이드' 레이아웃을 삽입한다.

2 **제목 글꼴:** 맑은고딕, 32pt, 굵게, RGB(65,93,150)

3 **사각형 도형:** 사각형 도형 삽입(1.4 × 1.2), 진한파랑 채우기

4 **그림 삽입:** 구름과컴퓨터.png, 구름.png, 작은구름.png

5 레이아웃 이름을 '간지 슬라이드' 레이아웃으로 변경한다.

❻ 속지 슬라이드1 레이아웃을 설정한다.

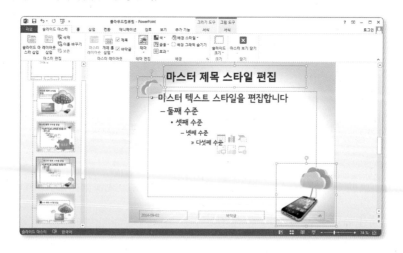

1 목차 슬라이드 레이아웃을 복제한 후 이름을 속지 슬라이드1로 바꾼다.

2 그림을 삭제한 후 구름.png, 구름과휴대폰.png을 삽입한다.

3 제목 글상자를 오른쪽으로 조금 옮긴다.

❼ 속지 슬라이드2 레이아웃을 설정한다.

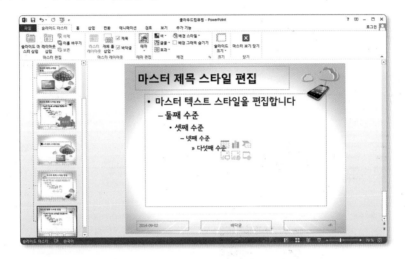

1 목차 슬라이드 레이아웃을 복제한 후 이름을 속지 슬라이드2로 바꾼다.

2 그림 웹2.0.png를 삭제한다.

❽ 마스터 설정이 끝났으므로 [마스터 보기 닫기]를 클릭한다. [홈]-[슬라이드]-[새 슬라이드]에서 원하는 레이아웃을 삽입하거나 [레이아웃]에서 선택한다.

연습문제2

다음의 내용을 이용하여 슬라이드 마스터를 각자 설정해보자.

» **실습파일: 소셜네트워크.pptx**

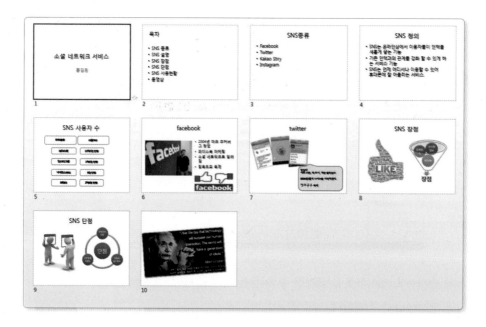

» **작성조건**

❶ 마스터 슬라이드에서 주제와 어울리는 배경, 이미지들을 설정한다.

❷ 제목과 내용 텍스트의 글꼴을 지정한다.

❸ 글머리기호, 줄 간격, 글꼴 크기 등을 지정한다.

❹ [마스터 보기 닫기]를 클릭하여 각 슬라이드에 적용된 서식 결과를 확인한다.

❺ 수정사항이 있으면 ❶~❹ 작업을 반복한다.

도형과 이미지 슬라이드

학습목표

설득력 있는 슬라이드를 만들기 위해서는 시각화된 슬라이드가 되어야 한다. 도형과 선, 다양한 개체들을 삽입하고 스타일을 적용하여 슬라이드에 생동감을 줄 수 있다. 각 개체를 편집하여 시각화함으로써 슬라이드에서 중요한 내용을 강조할 수 있다. 도형 사용법을 익히고, 원하는 색상을 추출할 수 있는 스포이드 기능과 도형 병합 기능을 활용하여 다양한 도형을 만드는 방법에 대해 알아본다.

01 도형다루기

파워포인트 작성 시 내용이 많은 슬라이드의 내용을 요약하거나 슬라이드의 중요 내용을 강조할 경우 도형을 사용하여 시각화 하면 간단하게 표현력 있는 슬라이드로 만들 수 있다. 정확하고 빠른 내용 전달을 위해서는 시각화가 필요하며, 시각화를 위해 내용에 어울리는 도형을 그리고 제작하고 다양한 서식을 적용하는 방법에 대해 알아본다.

1.1 도형 서식 탭

도형을 삽입하거나 선택하면 [그리기 도구]-[서식] 탭이 나타난다. [서식] 탭에서는 도형에 대한 다양한 서식들을 선택할 수 있고, 더욱 세밀하게 지정할 수 있다.

❶ 도형 삽입: 사각형, 원, 화살표, 선, 순서도, 기호, 설명선 등 기본으로 제공하는 도형을 삽입하여 도형을 만든다.

❷ 도형 스타일: 도형의 서식 스타일을 빠르게 꾸밀 수 있다.

❸ 도형 채우기: 선택한 도형을 색, 그림, 그러데이션, 질감으로 채워 꾸민다.

❹ 도형 윤곽선: 선택한 도형 윤곽선의 색, 두께, 선 스타일을 지정하여 꾸민다.

❺ 도형 효과: 선택한 도형에 그림자, 반사, 네온, 입체효과를 지정한다.

❻ WordArt 스타일: 텍스트 서식 스타일을 빠르게 꾸밀 수 있다.

❼ 텍스트 채우기: 텍스트를 여러 가지 색, 그림, 그러데이션, 질감으로 채운다.

❽ 텍스트 윤곽선: 텍스트 윤곽선의 색, 두께, 선 스타일을 지정한다.

❾ 텍스트 효과: 텍스트에 그림자, 반사, 네온, 입체효과를 지정한다.

❿ 징털: 선택된 개체를 기준으로 앞, 뒤 등의 나타나는 순서를 정해준다.

⓫ 선택창: 개체에 이름을 넣고, 각 개체의 선택을 쉽게 한다.

⓬ 맞춤: 여러 개의 개체들을 한꺼번에 선택한 위치로 맞춘다.

⓭ 그룹: 여러 개체를 하나의 개체로 묶어 준다.

⓮ 회전: 개체를 회전하거나 대칭 이동한다.

⓯ 크기: 도형이나 이미지의 높이와 너비를 변경한다.

⓰ 상세하게 꾸밀 수 있는 대화상자가 나타난다.

1.2 도형 삽입하기

슬라이드에 기본 도형, 선, 화살표, 별 및 현수막 등 다양한 도형을 그릴 수 있고 곡선이나 자유형을 이용하여 직접 그려 제작할 수 있다. 또한, 도형에 기본색, 그러데이션, 그림 채우기 등을 효과적으로 적용하고 세이프 기능으로 도형을 병합하여 새로운 도형을 만들 수 있다.

1 [홈] 탭에서 도형 삽입하기

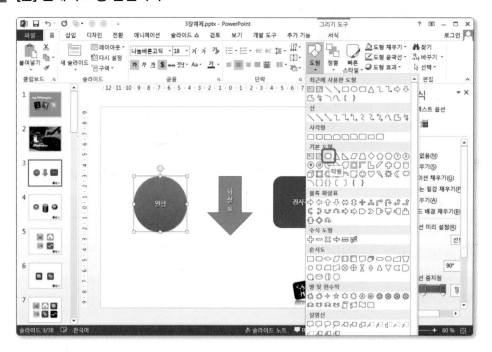

❶ '도형다루기' 파일을 불러와 새로운 슬라이드를 삽입한다.

❷ [홈]−[그리기]에서 [자세히]의 내림단추를 클릭하고 타원을 선택한다.

❸ 슬라이드에 적당한 크기로 드래그하여 도형을 삽입한다.

❹ 삽입된 도형은 8개의 크기 조절 핸들로 크기를 조절한다.

❺ 선택된 도형을 클릭하여 [그리기도구]−[서식]에서 스타일을 지정한다.

2 [삽입] 탭에서 도형 삽입하기

❶ [삽입]−[일러스트레이션]에서 도형을 클릭하고 타원을 선택한다.

❷ 슬라이드에 적당한 크기로 드래그하여 도형을 삽입한다.

❸ 선택된 도형을 클릭하여 [그리기도구]−[서식] 탭에서 도형 서식 스타일을 지정한다.

✋ TIP　　도형과 선의 크기조절과 선택

- Shift + 드래그: 정원, 정사각형과 같은 가로와 세로의 길이가 같은 도형 그리기
- Ctrl + 드래그: 선택한 지점을 중심점으로 하는 도형 그리기
- Ctrl + Shift + 드래그: 선택한 지점을 중심으로 가로와 세로의 길이가 같은 도형 그리기
- Shift + 도형 선택: 여러 개의 개체가 선택되고 해제됨

3 도형 모양 바꾸기

❶ 모양을 바꾸고자 하는 도형을 선택한다.

❷ [그리기도구]-[서식]에서 [도형 편집]-[도형 모양 변경]을 선택하고 새로운 도형을 선택한다.

❸ 8개의 크기조절 핸들과 ◎ 회전 조절점, 🟥 모양 조절 핸들을 이용하여 원하는 모양으로 편집한다.

✋ TIP　　도형 이동과 복사하기

- 도형을 선택하고 도형 안쪽에 마우스 포인트 모양이 ✥ 인 경우 드래그하면 이동
- Shift + 드래그: 도형의 수평이동
- Ctrl + 드래그: 같은 모양의 도형 복사
- 도형을 선택하고 키보드의 ← → ↑ ↓ 방향키를 누르면 도형이 미세하게 이동

1.3 도형 입체 효과 지정하기

파워포인트에서는 빠른 효과 지정을 위해 갤러리 형식으로 지정된 도형의 효과가 있다.
[그리기도구]-[서식]-[도형효과]를 이용하여 그림자, 반사, 네온, 부드러운 가장자리, 3차원 서식과 회전의 다양한 효과를 지정할 수 있다. 또한, 오른쪽 화면에 나타나는 도형서식 창을 이용하여 구체적인 효과를 지정할 수 있다.

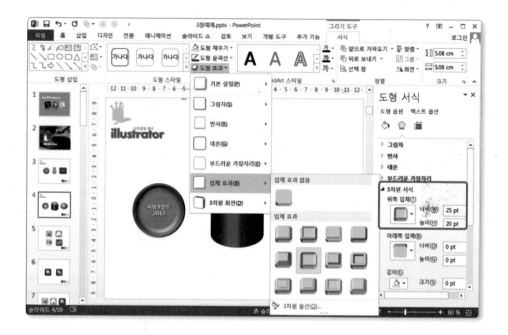

1 음각 입체 만들기

❶ 지름이 5.08cm(2inch)의 정원을 그리고 파워포인트 2013을 입력한다.

❷ [그리기 도구]-[서식]-[도형효과]의 입체효과에서 '부드럽게 둥글리기'를 선택한다.

❸ 도형서식 창에서 [도형서식]-[도형옵션]-[효과]에서 3차원 서식의 위쪽 입체 너비 25pt, 높이 20pt로 지정한다.

2 원통 만들기

❶ 지름이 5.08cm(2inch)의 정원을 그리고 파워포인트 2013을 입력한다.

❷ 도형 서식 창에서 [도형서식]-[도형옵션]-[효과]에서 3차원 서식의 위쪽과 아래쪽 입체 너비 '0pt, 높이를 각각 '72pt'를 주고, [3차원 회전]에서 Y를 '300'으로 한다.

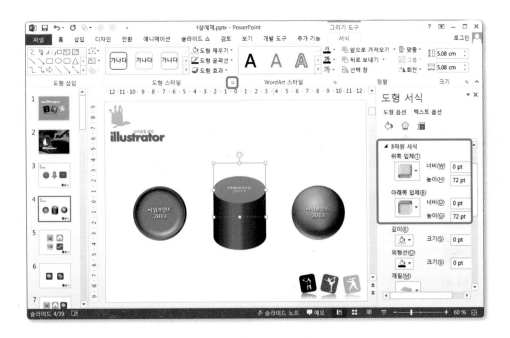

3 구 만들기

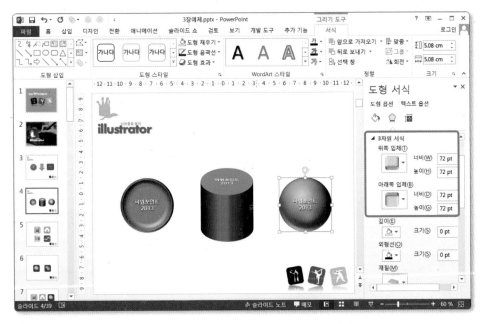

❶ 지름이 5.08cm(2inch)의 정원을 그리고 파워포인트 2013을 입력한다.

❷ 도형 서식 창에서 [도형서식]−[도형옵션]−[효과]에서 3차원 서식의 위쪽과 아래쪽 입체 너비 '72pt', 높이 '72pt'를 모두 준다.

> **참고** inch당 2.54cm이고 일반적으로 디스플레이가 72dpi이기 때문이다.

1.4   도형 다루기

도형을 직접 제작하고 서식을 지정할 수 있다. 또한, 그려진 도형을 정렬하고 복사, 복제하여 그룹화 할 수 있다.

1 도형 그룹화하기

❶ 7cm의 모서리가 둥근 직사각형을 그린다.

❷ [그리기도구]−[서식]의 도형 서식 창을 지정한다.

❸ [도형서식]−[채우기]−[단색 채우기]에서 표준색 '연한 녹색'을 선택하고, [선] '선 없음'을 지정한다.

❹ [도형서식]−[효과]−[3차원 서식] 위쪽을 둥글게를 선택하고, 위쪽 입체의 너비, 높이를 각각 '5pt'로 지정한다.

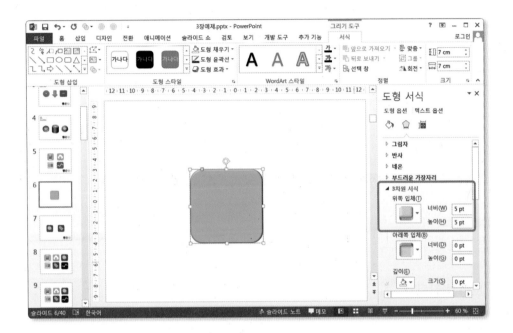

❺ 다시 모서리가 둥근 직사각형을 안쪽에 그리고, [그리기도구]−[서식]의 크기를 높이 5.6cm 너비 3cm를 지정한다.

❻ [도형서식]−[채우기]−[단색채우기]에서 배경색은 '흰색 배경1, 5% 더 어둡게, 선 없음'을 지정한다.

❼ [도형서식]−[효과]−[3차원 서식] 위쪽 입체의 너비, 높이를 각각 '5pt'로 지정한다.

❽ 또다시 모서리가 둥근 직사각형을 안쪽에 그리고, [그리기도구]−[서식]의 크기에서 높이 4.5cm 너비 2.5cm를 지정한다.

❾ [채우기]−[단색채우기] '흰색,배경1, 25% 더 어둡게, 선 없음'을 지정한다.

❿ 버튼 효과를 위해 타원을 그리고 배경색은 '흰색 배경1, 5% 더 어둡게, 선 없음'을 지정한다.

⓫ [도형서식]−[효과]−[3차원 서식]에서 위쪽 입체를 '낮은 수준의 경사'로 선택한다.

⑫ 그려진 도형을 모두 선택하여 [그리기 도구]─[서식]에서 그룹을 선택한다.

⑬ 그려진 도형을 모두 선택하여 [그리기 도구]─[서식]에서 그룹을 다시 해제할 수 있다.

2 도형 병합하기

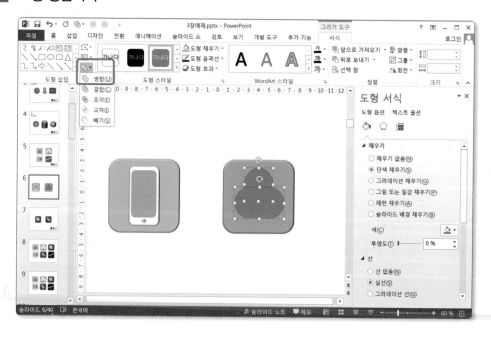

❶ 7cm의 모서리가 둥근 직사각형을 그린다.

❷ 도형서식 창에서 [채우기]−[단색 채우기] 표준색 '연한 파랑'을 선택하고, '선 없음'을 지정한다.

❸ [효과]−[3차원 서식] 위쪽을 둥글게, 위쪽과 아래쪽의 너비, 높이를 각각 '5pt'로 지정한다.

❹ 타원을 그리고 그 위에 모서리가 둥근 직사각형을 겹쳐 그린 후 모양 조절 핸들을 안으로 드래그하여 둥글린다.

❺ 개체를 모두 선택한 후 [그리기도구]−[서식]에서 도형 병합을 선택하고, 도형채우기에서 '흰색 배경 1'을 선택한다.

❻ 병합된 구름 모양에 [도형서식]−[효과]−[3차원 서식]에서 위쪽 입체 '둥글게'를 선택한다.

❼ 위쪽 화살표를 선택하여 병합된 도형 위에 그리고 [채우기]−[단색 채우기] 표준색 '황금색 강조4'를 지정한다.

❽ 화살표에 [도형서식]−[효과]−[3차원 서식] 위쪽을 둥글게, 위쪽 입체의 너비, 높이를 각각 '5pt'로 지정하고 깊이를 '3pt'로 지정한다.

❾ 화살표에 [효과] [3차원 회전] Y 회선값을 '330'으로 지정한다.

❿ 그려진 도형을 모두 선택하여 [그리기도구]−[서식]에서 그룹화 한다.

👆 **TIP**   **도형 병합**

도형 병합에는 병합, 결합, 조각, 교차, 빼기가 있다. 도형병합을 이용하면 도형을 합치거나 교차 부분을 삭제하는 등의 새롭고 다양한 도형을 만들 수 있다. 만들어질 새로운 도형은 먼저 선택한 도형의 서식을 따르게 된다.

3   도형 복제하기

❶ 7cm의 모서리가 둥근 직사각형을 그린다.

❷ 도형서식 창에서 [채우기]−[단색 채우기] 색에서 '회색 25%, 배경 2, 10% 더 어둡게'를 선택하고, '선 없음'을 지정한다.

❸ [도형서식]−[효과]−[3차원 서식] 위쪽을 둥글게, 위쪽과 아래쪽의 너비, 높이를 각각 '5pt'로 지정한다.

❹ 모서리가 둥근 직사각형을 그리고 높이 3.5cm 너비 2.3cm를 지정하고, [채우기]-[연한 파랑], '선 없음'을 지정한다.

❺ [도형서식]-[효과]-[그림자]-[미리 설정]에서 '오프셋 대각선 오른쪽 아래'를 선택한다.

❻ 모서리가 둥근 직사각형을 그려 크기를 조절하고 [채우기]-[단색 채우기] 다른 색에서 R:87, G:91, B:131을 설정한다.

❼ [도형서식]-[효과]-[그림자]-[미리 설정]에서 '오프셋 대각선 오른쪽 아래'를 선택한다.

❽ 앞서 도형을 선택하고 Ctrl + D를 눌러 복제하여 간격을 조절하고 Ctrl + D를 두 번 더 누른다.

❾ 원형도 같은 방법으로 그리고 복제한다.

🖑 TIP 도형 복사와 복제의 차이

- 도형 복사는 Ctrl + C로 복사하고 Ctrl + V로 붙여넣기한다.
- 도형 복제는 Ctrl + D로 복제한 후의 기능(예를 들면 간격두기)을 기억했다가 다시 Ctrl + D 복제로 실행한다.
- Ctrl + 드래그: 같은 모양의 도형을 복사한다.
- 도형 미세 이동: 도형을 선택하고 키보드의 ←→↑↓ 방향키로 이동한다.

🖑 TIP 스마트 가이드

스마트 가이드를 활용하여 도형의 위치를 쉽게 맞추고 배분할 수 있다. 개체를 선택하여 드래그하면 자동으로 스마트 가이드가 나타난다. 스마트 가이드 라인이 나타나지 않으면 슬라이드에서 [**마우스 오른쪽 버튼**] - [**눈금 및 안내선**] - [**스마트 가이드**]를 선택한다.

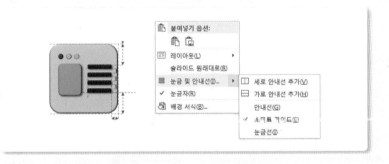

4 선 다루기

❶ 7cm의 모서리가 둥근 직사각형을 그린다.

❷ 도형 서식 창에서 [채우기]−[단색 채우기] 다른 색에서 R:233, G:82, B:26을 채우고, [선]에서 '선 없음'을 지정한다.

❸ [도형서식]−[효과]−[3차원 서식] 위쪽을 둥글게, 위쪽 입체의 너비, 높이를 각각 '5pt'로 지정한다.

④ [도형]-[선]에서 자유형을 선택하여 그린다.

⑤ [도형서식]-[채우기 및 선]-[선]에서 '흰색 배경1, 두께 12pt, 끝모양 종류: 원형'을 선택한다.

⑥ [도형서식]-[효과]-[3차원 서식]에서 위쪽을 둥글게, 위쪽 입체의 너비, 높이를 각각 '3pt'로 지정한다.

⑦ [도형서식]-[효과]-[그림자]-[미리 설정]에서 '오프셋 대각선 오른쪽 아래'를 선택한다.

5 점 편집하기

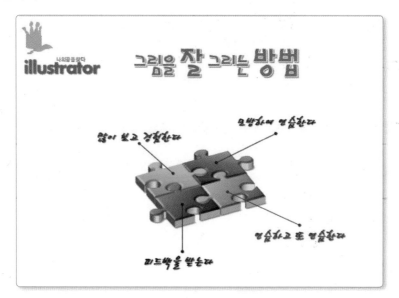

❶ [삽입]-[그림]에세 '퍼즐.jpg' 파일을 가져온다.

❷ 그림에 맞추어 화면을 최대한 확대한다.

❸ [홈] 탭-[도형]에서 자유형을 선택하고 그림의 외곽선을 따라 방향을 바꾸고자 하는 지점에서 클릭하여 그려준다.

❹ [그리기 도구]-[서식]-[도형편집]에서 점 편집을 선택한다.

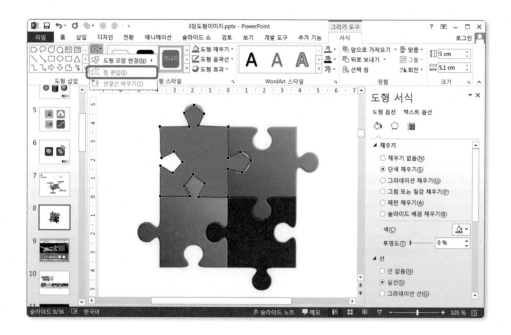

❺ [도형서식]−[채우기]에서 투명도를 50% 지정하여 원본이 보이도록 한다.

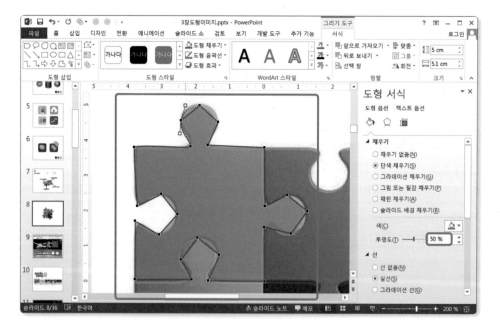

❻ 각 점을 클릭하여 아래의 곡선에 맞도록 직선을 곡선으로 변형한다.

❼ 퍼즐 조각이 완성되면 원본 개체를 선택하고 삭제한다.

❽ 퍼즐 조각 개체를 복사하여 4개를 만든다.

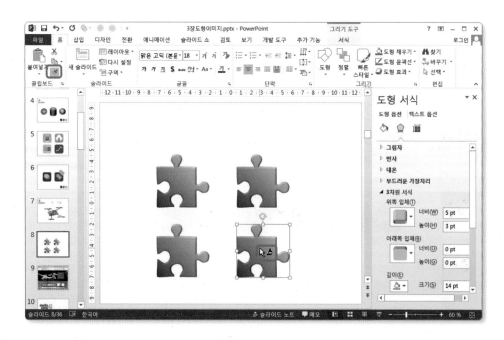

❾ 첫 번째 퍼즐 조각에 [도형서식]−[채우기]에서 그라데이션 채우기를 선택하고 '종류 선형, 각도 135도, 중지점1 위치 0%, 녹색, 강조6 80% 더 밝게, 중지점2 위치 75%, 녹색, 강조6 25% 더 어둡게, 중지점3 위치 100%, 녹색, 강조6 50% 더 어둡게'를 지정하고 [선]에서 '선 없음'을 지정한다.

❿ [도형서식]−[효과]−[3차원 서식]에서 위쪽 입체 둥글게, 너비 '5pt, 높이 3pt', 깊이의 색 '흰색 배경 1, 25% 더 어둡게', 크기 '14pt'를 지정한다.

⓫ [홈]탭−[서식]을 더블클릭하여 선택하고 나머지 퍼즐 조각에 서식을 복사하고 각각의 색을 변경한다.

⓬ 두 번째 퍼즐: '중지점1, 주황, 강조2 80% 더 밝게, 중지점2, 주황, 강조2, 25% 더 어둡게, 중지점 3, 주황, 강조2, 50% 더 어둡게'를 지정한다.

⓭ 세 번째 퍼즐: '중지점1, 파랑, 강조5 80% 더 밝게, 중지점2, 파랑, 강조5, 25% 더 어둡게, 중지점 3, 파랑, 강조5, 50% 더 어둡게'를 지정한다.

⓮ 네 번째 퍼즐: '중지점1, 황금색, 강조4, 80% 더 밝게, 중지점2, 황금색, 강조4, 25% 더 어둡게, 중지점3, 황금색, 강조4, 50% 더 어둡게'를 지정한다.

⓯ 개체를 모두 선택하고 [그리기도구]−[서식]에서 그룹화한다.

⓰ [도형서식]−[효과]−[3차원서식]−[미리 설정]에서 '등각 위쪽을 위로'를 선택한다.

⓱ 글을 입력하고 위치와 크기를 조절한다.

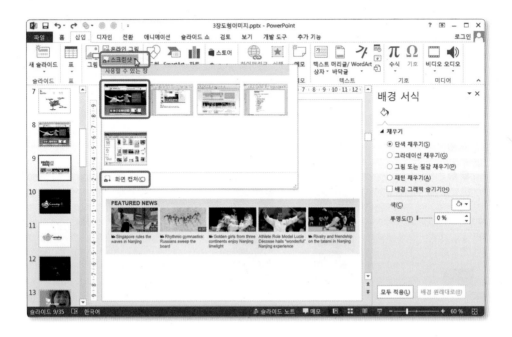

6 캡처하기

❶ 원하는 홈페이지를 연다(소치 올림픽 http://www.olympic.org/).

❷ [삽입]−[스크린샷]에서 나타나는 창 가운데 하나의 창을 선택한다.

❸ 원하는 부분만 캡처하기 위해 화면 캡처를 선택한다. 마지막으로 열어본 창이 열리고 부분 캡처
가 가능하도록 화면이 흐려지면 원하는 영역을 드래그로 선택한다.

❹ 슬라이드에서 크기를 조절한다.

7 클립아트 다루기

클립아트를 이용하여 그룹을 해제하고 원하는 부분을 지우고 다시 색을 칠해 다양한 방법으로 편집할 수 있고 활용할 수 있다.

① [삽입]–[온라인그림]에서 '카메라'를 키워드로 입력하고 삽입한다.

② 삽입된 클립아트의 필요하지 않은 부분을 제거하기 위해 [그림도구]–[서식]에서 그룹해제를 선택한다.

③ 그리기 개체 변환의 대화상자에서 '예'를 선택한다.

④ 그룹화된 그리기 개체이므로 도형을 분리하기 위해 [그리기도구]–[서식]에서 그룹을 한번 더 해제한다.

⑤ 원하는 그림을 남겨두고 필요 없는 부분은 선택하여 Delete 키로 지운다.

⑥ 보이지는 않지만 전체 클립아트를 싸고 있는 가장 바깥의 큰 테두리를 지운다.

⑦ 남은 도형을 전부 선택하여 다시 그룹화 Ctrl + G 한다.

⑧ [삽입]–[텍스트 상자]에서 'Camera'를 입력하고 'Aharoni, 72pt 흰색 배경1'을 지정한다.

⑨ 클립아트의 색을 변경하기 위해 [그리기도구]–[서식]–[노형스타일]의 도형채우기에서 '주황 강조2'를 지정한다.

⑩ 부제를 설정하고 완성한다.

02   이미지 다루기

이미지를 이용하면 슬라이드 내용을 다양하게 시각화하여 표현할 수 있다. 삽입된 이미지에 그림 스타일을 적용하고 잘 배치하여 활용하는 방법을 익혀보자.

2.1   그림도구 서식 탭

이미지를 삽입하거나 선택하면 [그림도구]–[서식] 탭이 나타난다. [서식] 탭에서는 도형에 대한 다양한 서식들을 볼 수 있다.

❶ **배경 제거**: 이미지의 배경을 제거할 수 있다.

❷ **수정, 색, 꾸밈효과**: 이미지의 색과 꾸밈효과를 변경할 수 있다.

❸ **그림 압축**: 문서에서 그림의 용량을 줄여준다.

❹ **그림 바꾸기**: 현재 그림의 서식과 크기를 유지하면서 다른 그림으로 변경한다.

❺ **그림 원래대로**: 선택한 그림에 지정한 서식을 지워 원본 그림으로 되돌린다.

❻ **그림 스타일**: 그림에 대한 서식을 빠르게 지정할 수 있게 한다.

❼ **그림 테두리, 그림 효과**: 선택한 그림의 윤곽선의 색, 두께, 스타일을 지정한다.

❽ **그림 레이아웃**: 모양에 맞춰 그림들을 보기 좋게 정리해준다.

❾ **정렬**: 그림과 개체들을 선택한 위치에 맞게 정렬해준다.

❿ **선택창**: 선택된 개체나 이미지들을 모두 나타내 선택과 숨김을 쉽게 할 수 있다.

⓫ **자르기**: 이미지를 모양에 맞춰 자를 수 있게 한다.

⓬ **크기**: 이미지의 크기를 정할 수 있게 수치로 나타낸다.

2.2 이미지 효과로 시각화 표현하기

슬라이드에 그림을 삽입하려면 슬라이드의 내용에 적합한 이미지를 사용해야 한다. [삽입]−[그림]에서 파일을 삽입하며, 그림파일은 크기 조절, 자르기, 그림 스타일 변경 등 여러 효과를 통해 슬라이드 배경이나 구성에 어울리게 편집할 수 있다.

1 이미지 자르고 배경서식 지정하기

❶ [홈]−[새 슬라이드]에서 빈 화면을 삽입한다.

❷ [삽입]−[온라인그림]−[이미지 검색]에서 키워드를 '취미'로 입력하고 선택한다.

❸ 이미지의 필요 없는 부분을 잘라내기 위해 보이는 화면을 축소한다.

❹ [그림도구]−[서식]−[그림서식]의 크기 및 속성에서 가로세로 비율 고정에 체크한다.

❺ [그림도구]−[서식]에서 자르기를 선택하고 가로 세로를 슬라이드에 맞추어 자른다.

❻ 이미지 위에 만들어둔 제목을 가져오고 이미지의 색과 어울릴 수 있도록 클립아트와 텍스트를 흰 색으로 변경한다.

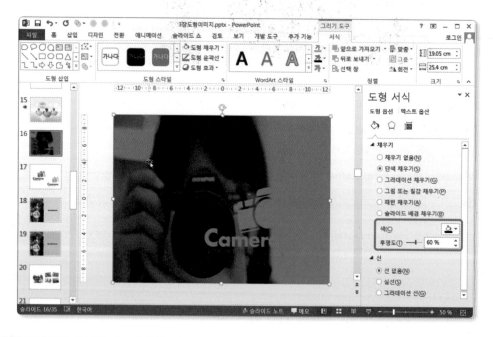

❼ 텍스트에 가독성을 주기 위해 [삽입]−[도형]에서 직사각형을 선택하고 슬라이드에 맞게 그려준다.

❽ [그리기도구]−[서식]−[도형서식]에서 색을 '검정 텍스트1'로 지정하고 투명도를 '60%', [선]은 '선 없 음'을 지정한다.

❾ 투명도가 적용된 직사각형을 선택하고 [그리기도구]−[서식]에서 뒤로 보내기를 선택한다.

> **🖑 TIP**
>
> ## 이미지 파일의 종류
>
> - **JPEG**: 사진 이미지에 주로 사용하는 그림 포맷이며 확장자는 jpg, 압축률이 높아 용량은 작지만 품질이 좋다.
> - **PNG**: 용량이 작고 투명한 그림을 만들 수 있다.
> - **WMF**: 벡터 그래픽 포맷으로 확대해도 그림이 거칠어지지 않는다.
> - **GIF**: 간단한 그림을 표현할 때 사용하며 애니메이션이 가능한 포맷이다.
> - **BMP**: 압축률이 매우 낮아 파일 용량이 크다.
> - **TIF/TIFF**: 인쇄용 그래픽에 사용되며 투명한 그림이 지원된다.
> - **EMF**: 32비트 운영체제제용 메타파일이다. 메타파일은 다른 파일을 설명하거나 정의하는 정보를 담고 있는 파일로 비트맵보다 저장 공간이 절약된다.

② 이미지를 도형 모양에 맞게 자르고 스타일 지정하기

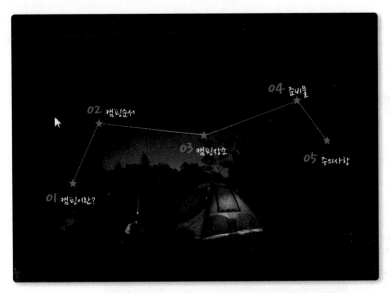

❶ [홈] 탭−[새 슬라이드]에서 빈 화면을 삽입한다.

❷ 배경색을 주기 위해 [배경서식]−[채우기]−[단색채우기]에서 ‘검정 텍스트1’을 선택한다.

❸ [삽입]−[그림]에서 ‘캠핑.jpg’ 파일을 선택한다.

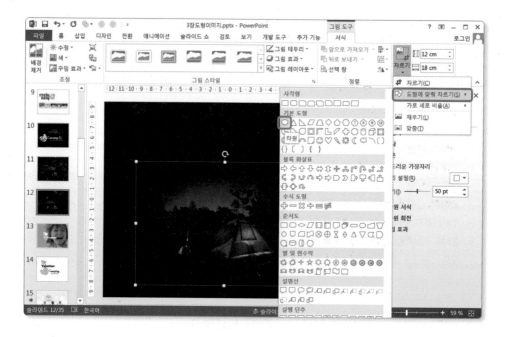

❹ 그림의 크기를 조절하기 위해 [그림도구]–[서식]–[자르기]에서 도형에 맞춰 자르기의 타원을 선택한다.

❺ 배경과 어울리는 그림의 효과를 위해 [그림도구]–[서식]–[그림효과]의 부드러운 가장자리를 지정하고 '50pt'를 준다.

❻ [그리기도구]–[서식]–[도형]에서 자유형을 선택하여 선을 그리고 [도형서식]–[선]에서 '실선, 흰색 배경1, 두께 1pt, 사각 점선'을 준다.

❼ 텍스트 상자를 입력하고 [삽입]–[기호]에서 별을 선택한다.

❽ [그리기도구]–[서식]–[텍스트 채우기]에서 '황금색 강조4'를 지정하고 별을 복사하여 각 점마다 그림으로 붙여넣기 한다.

❾ 별과 선을 모두 선택하고 그룹화한다.

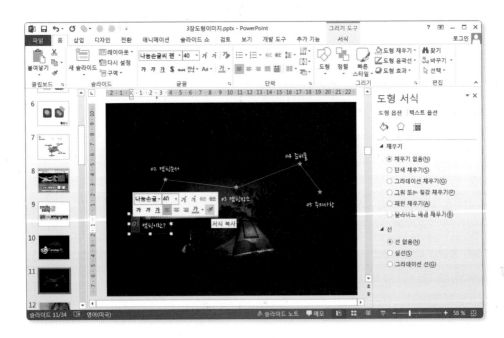

⑩ [삽입]−[도형]에서 텍스트 상자를 입력하고 '나눔손글씨펜, 24pt, 흰색 배경1'을 지정하여 각 제목을 입력한다.

⑪ 숫자 01을 블록으로 지정하고 '나눔손글씨펜, 40pt, 황금색 강조4'를 지정한다.

⑫ 숫자 01을 블록으로 지정하고 서식 복사를 더블클릭한다.

⑬ 각 텍스트 상자의 번호 위를 드래그하여 서식을 복사한다.

3 그라데이션 효과 지정하기

도형이나 이미지에 그라데이션 효과를 적용하여 새로운 분위기를 만들 수 있다.

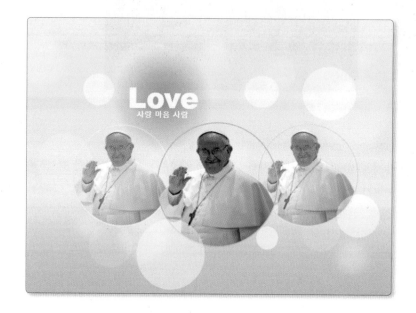

❶ [홈]−[새 슬라이드]에서 빈 화면을 삽입한다.

❷ 배경색을 주기 위해 [배경서식]−[채우기]−[그라데이션 채우기]에서 '선형, 방향 90도', 그라데이션 중지점1:0%, R:255 G:255 B:204, 중지점2:65%, R:255 G:205 B:255, 중지점3은 중지점2와 같은 색을 지정한다.

❸ 글 입력을 위해 타원을 그린다.

❹ [도형서식]−[채우기]−[그라데이션 채우기]에서 '방사형, 방향 가운데에서 90도', 그라데이션 중지점 1:0%, R:255 G:153 B:255, 투명도 15%, 중지점2:50%, R:255 G:153 B:255, 투명도 100%, 중지점 3:100%, R:255 G:153 B:255, 투명도 100%, [선]에서 '선 없음'을 지정한다.

❺ 'LOVE'를 입력하고 'Arial Black, 54pt, 흰색'을 지정한다.

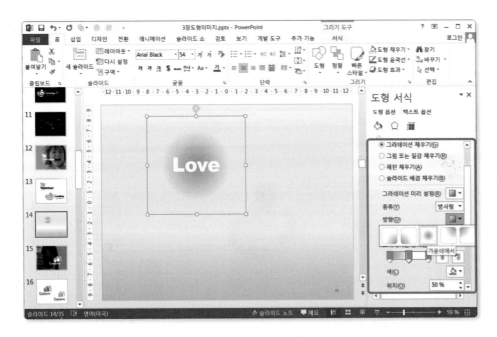

❻ 정원을 그리고 [도형서식]−[채우기]−[그라데이션 채우기]에서 '단색채우기 흰색'을 지정하고 각 원에 투명도를 조절한다.

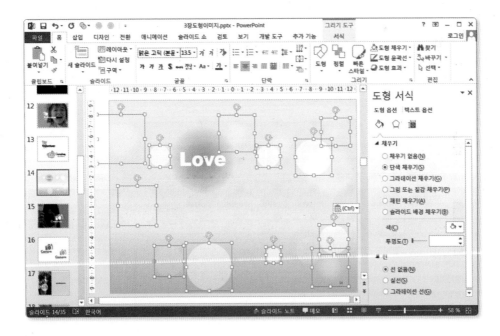

❼ 8.3cm의 정원을 그리고 [도형서식]−[채우기]−[그림 또는 질감 채우기]에서 '교황.png' 파일을 입력한다.

❽ [그림서식]−[선]에서 '연보라색, 투명도 65%, 두께 2pt'를 지정한다.

❾ 완성된 이미지 도형을 복사하여 크기를 조절한다.

❿ [그림도구]-[서식]-[색]에서 '다시 칠하기 주황, 밝은 강조색6'을 선택한다.

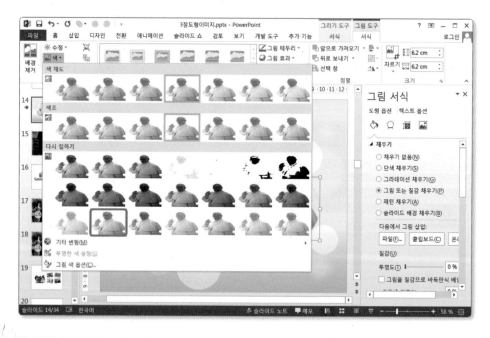

⓫ 다시 그림을 복사하여 크기를 조절하고 '다시 칠하기 주황, 밝은 강조색1'을 선택한다.

⓬ 첫 번째 교황 이미지를 클릭하고 [그림도구]-[서식]에서 맨 앞으로 가져오기를 선택한다.

✋ TIP   그라데이션

그라데이션은 여러 가지 색의 조합이며 각 색이 중지점으로 되어 있다. 그라데이션은 선형, 방사형, 사각형이 있다. 그라데이션 형태는 중지점으로 되어 있어 더욱 섬세하고 자연스럽게 효과를 적용할 수 있다. 최대 중지점 수는 10개이며, 최소 중지점 수는 2개이다.

아래의 예는 중지점이 3개이며 3가지 색이 조합되어 있는 것을 알 수 있다.

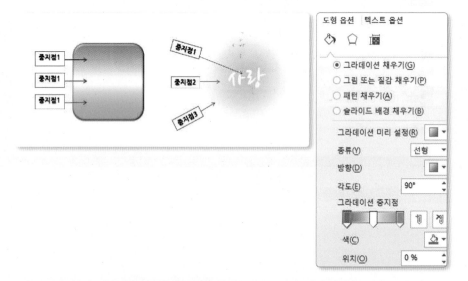

중지점은 각도에 따라 다양하게 위치를 지정할 수 있다.

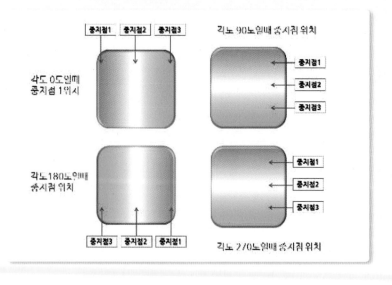

4 **스포이트로 원하는 색상 추출하여 적용하기**

파워포인트 2013의 새로운 기능인 스포이트를 이용하면 원하는 색을 추출하여 도형이나 텍스트 개체에 같은 색을 적용할 수 있다.

❶ [홈]−[새 슬라이드]에서 빈 화면을 가져온다.

❷ [삽입]−[그림]에서 '카노.jpg' 파일을 불러와 왼쪽에 배치한다.

❸ [삽입]−[도형]에서 6cm 타원을 그리고, [그리기도구]−[서식]에서 텍스트 상자를 선택해 타원 위에 클릭한다.

❹ 타원에 글자가 맞도록 '나눔손글씨펜, 60pt, 가운데 정렬, 문자 간격 매우 좁게, 줄 간격 0.8'을 지정한다.

❺ 도형과 텍스트를 순서대로 모두 선택하고 [그리기도구]−[서식]에서 빼기를 지정한다.

❻ 원에 글자 모양의 구멍이 생기면 위치를 정하고 '흰색, 투명도 20%, 선 없음'을 지정한다.

❼ 오른쪽 빈 공간의 크기에 맞게 [홈]−[도형]에서 직사각형을 그리고 '연한 파랑'을 지정하고 글을 입력한다.

❽ 색을 바꾸고 싶은 직사각형을 선택한 후 [도형서식]−[채우기]의 색에서 스포이트를 선택하고 원하는 색상을 클릭한다.

❾ 적용된 색상을 확인한다.

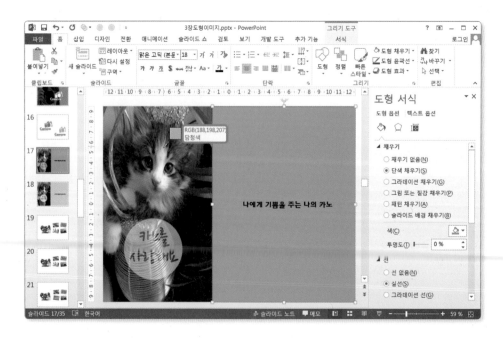

TIP 색상 조합하기

프레젠테이션을 위해 슬라이드를 제작하다보면 어울리는 색상과 배색을 찾아내기가 쉽지 않다. 너무 많은 색을 사용하거나 약한 색들 혹은 강한 색들을 과도하게 사용할 경우 청중으로부터 집중을 유도하는 좋은 발표가 될 수 없다.

색의 사용은 디자인 실무에서 주로 사용하는 전체적인 느낌을 이끄는 주조색 70%, 전체적인 느낌과 어울릴 수 있도록 보조하는 보조색 25%, 대비와 강조를 통해 전체를 강조하는 강조색 5% 정도가 적당하다. 그러나 색의 조합은 시각적인 것이므로 감각이 필요하다.

어도비(https://color.adobe.com/ko/)의 Adobe Color CC를 활용하면 세계적인 전문가들이 추천하는 색의 배합을 한눈에 파악할 수 있다.

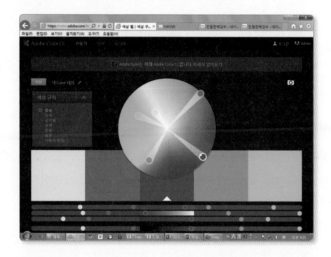

색의 팔레트를 선택하고 다운로드 받아 실제로 색의 정보를 활용할 수 있다. 파워포인트 2013의 스포이트 기능을 함께 활용하면 쉽게 좋은 색의 배합을 만들 수 있다.

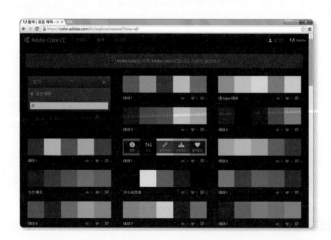

5 그림의 배경 투명하게 하기

❶ [보기]-[안내선]을 선택하고 타원 도형을 이용하여 12cm 정원을 그려준다.

❷ [배경서식]-[채우기]-[단색 채우기]에서 '연한 파랑'을 선택하고, '투명도 70%, 선 없음'을 지정한다.

❸ 투명한 원을 복제하고 Ctrl + Shift 키를 이용하여 10cm 크기로 조절한다.

❹ 안쪽 원의 투명도를 '55%'로 지정하고 그룹화한다.

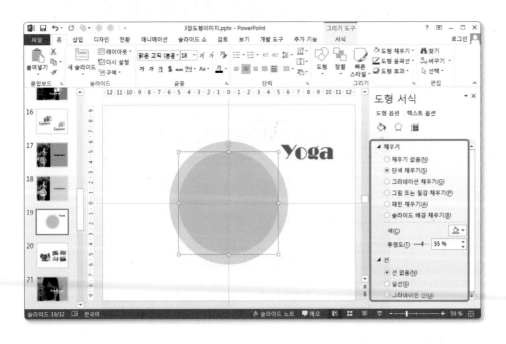

❺ [삽입]−[온라인그림]에서 'yoga'를 입력하고 적당한 사진을 선택한다.

❻ [그림도구]−[서식]에서 배경 제거를 선택하고, 8개의 조절점을 조절하여 원하는 이미지를 남긴다.

❼ 잘려나간 부분을 복원하기 위해 [보관할 영역 표시]를 선택하고 부분을 클릭하여 복원하고 변경 내용 유지를 선택한다.

❽ 이미지의 크기를 조절하여 가운데로 옮겨주고, 이미지 효과를 위해 [효과]−[네온]에서 '흰색 배경 1, 크기를 10pt, 투명도 30%'를 지정한다.

6 안내선 이용하여 이미지 배치하기

❶ 제목 텍스트를 입력하고 텍스트 서식 '나눔손글씨펜, 54pt, 굵게'를 지정한다.

❷ 강조하고 싶은 텍스트 '사랑'을 선택하고 '80pt, 주황 강조2', 그림자를 지정한다.

❸ [삽입]-[온라인그림]에서 'family'를 입력하고 사진을 선택한다.

❹ [그림도구]-[서식]에서 배경 제거를 선택하고, 8개의 조절점을 조절하여 원하는 이미지를 남긴다.

❺ [배경 제거]-[보관할 영역 표시]를 선택하고 남길 부분을 클릭하여 원본 사진으로 복원한다.

❻ 변경 내용 유지를 선택하여 배경을 제거하고 [그림서식]-[크기 및 속성]에서 가로 세로 비율 고정
을 체크하여 너비 '11cm'로 지정하고, 적당하게 그림의 위치와 크기를 정한다.

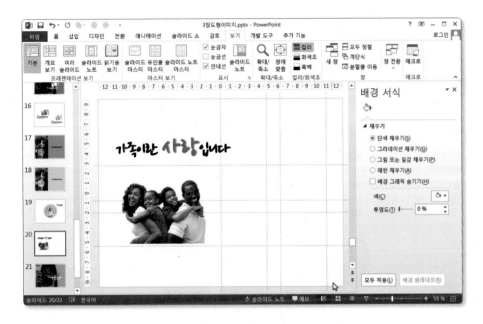

❼ [보기]-[안내선]을 체크하고 Ctrl + 드래그 하여 안내선을 복사한다(가로: 0.00, 4.80, 6.20, 11.0,
세로: 2.80, 0.80, 2.00, 5.40).

❽ [삽입]-[그림]에서 '자전거.jpg, 바닷가.jpg, 가족.jpg, 노을.jpg' 이미지를 가져온다.

❾ 모든 사진이 선택된 상태에서 [그림서식]−[크기]의 가로 세로 비율 고정을 체크하고 사진의 너비를 4.8cm로 지정한다.

❿ 사진의 위치를 적절하게 조절한다.

⓫ 사진을 모두 선택하고, [그림도구]−[서식]에서 '단순형 프레임, 흰색'을 선택한다.

⓬ 각 사진을 선택하여 적당하게 회전시켜 보기 좋게 구성하여 완성한다.

TIP 프레젠테이션 용량 줄이기

프레젠테이션 파일의 사이즈가 큰 경우 메일을 보내거나 웹에 올릴 경우 속도 등 여러 가지 문제가 생겨날 수 있다. 이때는 그림을 압축해서 보내는 것이 효율적이다.

❶ 슬라이드에서 그림을 선택하고 **[그림도구]** – **[서식]** 탭에서 **[그림 압축]**을 선택한다.
❷ 그림 압축 대화상자가 나타나면 **[이 그림에만 적용]**을 해제하며 다른 그림도 포함시킨다.
❸ 대상 출력에서(96ppi) 이메일을 선택하고 확인하여 메일에 첨부가 가능한 사이즈로 줄인다.

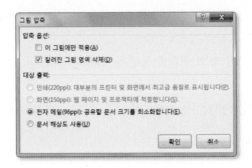

chapter ▶ **03**
연 습 문 제

연습문제 1

도형으로 아이콘 만들기

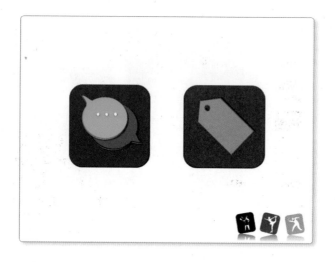

» **첫 번째 도형**

❶ 7cm의 모서리가 둥근 직사각형을 그린다.

❷ [도형 서식]−[채우기]−[단색 채우기]에서 'R:216, G:5 B:255'를 선택하고, [선]에서 '선 없음'을 지정한다.

❸ [도형서식]−[효과]−[3차원 서식] 위쪽을 둥글게, 위쪽과 아래쪽의 너비, 높이를 각각 '5pt'로 지정한다.

❹ [도형]−[설명선]−[타원형 설명선]을 선택하여 그린 후 모양 조절 핸들을 이용하여 크기와 방향을 지정한다.

❺ [채우기]−[연한 파랑], [선]에서 '선 없음'을 지정한다.

❻ [도형서식]−[효과]−[3차원서식]의 위쪽 입체에서 둥글게를 선택하고, 너비, 높이를 각각 '3pt', 깊이의 색은 '연한 파랑, 3pt'로 지정한다.

❼ [도형서식]−[효과]−[3차원 회전]에서 Y를 '340도' 회전한다.

⑪ 그리린 설명선 도형을 선택하여 복사하고 방향과 크기를 조절한다.

❾ [도형 서식]−[채우기]−[단색 채우기]에서 '파랑'를 선택하고, '선 없음'을 지정한다.

❿ [그리기도구]−[서식]−[정렬]에서 '뒤로 보내기'를 선택한다.

⓫ 작은 정원을 그리고 '흰색,배경1, 선 없음'을 지정한다.

⓭ [도형서식]–[효과]–[3차원서식]의 위쪽 입체에서 둥글게를 선택하고, 너비, 높이를 각각 '2pt'로 지정한다.

⓮ 그려진 정원을 선택하고 Ctrl + D 를 이용하여 복제한다.

⓯ 그려진 도형 전체를 선택하고 그룹화한다.

» 두 번째 도형

❶ 7cm의 모서리가 둥근 직사각형을 그린다.

❷ [도형 서식]–[채우기]–[단색 채우기]에서 'R:218, G:63 B:19'를 선택하고, '선 없음'을 지정한다.

❸ [도형서식]–[효과]–[3차원 서식] 위쪽을 둥글게, 위쪽과 아래쪽의 너비, 높이를 각각 '5pt'로 지정한다.

❹ [도형]–[블록 화살표]–[오각형]을 선택하여 그린 후 회전조절과 모양 조절 핸들을 이용하여 크기와 방향을 지정한다.

❺ [도형 서식]–[채우기]–[단색 채우기]에서 '황금색, 선 없음'을 지정한다.

❻ [도형서식]–[효과]–[3차원서식]의 위쪽 입체에서 둥글게를 선택하고, 너비, 높이를 각각 '3pt', 깊이의 색 '황금색, 3pt'로 지정한다.

❼ 정원을 그리고 크기와 위치를 조절한다.

❽ 오각형과 원을 차례대로 선택하고 [그리기도구]–[서식]에서 '빼기'를 선택한다.

❾ 그려진 도형 전체를 선택하고 그룹화한다.

연습문제 2

클립아트로 새로운 이미지 만들기

❶ [삽입]−[온라인그림] 클립아트에서 '요리, 스포츠, 남자'를 입력하고 클립아트를 삽입한다.

❷ 클립아트를 선택하고, [그리기도구]−[서식]에서 [그룹]−[그룹해제]를 클릭한다.

❸ 다시 한번 [그리기도구]−[서식]에서 [그룹]−[그룹해제]를 클릭한다.

❹ 바깥을 클릭하여 선택을 해제하고 불필요한 부분을 지운다.

❺ 남겨진 나머지 부분에 '흰색'을 지정한다.

❻ [그리기도구]−[서식]에서 [그룹]−[그룹]을 선택하여 다시 클립아트를 그룹화한다.

❼ 크기를 조절하고 이미지를 나열한다.

연습문제 3

도형으로 텍스트 표현하기

아래의 슬라이드를 도형을 이용하여 완성해보자.

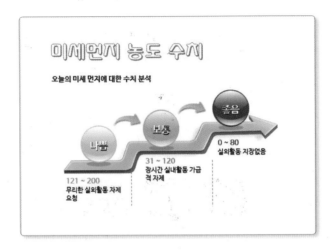

❶ 화살표를 나타내기 위해 [홈]−[도형]에서 자유형을 선택하여 화살표 모양대로 그려준다.

❷ [도형서식]−[선]−[그라데이션]을 선택하고 '선형, 각도 0도, 중지점1, 0%, RGB,127, 96, 0 중지점2, 100% 황금색 강조4'를 준다.

❸ [도형서식]−[효과] 3차원 서식에서 위쪽 입체 둥글게를 지정한다.

❹ 화살표에 투명효과를 주기 위해 앞의 화살표를 복사한다.

❺ 복사한 화살표에 [도형서식]−[선]−[그라데이션]을 선택하고 '중지점1, 0%, 투명도 100%, 중지점2, 100% 흰색, 배경1 투명도 60%'를 준다.

❻ 타원을 선택하고 3.5cm × 3.1cm의 원을 3개 그려주고 간격이 같도록 정렬한다.

❼ [도형서식]−[채우기]에서 각각 '황금색, 연한 녹색, 주황, 강조2'를 채운다.

❽ 3개의 원을 모두 선택하고 [도형서식]−[효과] 3차원 서식에서 [그림자] 미리 설정에서 '오프셋 아래쪽'을 선택한다.

❾ 투명 효과를 위해 원 안에 타원을 그리고 [도형 서식]−[채우기]−[그라데이션 채우기]에서 '선형 90도, 중지점1, 0%, 흰색 투명도, 0%, 중지점2, 100%, 투명도 100%'를 지정한다.

❿ 다른 원에도 투명 타원을 복사하여 붙여넣기 한다.

⓫ 투명 효과를 위해 원안에 달을 그리고 [도형 서식]−[채우기]−[그라데이션 채우기]에서 '선형 0도, 중지점1, 0%, 흰색 투명도 0%, 중지점2, 100%, 투명도 100%'를 지정한다.

⓬ 다른 원에도 투명 달을 복사하여 붙여넣기 한다.

⓭ 텍스트를 입력하여 마무리한다.

연습문제 4

사진 멋지게 배열하기

여행에서 촬영한 사진 6장 이상을 사용하여 보기 좋게 배치해보자.

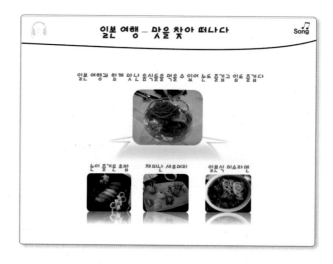

스마트아트 슬라이드

학습목표

내용의 흐름을 효과적으로 전달하기 위해 스마트아트 그래픽을 사용할 수 있다. 스마트아트 그래픽은 간단하게 마우스 클릭만으로 그래픽 슬라이드를 구성할 수 있으며, 텍스트를 스마트아트로 변경하거나 그림으로 변경할 수도 있다. 다양하게 스마트아트를 이용하는 방법과 편집 방법들에 대해 알아본다.

01   스마트아트 다루기

프레젠테이션에서 슬라이드 작성 시 텍스트보다는 그래픽으로 구성된 슬라이드가 청중들을 설득하는 데 효과적이다. 따라서 스마트아트는 많은 내용을 도해화하여 내용의 흐름을 효과적으로 전달하기 위해 사용한다. 내용에 어울리는 스마트아트 그래픽을 선택하고, 다양한 서식을 적용하는 방법에 대해 배워보자.

1.1   스마트아트 서식 탭

스마트아트를 삽입하거나 선택하면 [SMARTART 도구]-[디자인] 탭이 나타난다. [디자인] 탭에서는 스마트아트에 대한 다양한 서식들을 빠르게 지정할 수 있다.

❶ **그래픽 만들기**: 그래픽 레이아웃을 결정하고 텍스트 창을 여닫을 수 있으며, 그려진 그래픽 도형의 도형 추가, 수준의 이동 좌우 전환 등을 지정한다.

❷ **레이아웃**: 그래픽 도형의 레이아웃을 지정하고 바꿀 수 있다.

❸ **색 변경**: 그래픽 도형에 가장 어울리는 색을 여러 가지 중에 선택할 수 있다.

❹ **SmartArt 스타일**: 스마트아트 그래픽에 적용한 스타일을 변경한다.

❺ **변환**: 다양한 효과를 위해 스마트아트를 도형으로 변환하여 편집할 수 있다.

1.2 스마트아트 종류

내용의 전개에 적합한 스마트아트를 선택하여 빠르고 쉽게 좋은 도해를 적용할 수 있다. 또한 작업한
스마트아트라도 보다 더 나은 디자인으로 변경이 가능하다.

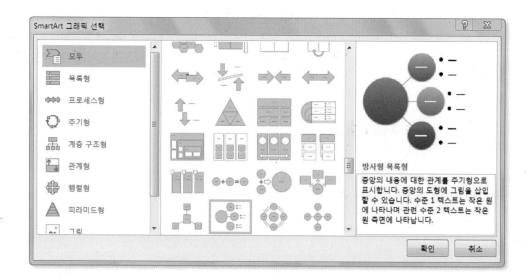

스마트아트는 비중이 같은 내용을 열거하는 목록형, 진행 및 단계가 있는 프로세스형, 반복과 연속
인 주기형, 계층구조형, 스토리를 나타내는 관계형, 사방구조인 행렬형, 상하의 다른 구성을 표현하
는 피라미드형, 그림으로 표현하는 그림형 등의 8가지 유형이 있으며, 내용의 전개에 적합한 모양을
선택할 수 있다.

스마트아트 유형	특성
목록형	비순차적이거나 그룹화된 정보를 나열식으로 보여줄 때 사용
프로세스형	작업 프로세스의 진행 방향이나 순차적 단계를 보여줄 때 사용
주기형	일정 주기로 작업이 진행되는 경우 사용
계층구조형	회사 체계도 등의 계층구조를 보여줄 때 사용
관계형	상반, 상호보완, 계층관계 또는 비례 등 정보 간의 관련성이 있을 경우 사용
행렬형	SWOT 분석에 자주 사용
피라미드형	각 요소들을 상위부터 하위까지 단계식으로 보여줄 때 사용

1 스마트아트 활용

❶ 스마트아트를 충분히 활용한다.

❷ 일반 도형과 조립하여 사용한다.

❸ 간단한 그림 등을 추가하여 나타낸다.

❹ 스마트아트끼리 연결한다.

❺ 도형에 투명도를 주어 가독성을 높여준다.

❻ 내용에 따라 중요 포인트를 강조한다.

1.3 스마트아트 삽입하기

1 [삽입] 탭에서 스마트아트 넣기

스마트아트의 내용에 적합한 스마트아트를 삽입하면 텍스트를 입력할 수 있는 텍스트 상자가 나타난다. 여기에 수준에 따라 텍스트를 입력하여 완성한다.

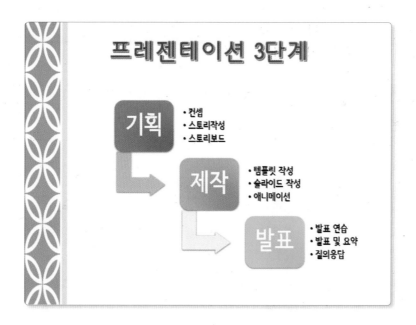

❶ [삽입]-[일러스트레이션]-[SmartArt]에서 스마트아트 그래픽 선택창이 나타나면 내용에 어울리는 그래픽을 선택한다. 스마트아트 그래픽 선택 창에서 '단계 하락 프로세스형'을 선택한다.

❷ 스마트아트의 왼쪽 텍스트 상자에 수준을 고려하여 글을 입력하고 창을 닫는다. 스마트아트의 전체적인 크기를 조절한다.

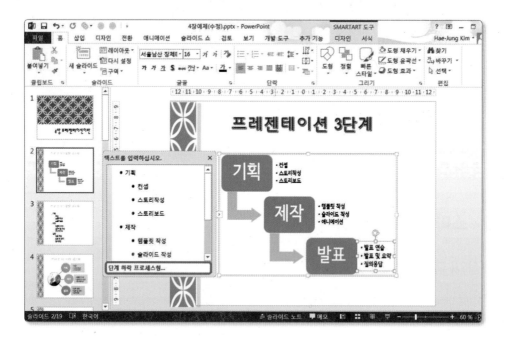

❸ [SmartArt 도구]−[디자인]의 색 변경에서 '색상형 범위−강조색2 또는 3'을 지정하고, 스마트아트 스타일에서 '보통 효과'를 지정한다.

❹ 스마트아트의 크기를 정해준다.

❺ 제2수준 도형을 모두 선택하고 '서울남산 장체B, 18pt'로 지정하고 크기와 위치를 조절한다.

스마트아트에 텍스트 입력하기

- 스마트아트 텍스트 상자에서 텍스트를 입력할 수 있다.
- 스마트아트 도형을 선택하고 도형에 직접 텍스트를 입력할 수 있다.

2 텍스트를 스마트아트로 변환

텍스트만으로 이루어진 슬라이드는 텍스트를 그룹화하여 정리하고 간단하게 스마트아트 그래픽으로 표현할 수 있다.

❶ 텍스트를 선택하고 [마우스 오른쪽 클릭]−[스마트아트로 변환]하여 모양을 선택한다.

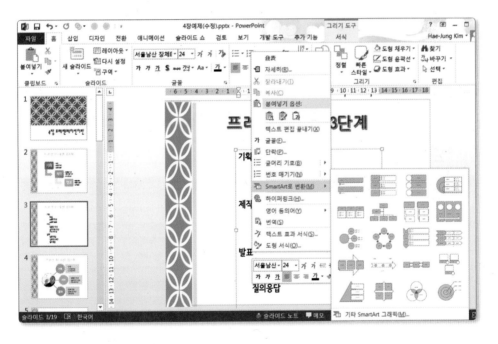

❷ [SmartArt 도구]−[디자인]의 색 변경에서 색을 지정하고, 스마트아트 스타일에서 스타일을 지정한다.

3　완성된 스마트아트 모양 바꾸기

❶ 그려진 스마트아트 그래픽을 선택한다.

❷ [스마트아트 도구]－[디자인]－[레이아웃]에서 내림 단추를 눌러 마우스를 움직이면 변경되는 스마트아트의 모양이 보여지고 원하는 유형을 선택할 수 있다.

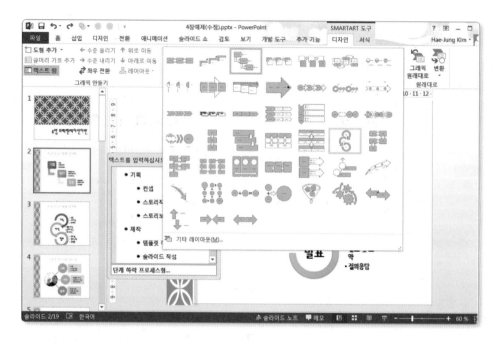

❸ 색상과 스마트아트 스타일을 변경한다.

❹ 제2 수준 도형을 모두 선택하고 '20pt'로 지정한다.

4 스마트아트를 도형으로 변환하기

완성된 스마트아트에 더 많은 변화를 주기 위해서는 도형으로 변환한다.

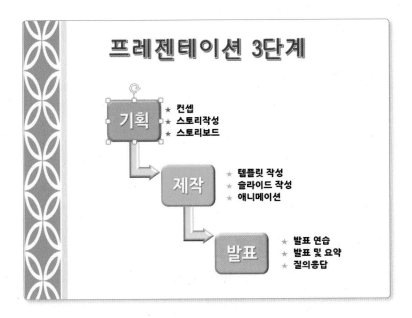

❶ [SmartArt 도구]–[디자인]에서 [변환]–[도형으로 변환]을 선택한다.

❷ 도형의 그룹을 해제하기 위해 [그리기도구]–[서식]에서 '그룹 해제'를 선택한다.

❸ 제1수준 도형을 선택하고, [도형 서식]–[채우기]에서 각각 '연한 파랑, 연한 녹색, 주황'을 채우고, 글씨 크기는 '서울남산 장체B, 40pt'로 지정한다.

❹ [그리기도구]–[서식]–[효과]에서 3차원 서식의 '위쪽 입체 둥글게'를 선택한다.

❺ 화살표를 모두 선택하고, [도형 서식]–[채우기]–[단색 채우기]에서 '흰색, 배경1, 15% 더 어둡게'를 채운다.

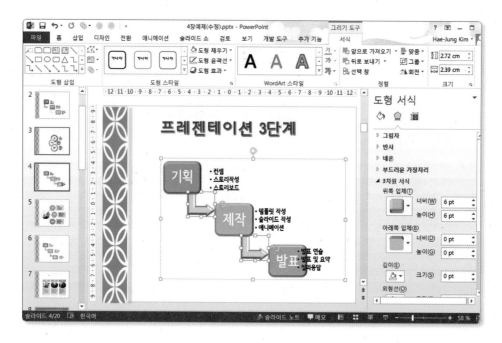

❻ 다시 화살표를 모두 선택하고, [도형 서식]–[효과]에서 '위쪽 둥글게'를 지정한다. 크기와 위치를 조절한다.

❼ 제2 수준의 상자들을 모두 선택하고 '서울남산 장체B, 18pt'를 지정하고 위치를 조절한다.

❽ [홈]–[글머리기호]에서 사용자 지정을 이용하여 별을 선택하고 각각의 색과 텍스트 크기를 '80%'로 조절한다.

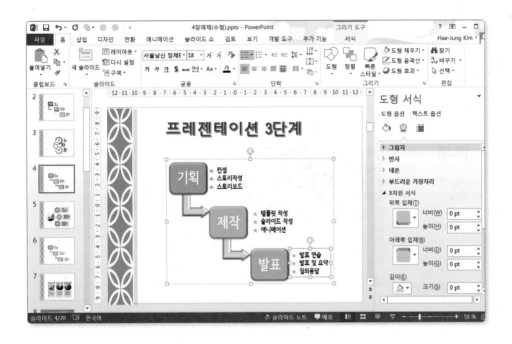

5 그림으로 스마트아트 만들기

스마트아트 그래픽과 텍스트를 이용하여 여러 개의 이미지를 시각적으로 보기 좋게 표현할 수 있다.

❶ [삽입]-[그림]에서 '1~6.jpg' 파일을 가져온다.

❷ 이미지가 모두 선택된 상태에서 [그림도구]-[서식]-[그림 레이아웃]에서 '육각형 클러스터형'을 선택하고 삽입하여 크기를 조절한다.

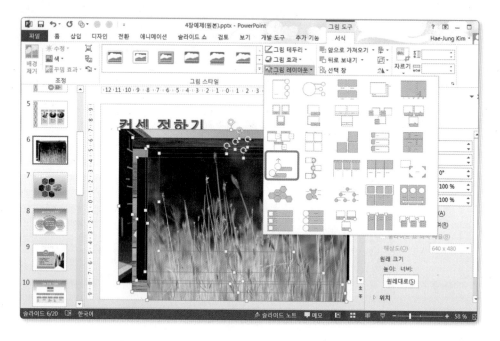

❸ [스마트아트 도구]–[디자인]에서 색 변경은 '그라데이션 반복, 강조1', 스타일은 '보통효과'를 적용한다.

❹ 도형 위에 텍스트를 입력한다.

6 그림 스마트아트 활용하기

스마트아트 그래픽과 텍스트를 활용하고 도형을 이용하여 이미지를 시각적으로 강조할 수 있다.

❶ [배경서식]−[그라데이션 채우기]의 그라데이션 미리 설정에서 '밝은 그라데이션−강조2'를 선택한다.

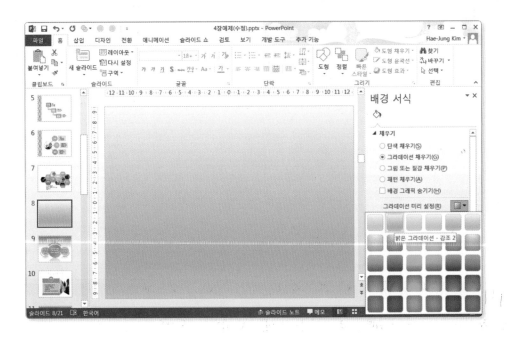

❷ [삽입]−[SmartArt]를 선택하고 SmartArt 그래픽 선택창에서 '육각형 클러스터형'을 선택하여 삽입하고 크기를 조절한다.

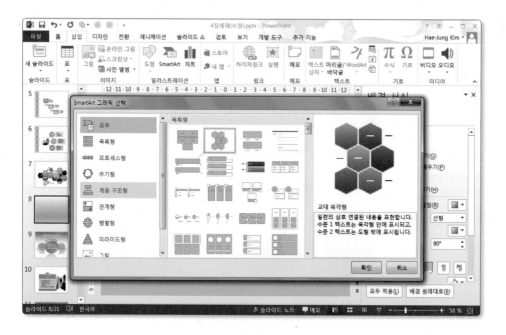

❸ 투명한 텍스트 상자를 선택하여 지우고, 보이지 않는 투명상자는 나중에 다시 지운다.

❹ 스마트아트를 선택하고 [SmartArt 도구]-[디자인]-[변환]에서 '도형'으로 변환한다.

❺ 좌우 방향을 바꾸기 위해 [그리기도구]-[서식]-[회전]에서 '좌우대칭'을 선택한다.

❻ 그림을 넣기 위해 [도형서식]-[채우기]-[그림 또는 질감 채우기]에서 '책.jpg' 파일을 가져온다.

❼ [도형삽입]에서 '육각형'을 선택하고 [채우기]−[단색채우기]에서 '흰색, 배경1, 투명도 60%'를 준다.

❽ 은은한 효과를 주고 싶은 그림 위로 복사하여 붙여넣기 한다.

❾ 투명도형과 그룹화된 도형을 모두 선택하고 [도형 서식]−[채우기]의 선에서 '실선, 흰색 배경1, 두께 5pt'를 지정한다.

❿ 위치를 조절하고 텍스트를 입력하여 마무리한다.

1.4 스마트아트로 시각화하기

다양한 스마트아트를 활용하여 데이터를 시각화해보자. 스마트아트는 내용 전개에 따라 알맞은 스마트아트를 선택하고 각 개체의 모양과 색상을 바꾸거나 다른 개체와 함께 응용한다.

1 목록형 스마트아트로 시각화하기

목록형 스마트아트는 중요도가 비슷한 내용들을 열거할 경우 가장 많이 사용된다.

❶ [삽입]−[SmartArt]에서 '사다리꼴 목록형'을 선택하여 위치를 정한다.

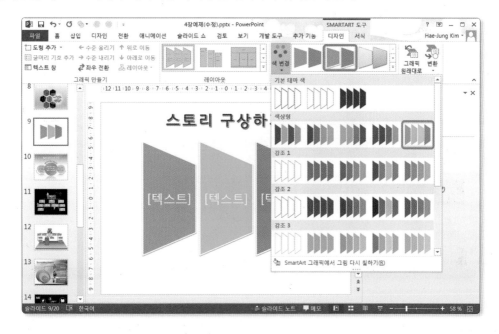

❷ [SMARTART 도구]−[디자인]에서 '색상형 범위−강조색5 또는 6'을 선택한다.

❸ 첫 번째 텍스트상자를 선택하고 [SMARTART 도구]−[서식]의 도형모양 변경에서 '사각형'을 선택하고 크기를 조절한다.

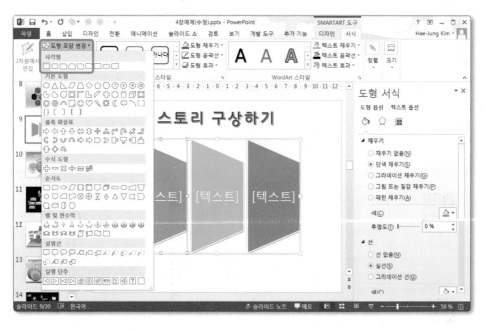

❹ 세 번째 텍스트상자를 선택하고 [SMARTART 도구]−[서식]−[정렬]의 회전에서 '좌우대칭'을 하고 다시 '상하대칭'을 선택하여 위치를 바르게 조절한다.

❺ 두 번째, 세 번째 도형을 차례대로 선택하고 [도형 서식]–[채우기]–[그림 또는 질감채우기]의 온라인에서 클립아트를 선택하고 '회의'를 주제로 검색하여 그림으로 채운다.

❻ [홈]–[도형]에서 사각형을 선택하고 첫 번째 텍스트 상자에 그린 후 '채우기 흰색, 배경1 15% 더 어둡게'를 선택한다.

❼ [홈]–[도형]에서 원형을 선택하여 정원을 그린 후 [도형서식]에서 '채우기 바다색, 강조5', 선의 두께 4.25pt를 지정한다.

❽ 텍스트 상자를 이용하여 내용을 입력하고 마무리한다.

2 관계형 스마트아트로 시각화하기

관계형 스마트아트는 상호관계를 표시하는 다이어그램으로 핵심 정보를 3개로 정리하고 타원이나 구를 사용하여 시각화한다.

❶ 먼저 스마트아트에 들어가지 않은 텍스트는 다른 슬라이드로 옮겨 놓는다. 텍스트를 스마트아트로 바꾸기 위해 텍스트 상자 내부를 [마우스 오른쪽 버튼]-[SmartArt로 변환]-[기타 SmartArt 그래픽]을 선택한다.

❷ [관계형]−[선형 벤형]을 선택하면 스마트아트에 텍스트가 자동으로 들어간다.

❸ [SMARTART 도구]−[서식]에서 크게를 4번 클릭한다.

❹ 가운데 원을 선택하고 [도형서식]−[채우기]에서 '그라데이션 채우기, 각도 45도와 투명도'를 조절하고 '선 없음'을 지정한다.

- 중지점1: 테마색−주황색, 강조6, 중지점 0%, 투명도 60%
- 중지점2: 테마색−주황색, 강조6, 중지점 50%, 투명도 60%
- 중지점3: 테마색−주황색, 강조6, 중지점 100%, 투명도 60%

❺ 가운데 원을 선택하고 [도형서식]−[효과]−[3차원 서식]에서 '위쪽 입체 둥글게, 너비 9pt, 높이 7pt'를 지정한다.

❻ 왼쪽 원을 선택하고 [도형서식]−[채우기]에서 '그라데이션 채우기, 각도 45도와 투명도'를 조절하고 '선 없음'을 지정한다.

- 중지점1: 테마색−바다색, 강조5, 중지점 0%, 투명도 60%
- 중지점2: 테마색−바다색, 강조5, 중지점 50%, 투명도 60%
- 중지점3: 테마색−바다색, 강조5, 중지점 100%, 투명도 60%

❼ 왼쪽 원을 선택하고 [도형서식]−[효과]−[3차원 서식]에서 '위쪽 입체 둥글게, 너비 9pt, 높이 7pt'를 지정한다.

❽ 오른쪽 원을 선택하고 '황록색, 강조3'으로 같은 작업을 반복한다.

❾ 가운데 원의 텍스트를 선택하고 '맑은 고딕, 24pt, 가운데 정렬, 줄간격 1.0'을 지정한다. [도형서식]−[텍스트 옵션]−[효과]에서 '채우기 흰색, 배경1, 네온색 주황, 강조6, 50% 더 어둡게'를 선택하고 '크기 8pt, 투명도 40%'를 지정한다.

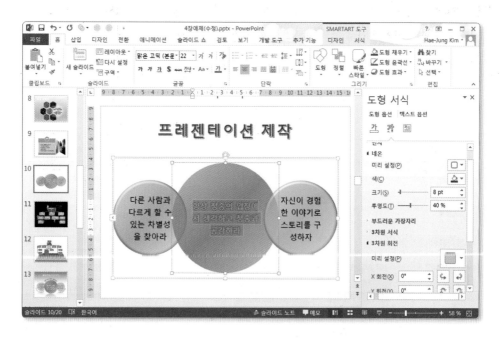

❿ 왼쪽과 오른쪽 원의 텍스트를 선택하고 '맑은 고딕, 20pt, 가운데 정렬, 줄간격 1.0'을 지정한다. [도형서식]−[텍스트 옵션]−[효과]에서 '채우기 흰색, 배경1, 네온색 주황, 강조6, 50% 더 어둡게'를 선택하고 '크기 8pt, 투명도 40%'를 지정한다.

⓫ '많이 보고 많이 응용하자'를 선택하고 '맑은 고딕, 26pt, 진하게'를 주고, [그리기도구]−[서식]−[변환]에서 '위쪽 원호'를 선택한 뒤 크기와 높이와 방향을 조절한다.

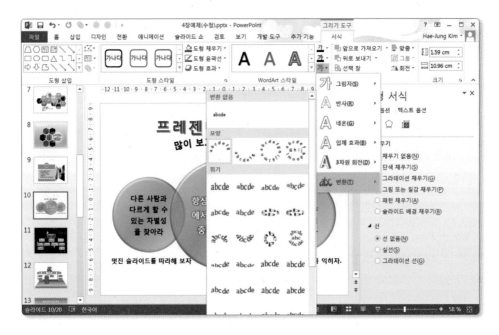

⓬ '멋진 슬라이드를 따라해보자'와 '자신만의 감각을 익히자'는 '맑은 고딕, 18pt, 진하게'를 주고 [그리기도구]−[서식]−[변환]에서 아래쪽 원호를 선택한 뒤 크기와 높이, 방향을 조절한다.

⓭ 도형 3개를 모두 선택하고 [도형 스타일]−[도형 효과]−[반사]의 '근접반사, 터치'를 선택한다.

⑭ 배경에 그라데이션을 지정하기 위해 [배경서식]−[채우기]−[그라데이션 채우기]를 선택하고 '선형, 90도'를 준다.

- 중지점1: 테마색−파랑, 강조1, 40% 더 밝게, 중지점 0%, 투명도 60%
- 중지점2: 테마색−파랑, 강조1, 80% 더 밝게, 중지점 50%, 투명도 100%

③ 계층구조형 스마트아트로 시각화하기

계층구조형 스마트아트는 어떤 조직의 구조와 계층적 관계를 정리하여 한꺼번에 보여준다.

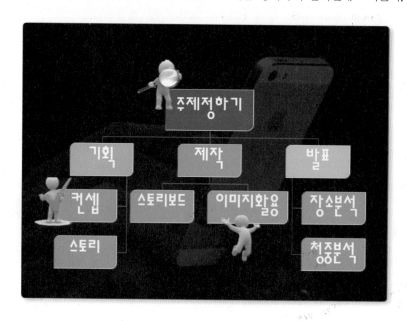

❶ [삽입]−[새 슬라이드]에서 레이아웃을 '제목 및 내용'으로 한다.

❷ 슬라이드의 바닥에 나타나는 SmartArt 그래픽 삽입을 클릭하고 계층구조형에서 '단순형'을 선택한다.

❸ 텍스트 창을 열어 내용을 모두 지우고 수준을 고려하면서 하나씩 입력한다.

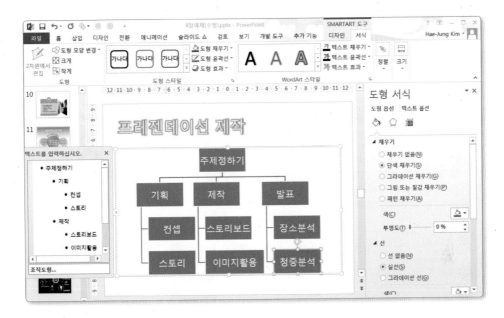

❹ 도형의 레이아웃을 정리하기 위해 기획 텍스트 상자를 선택하고 [SMARTART 도구]-[디자인]-[그 래픽 만들기]에서 레이아웃을 '왼쪽 배열'로 한다.

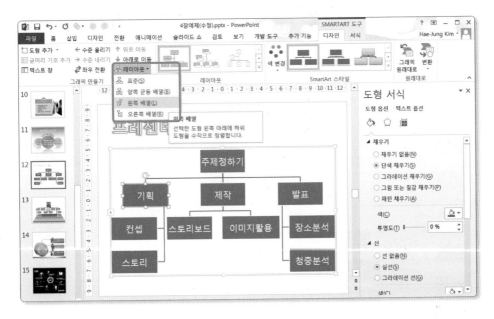

❺ 도형의 레이아웃을 정리하기 위해 제작 텍스트 상자를 선택하고 [SMARTART 도구]-[디자인]-[그 래픽 만들기]에서 레이아웃을 '표준'으로 선택한다.

❻ 도형 모양 변경을 위해 도형을 모두 선택하고 [SMARTART 도구]−[서식]−[도형 모양 변경]에서 대각선 방향의 '모서리가 둥근 사각형'을 선택한다.

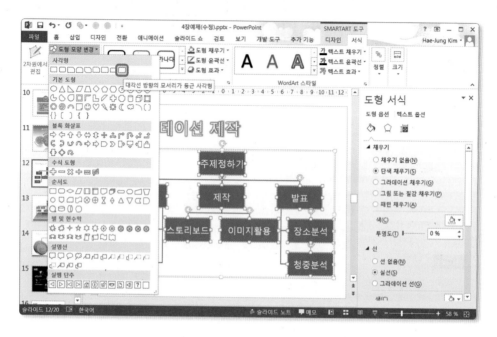

❼ 스마트아트의 색상과 디자인을 변경하기 위해 [SMARTART 도구]−[디자인]−[색 변경]에서 '색 채우기 강조색1, 단순 채우기'를 선택한다.

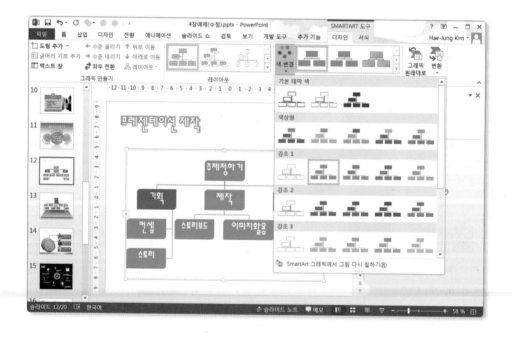

❽ 주제 정하기 텍스트 상자를 선택하고 [도형서식]−[채우기]−[단색 채우기]에서 '진한 청록, 텍스트 2'를 선택한다.

❾ 기획 텍스트 상자를 선택하고 [도형서식]−[채우기]−[단색 채우기]에서 '주황색', 발표 텍스트 상자를 선택하고 '표준색 연한 녹색'을 선택한다.

❿ 배경에 어울리는 이미지를 사용하기 위해 [배경 서식]−[채우기]−[파일]에서 '휴대폰.jpg' 파일을 불러온다.

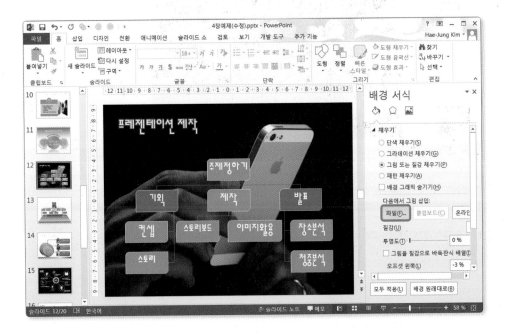

⓫ 배경과 클립아트가 어울리도록 배경에 투명도를 주기 위해 사각형을 선택하고 슬라이드 전체의 크기로 그려준다.

⓬ [도형 서식]−[채우기]에서 '단색, 검정 텍스트1'을 선택하고 투명도를 '30%' 지정한다.

⓭ 검정 사각형을 선택하고 [그리기 도구]−[서식]에서 '맨 뒤로 보내기'를 선택한다.

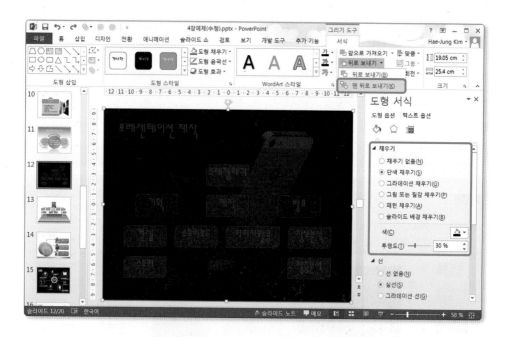

⑭ 이미지를 넣기 위해 [삽입]–[그림]에서 '1~3.jpg'를 가져오고 [그림도구]–[서식]–[크기]에서 가로, 세로 '4cm'를 지정한다.

⑮ [그림 도구]–[서식]의 배경 제거를 이용하여 배경을 제거하고 위치에 배치한다.

chapter ▶ 04
연 습 문 제

연습문제 1

스마트아트로 자기 소개서 만들기

❶ 새로운 슬라이드의 레이아웃을 빈 화면으로 선택하고, [배경서식]−[채우기]에서 '단색 검정, 텍스트1'을 선택한다.

❷ [삽입]−[스마트아트]의 주기형에서 '기본 방사형'을 선택한다.

❸ 텍스트 창을 열고 3개의 도형을 추가한다.

❹ 각 원의 위치와 크기를 조절한다.

❺ 모든 원을 선택하고 [도형서식]−[선]에서 '연한 파랑, 3pt'를 지정한다.

❻ 각 원에 클립아트를 이용하여 채우기하고 위치를 조절한다.

❼ 텍스트 상자를 이용하여 텍스트를 입력한다.

연습문제 2

스마트아트를 연결하여 만들기

❶ 새로운 슬라이드를 삽입한다.

❷ [삽입]-[스마트아트]-[프로세스형]에서 기본 갈매기형 수장 프로세스형을 선택하여 높이 2cm, 너비 22cm로 조절하고 '옥색, 라임, 자주'로 색 채우기 한다.

❸ [SMARTART 도구]-[디자인]-[변환]에서 '도형'으로 변환한다.

❹ 그림자 효과를 주기 위해 [도형]에서 평행 사변형을 선택하여 그린 후 [그리기도구]-[서식]에서 '좌우대칭'을 선택한다.

❺ [도형 서식]-[채우기]-[그라데이션 채우기]에서 '선형, 315도, 중지점1, 0% 흰색, 투명도 100%, 중지점2, 100% 흰색, 투명도 50%, 선 없음'을 지정하고 다른 도형에도 복사하여 붙인다.

❻ 텍스트를 입력하고 'HY강B, 24pt, 흰색, 진하게, 텍스트 그림자'를 서식 지정한다.

❼ [삽입]-[스마트아트]-[목록형]에서 가로 글머리기호 목록형을 선택하여 크기를 조절하고 [SMARTART 도구]-[디자인]-[변환]에서 '도형'으로 변환한다.

❽ 도형의 모양을 바꾸기 위해 머리글의 사각형을 선택하고 [그리기 도구]-[서식] 도형 모양 변경에서 '양쪽 모서리가 둥근 사각형'을 선택한다.

❾ 머리글 도형에 '옥색, 라임, 자주'로 색 채우기 하고 '선 없음'을 선택한다.

❿ 그림자 효과를 주기 위해 [도형]에서 '양쪽 모서리가 둥근 사각형'을 선택하여 그린다.

⓫ [도형 서식]-[채우기]-[그라데이션 채우기]에서 '선형, 45도, 중지점1, 0% 흰색, 투명도 100%, 중지점2, 100% 흰색, 투명도 50%, 선 없음'을 지정하고 다른 도형에도 복사하여 붙인다.

⓬ 본문 입력을 위해 [도형 서식]-[채우기]-[단색 채우기]에서 '흰색'을 채우고 스포이트를 이용하여 선을 지정한다.

⓭ [삽입]-[그림]에서 '1.jpg~3.jpg'를 입력하여 크기를 '3cm'로 지정하고 삽입한다.

⓮ 나머지 글들을 입력한다.

- 콘셉트, 시각화하기, 발표: HY강B, 20pt, 흰색, 진하게, 텍스트 그림자
- 본문: HY강B, 16pt, 흰색, 진하게, 텍스트 그림자

표·차트를 이용하여
읽기 쉬운 슬라이드 만들기

학습목표

표와 차트를 삽입한 슬라이드는 명확한 자료를 제시하여 청중을 설득할 수 있는 힘이 있다. 중요한 것은 메시지 전달력이 높은 표와 차트를 만드는 것이다. 이 장에서는 수치 데이터를 더 쉽게 읽을 수 있도록 차트로 변환하는 방법에 대해 알아본다.

01 표를 이용한 슬라이드

표를 사용하면 많은 양의 문서 내용을 깔끔하게 정리하여 표현할 수 있다. 숫자로 표현되는 데이터의 경우에는 표보다 차트를 이용하는 것이 메시지를 더 쉽고 효과적으로 표현할 수 있다. 표와 차트를 이용해 더욱 읽기 쉬운 슬라이드를 만들어보자.

1.1 표 작성하기

표는 많은 양의 문서 내용을 깔끔하게 정리하여 표현할 수 있기 때문에 슬라이드에 표현해야하는 내용이 많은 경우, 표를 이용하여 일목요연하게 정리할 수 있다.

❶ **방법 1:** 표를 추가할 슬라이드를 선택한 후 [삽입] 탭─[표] 그룹─[표]를 클릭한 후 원하는 행과 열의 수만큼 지정하여 삽입한다.

❷ 행과 열의 개수(7×4)를 선택한다.

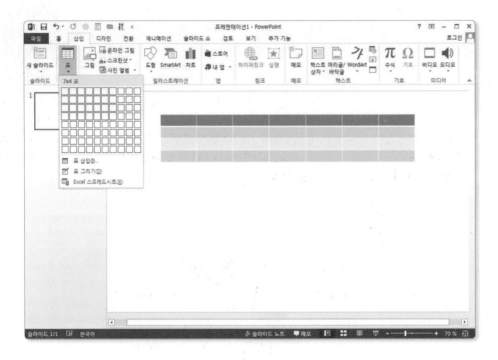

❸ **방법 2:** 내용의 [표 삽입] 단추를 클릭한다.

❹ 행과 열의 개수(7×4)를 입력한다.

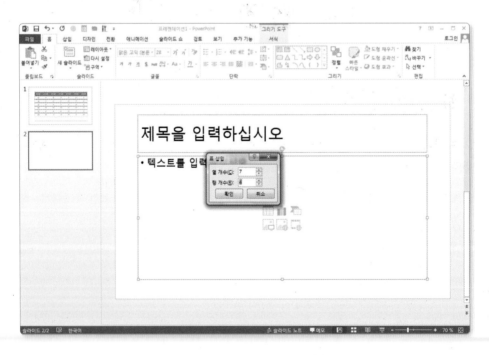

1   표 도구 설정하기

[표 도구] 탭: 표 편집과 관련된 기능을 제공하는 표 도구 탭은 2개의 하위 탭을 제공한다.

❶ **[표 도구]-[디자인] 탭**: 표 스타일과 관련된 옵션, 표의 색, 선 스타일, 특수효과, 표에 입력되어 있는 텍스트 서식 등을 지정할 수 있다. 또한 표의 테두리를 그리거나 지울 수 있다.

❷ **[표 도구]-[레이아웃] 탭**: 행/열의 삽입 및 삭제, 셀 병합/분할, 셀과 표 크기 조정, 셀에서 텍스트의 위치, 여백 등을 조정할 수 있다.

2   표 삽입하고 텍스트 입력하기

❶ 표를 삽입하기 위해 [삽입]-[표] 그룹에서 [표]를 클릭한다. 표와 행, 열을 의미하는 눈금 목록이 나타나면 '7×4 표' 모양이 되는 위치에서 클릭한다.

❷ 표에서 첫번째 행을 선택하고 [표 도구]-[디자인]-[표 스타일] 옵션 창에서 '밝은 스타일2, 강조2' 를 선택한다.

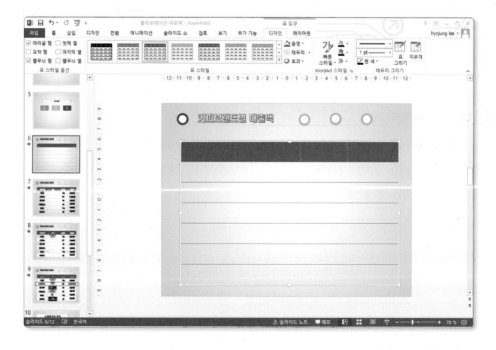

❸ 표의 첫 번째 셀에 '브랜드명'을 입력한 후 Tab(Tab) 또는 →를 눌러 다음 셀로 이동하고 내용을 입력한다.

❹ 텍스트 상자를 이용해 표 제목을 입력한다. 입력한 후 글꼴을 [그리기도구]-[서식]-[WorldArt 스타일]-채우기에서 '흰색, 윤곽선-강조2, 진한그림자-강조2'를 선택하여 수정한다.

❺ [홈]-[글꼴]에서 1행에 표의 내용을 입력한 후, 글꼴은 'HY헤드라인 M, 24pt, 흰색, 배경1'로 표 셀의 내용을 수정한다. 3~7행의 내용은 'HY헤드라인 M, 20pt, 검정'으로 표 셀에 내용을 입력한다.

❻ 표를 선택하고 [홈]-[단락]-[가운데 맞춤]을 눌러 표 안의 내용을 모두 가운데 맞춤한다.

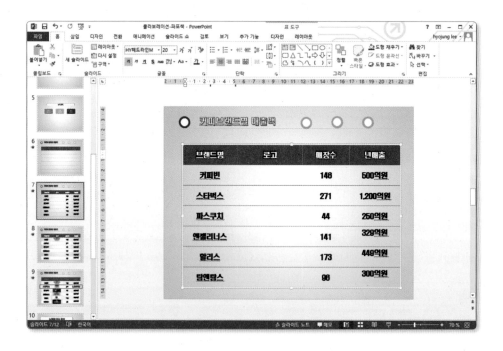

3   표에 그림 삽입하기

❶ [표도구]-[표스타일]-[음영]-[채우기]에서 1행은 '빨강'을 선택하여 채워준다.

❷ [표도구]-[표스타일]-[음영]-[채우기]에서 2, 4, 6행은 '흰색, 배경1, 5% 더 어둡게'를 선택하여 채워주고, 3, 5, 7행은 '흰색 배경1'을 선택한다.

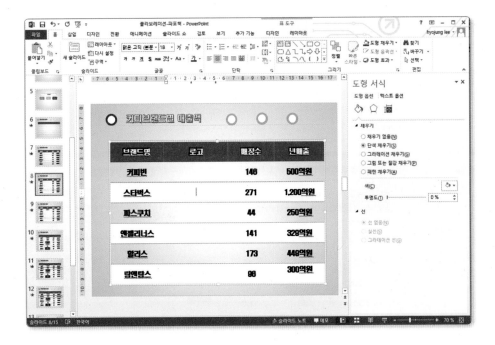

❸ [표도구]-[음영]-[그림]에서 저장된 그림파일 '커피빈로고.jpg'를 삽입한다.

❹ 셀에 그림을 채울 때 [옵션]을 지정하지 않으면 셀의 그림이 꽉 찬 상태로 삽입되거나, 모양이 변형되어 보인다. [옵션] 오프셋에서 오른쪽, 왼쪽 옵션을 '15%', 위쪽 '-3%', 아래쪽 옵션을 '-7%'로 설정한다. 이 옵션은 그림에 따라 다르게 설정한다.

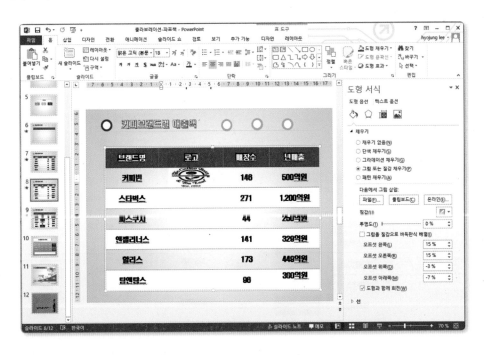

❺ '스타벅스.jpg', '파스쿠치로고.jpg', '엔젤리너스로고.jpg', '할리스.jpg', '탐앤탐스.jpg'도 같은 방법으로 삽입한다.

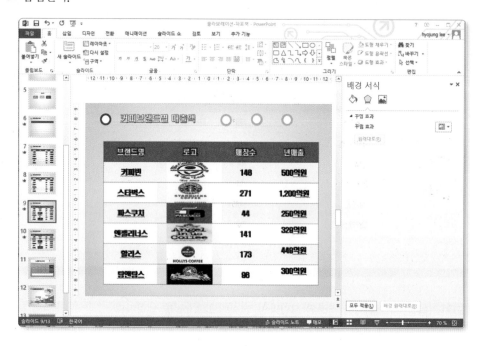

4　표 강조하기

표는 강조하기 위해 사용하는 것이다. 표 안에 핵심 내용 중에서 숫자와 글꼴 등의 색이나 크기를 눈에 띄게 설정하고 도형 등을 이용해 시각적으로 집중할 수 있는 효과를 만들어보자.

❶ [삽입]-[도형]에서 '직사각형'을 3행에 삽입한다.

❷ [도형서식]-[도형옵션]에서 '채우기 없음', 선색 '빨강', 두께 '6.25pt'를 지정한다.

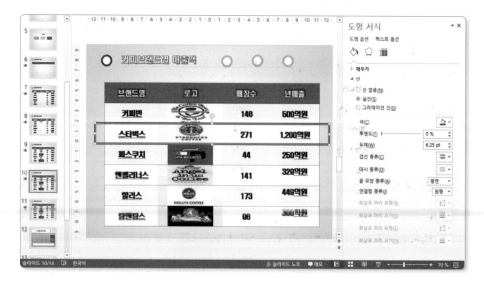

❸ 1행의 글꼴은 [그리기도구]–[서식]–[WorldArt 스타일]에서 채우기 '흰색, 윤곽선 강조2, 진한그림 자 강조2'를 선택해서 수정한다.

❹ 표에서 강조하려는 숫자나 글꼴을 '빨강'으로 지정하고 글꼴을 크게 한다.

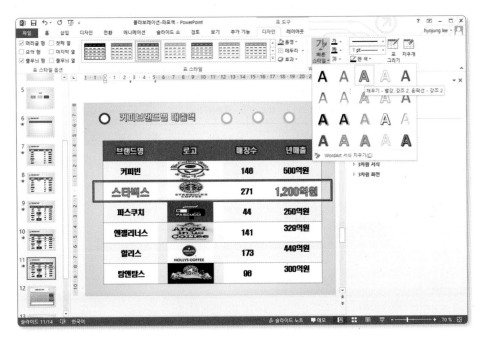

❺ 표에 세로선을 삽입하려면 [표도구]–[디자인]–[테두리그리기]의 펜색을 '흰색'으로 지정한 후 [표스 타일]의 '안쪽 테두리'를 지정하여 완성한다.

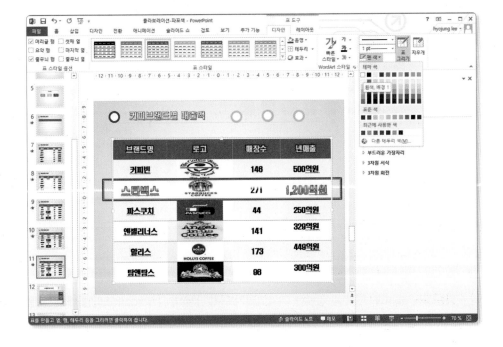

1.2   입체감 있는 표 만들기

표 레이아웃 메뉴를 이용해 표를 더욱 입체감 있고, 다양하게 표현해보자.

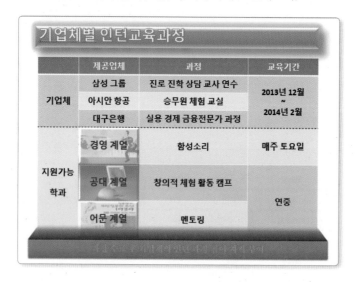

1   표 만들기

❶ [홈]-[슬라이드 레이아웃]-제목만 있는 슬라이드를 삽입한다.

❷ [그리기도구]-[서식]-[도형스타일]에서 '미세효과 회색 50%, 강조3'을 선택한다.

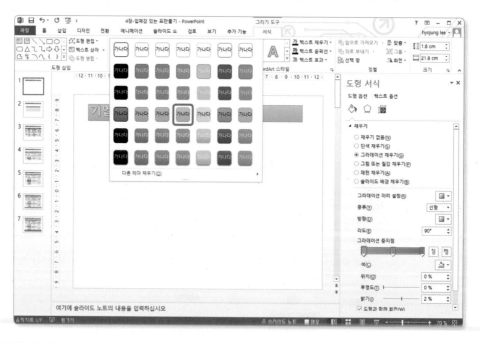

❸ 글꼴-'맑은고딕 32pt'로 제목을 입력한 뒤, [그리기도구]-[서식]-[Wordart 스타일]에서 '채우기 흰
색, 윤곽선 강조2, 진한그림자 강조2'를 선택한다.

❹ [도형서식]-[도형옵션]에서 '3차원 서식, 위쪽 둥글게, 너비 10pt, 높이 5pt'를 선택한다.

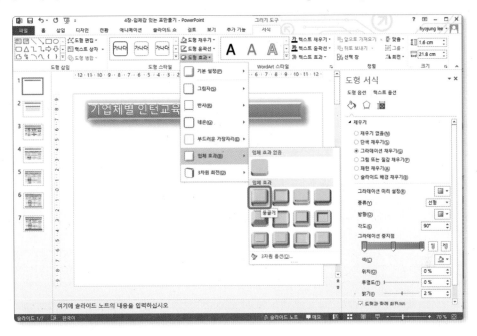

❺ [삽입]-[표]에서 7행 4열의 표를 그린다.

❻ 병합할 셀들을 선택하고 [표도구]-[레이아웃]에서 '셀 병합'을 실행한다.

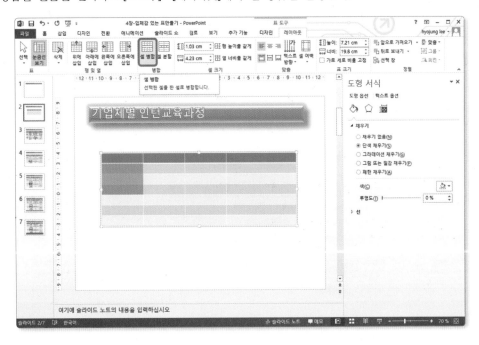

❼ 행의 높이가 다른 경우 [표도구]-[레이아웃]에서 '행 높이를 같게'를 선택해서 높이를 균일하게 맞춘다.

❽ 표의 내용을 입력한 후, 글자를 각 셀의 가운데에 배치하기 위해 [표도구]-[레이아웃]-[맞춤]에서 '가로방향 세로방향 가운데'를 선택한다.

❾ [표 도구]-[디자인]-[표 스타일]에서 '보통 스타일2, 강조1'을 선택한다.

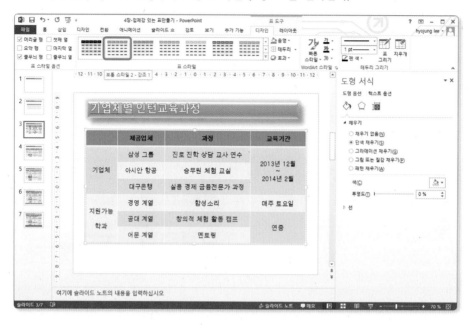

2 그림 삽입하고 입체효과 주기

❶ [도형서식]-[도형옵션]-[채우기]에서 파일을 선택해 지원가능 학과의 각 계열을 그림('인문계.jpg, 공대.jpg, 어문학.jpg')으로 채워 넣는다. 각 셀의 마우스 오른쪽 버튼을 눌러 도형서식에서 그림으로 채워넣기를 하고 투명도를 '60%'로 조절한다.

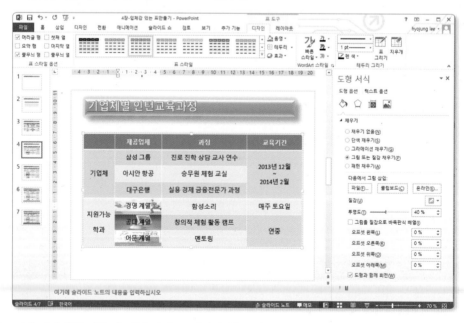

❷ [표도구]-[디자인]-[효과]-[셀 입체 효과]에서 '볼록하게'를 선택한다.
❸ 지원 가능학과 행 높이를 기업체 행보다 높게 조절하여 지원 가능학과를 강조한다.

❹ [표]−[디자인]−[표스타일]에서 '보통 스타일 2, 강조 2'를 선택한다.

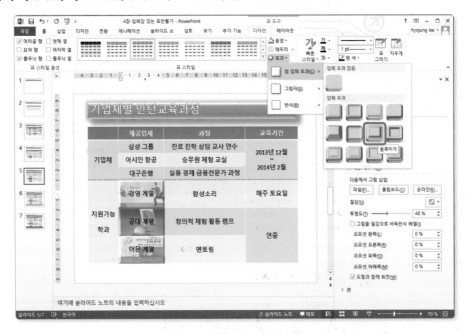

3 도형 삽입하기

❶ 직사각형 도형을 이용하여 아래쪽 모양을 완성한다. [그리기도구]−[서식]−[도형스타일]에서 '강한 효과 주황, 강조2'를 선택한다.

❷ '과정 수료 후 기업체의 인턴과정 참여 자격 부여'를 입력한다. [그리기도구]−[서식]−[Wordart 스타일]에서 '채우기 파랑, 강조1, 윤곽선 배경1, 진한그림자 강조1'을 적용한다.

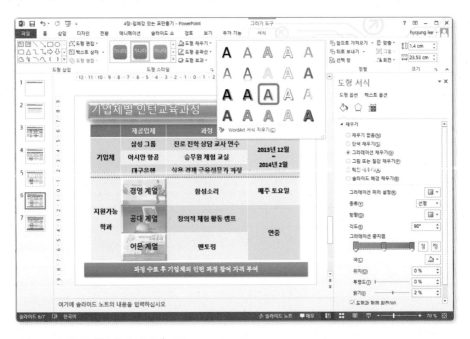

❸ 사다리꼴 도형을 입체감을 주기 위해 그라데이션을 이용해 조절한다. '중지점1: 투명도 0%, RGB(255, 197, 197), 중지점2: 투명도 26%, RGB(215, 118, 113), 중지점3: 투명도 21%, RGB(130, 0, 0)'를 지정한다.

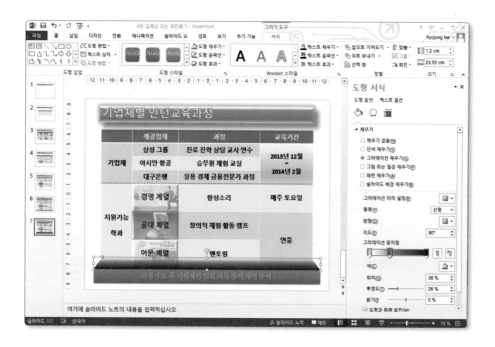

02 차트를 이용한 슬라이드

차트는 많은 양의 숫자 데이터 및 데이터 계열 간의 관계를 더 쉽게 이해할 수 있도록 그래픽 형식으로 표현하는 데 사용된다. 차트는 전달 내용에 따라 복잡하고 자세한 차트부터 단순화된 차트까지 다양하게 사용된다.

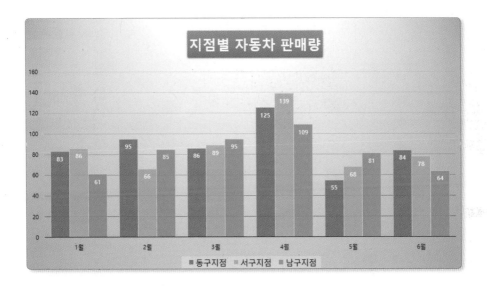

2.1 차트의 구성요소

차트는 많은 양의 데이터 및 여러 데이터 계열 간의 관계를 보다 쉽게 이해할 수 있도록 숫자 데이터 계열을 그래픽 형식으로 표시하는 데 사용된다. 차트는 전달 내용에 따라 복잡하고 자세한 차트에서부터 단순화된 차트까지 다양하게 사용된다. 차트 슬라이드를 작성하면서 차트 종류, 차트 레이아웃 및 차트 스타일에 대해 알아보자.

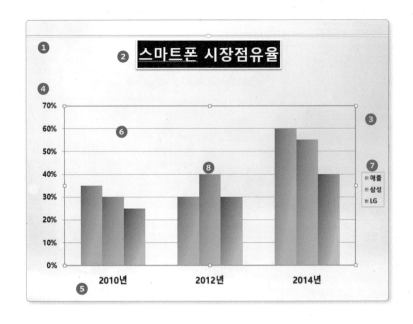

❶ **차트 영역**: 그림 영역과 제목, 범례를 포함하는 차트의 전체 영역

❷ **제목**: 차트의 제목을 표시

❸ **그림 영역**: 실제 차트가 그려진 영역

❹ **y축**: 일정한 간격으로 y축 데이터 항목과 눈금을 표시

❺ **x축**: 일정한 간격으로 x축 데이터 항목과 눈금을 표시

❻ **눈금선**: 값 축이나 항목 축의 눈금을 표시한 선

❼ **범례**: 차트의 데이터 개열이나 항목을 식별할 수 있게 설명

❽ **데이터 계열**: 차트에 표시된 데이터 요소이며, 일반적으로 같은 계열은 같은 그림이나 같은 색상으로 표시

1 차트도구 설정하기

[차트도구] 탭: 차트 편집과 관련된 기능을 제공하는 차트도구 탭은 2개의 하위 탭을 제공한다.

❶ [차트 도구]–[디자인] 탭: 차트 스타일과 관련된 옵션, 데이터 편집, 차트 종류 변경, 차트요소 추가, 빠른 레이아웃 기능 등을 지정할 수 있다.

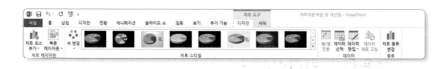

❷ [차트 도구]–[서식] 탭: 차트 영역에 따른 설정 변경, 도형스타일, 텍스트 채우기, 텍스트 윤곽선, 텍스트 효과, 정렬 등을 조정할 수 있다.

2.2 차트 삽입

1 차트 삽입하기

❶ 방법 1: [삽입] 탭 – [일러스트레이션] 그룹 – [차트]를 클릭한다.

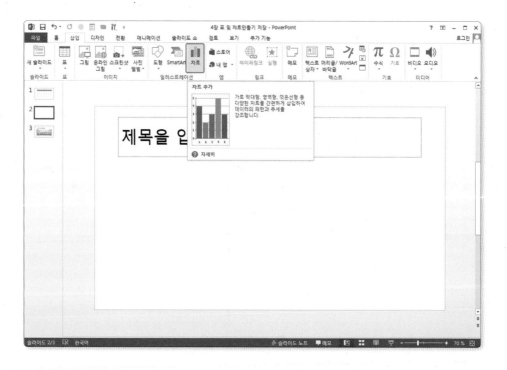

❷ **방법 2:** 새 슬라이드로 '제목 및 내용'의 슬라이드를 삽입한다. 슬라이드에서 [차트 삽입]을 클릭한다.

❸ '제목 및 내용'의 슬라이드에서 [차트 삽입]을 클릭한다. [차트 삽입] 대화상자가 나타나면 [세로 막대형]에서 [묶은 세로 막대형]을 선택한 후 [확인]을 클릭한다.

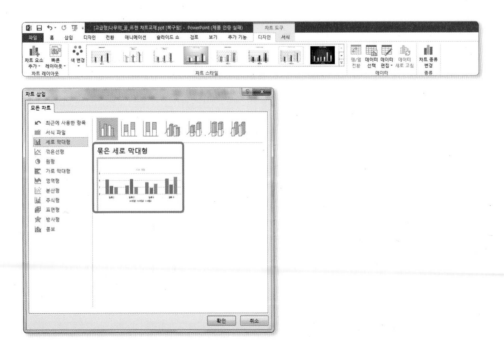

❹ 차트 종류를 선택하면 기본 데이터가 입력된 엑셀창이 나타난다. 데이터 입력창에 그림과 같이 내용을 수정해서 입력하면 새로운 데이터가 반영된다.

❺ 엑셀창에서 불필요한 데이터를 드래그해서 삭제한다. 불필요한 데이터를 정리해주고 데이터 창을 닫아주면, 새로운 묶은 세로 막대형 차트가 삽입되었다.

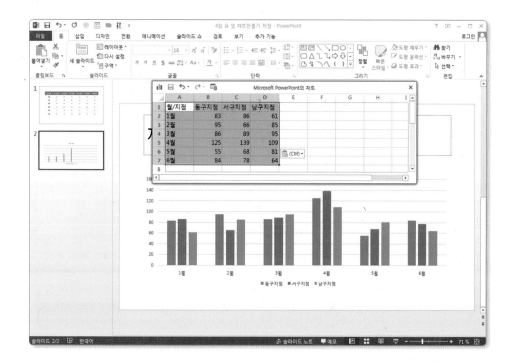

2 차트 색 변경하고 스타일 지정하기

❶ 차트를 선택하고 차트 오른쪽의 [차트 스타일]을 클릭하여 [스타일 4]를 선택하면 빠르게 차트의 스타일을 변경할 수 있다.

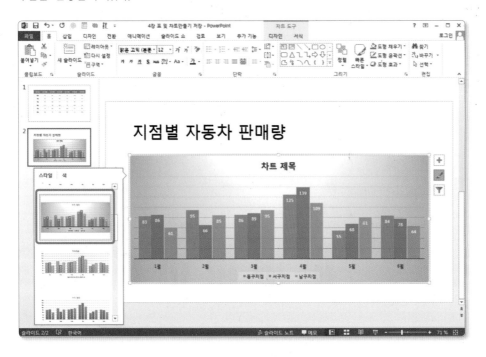

❷ [차트 스타일] 창의 [색]을 클릭하고 [색 3]을 선택하면 이미 지정된 색상으로 차트의 색상을 빠르게 변경할 수 있다.

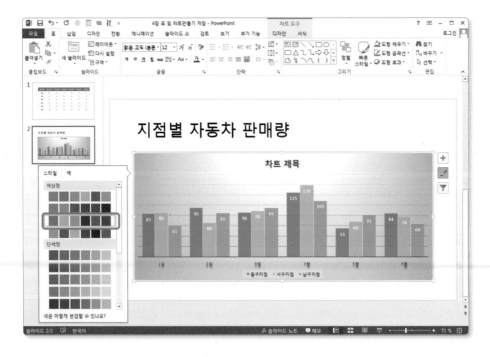

3 차트에 레이블 추가하고 세로축 넣기

❶ 차트에 데이터 레이블을 추가하기 위해 차트를 선택하고 오른쪽의 [차트 요소]를 클릭하여 [데이터 레이블]-[안쪽 끝에]를 선택한다.

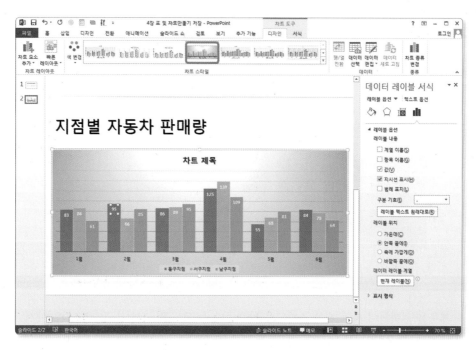

❷ 차트의 기본 세로축을 넣기 위해 [차트 요소]의 [축]-[기본 세로]를 클릭한다. 기본 세로축이 생겨 난 것을 확인할 수 있다.

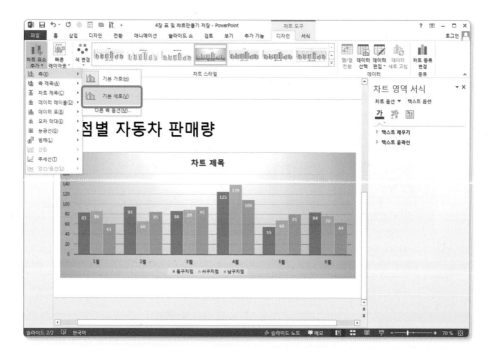

❸ [차트도구]-[디자인]-[차트요소 추가]-[차트제목]에서 '차트 위'를 선택하여 차트 제목 '지점별 자동차 판매량'을 넣어준다.

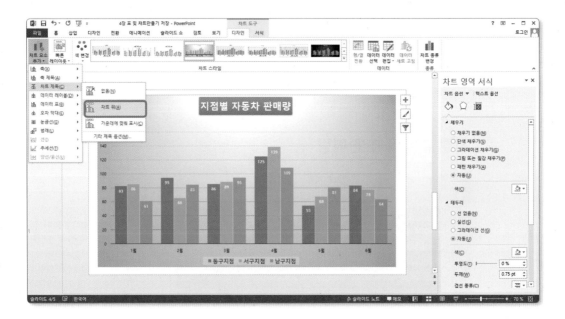

❹ 차트 제목을 선택하여 차트 제목 스타일을 바꿔준다. [차트도구]-[서식]-[도형스타일]에서 '강한효과 회색 50%, 강조3'을 선택한다.

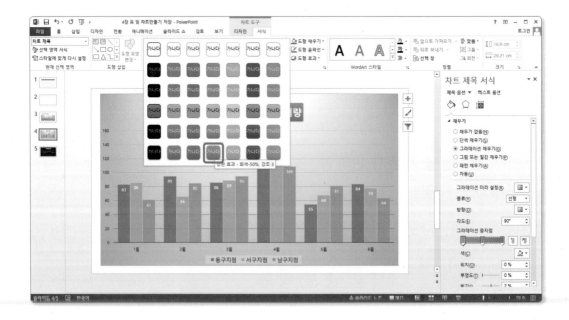

❺ 차트 제목의 크기와 위치를 조절해서 차트에 배치하여 막대차트를 완성한다.

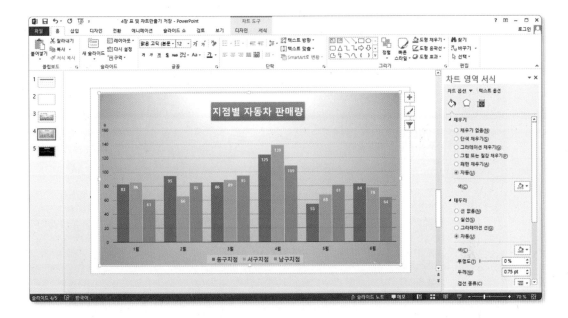

4   차트 종류 변경하기

기본적인 막대 차트를 꺾은 선형 차트로 변경해서 편집해보자. 꺾은 선형 차트는 진행흐름을 나타내기에 적합하며 추세를 한눈으로 볼 수 있어 편리하다.

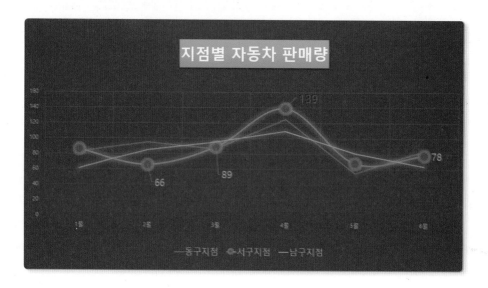

❶ [차트도구]−[디자인]−[차트종류 변경]에서 '표식이 있는 꺾은 선형' 차트를 선택한다.

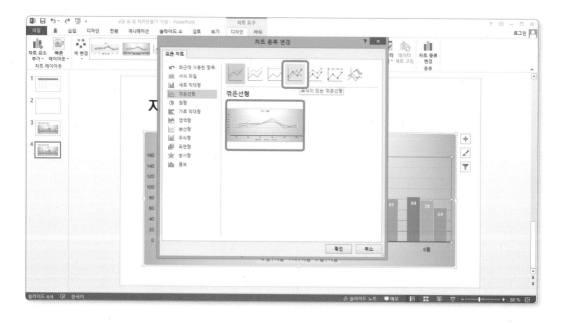

❷ [차트도구]-[차트스타일]-[디자인]에서 '스타일 9'를 선택한다.

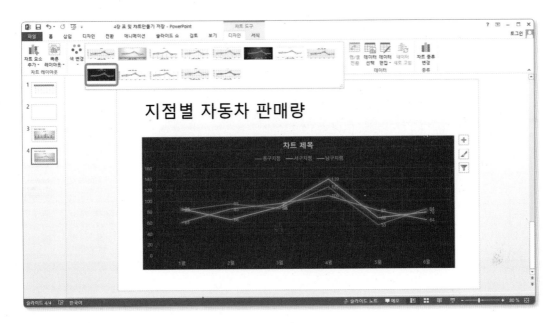

❸ [차트도구]-[차트스타일]-[색변경]에서 '색 1'을 선택한다.

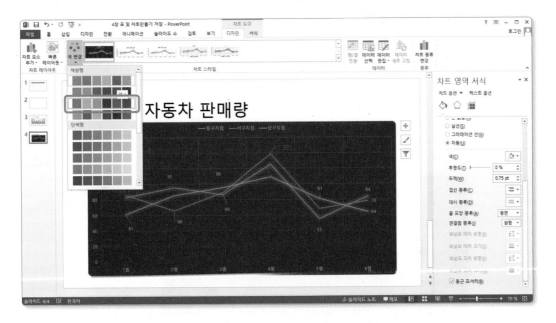

❹ 최고 높은 값인 서구지점 '4월 값'을 '맑은 고딕, 빨강, 20pt'로 표시하고 불필요한 값을 제거한다.

❺ 서구지점의 데이터 계열 신을 선택한 다음, [데이터 계열서식]에서 선의 두께를 '3pt', 겹선종류 '단
순형', '완만한 선'을 선택한다.

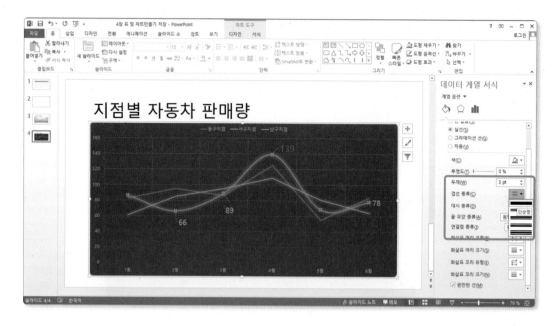

⑥ [데이터계열서식]−[표식옵션]−[기본제공]에서 표시형식을 '원형', 20pt'로 설정한다. [채우기]에서 '청회색, 텍스트2', [테두리]에서 '파랑, 강조1'을 선택한다.

⑦ [차트도구]−[디자인]−[차트요소 추가]−[차트제목]에서 '차트 위'를 선택하여 차트 제목을 넣어준다.

⑧ 차트 제목을 선택하여 스타일을 바꿔준다. [차트도구]−[서식]−[도형스타일]에서 '강한효과 녹색, 강조6'을 선택한다. 차트 제목의 크기와 위치를 조절해서 차트에 배치하여 꺾은 선형 차트를 완성한다.

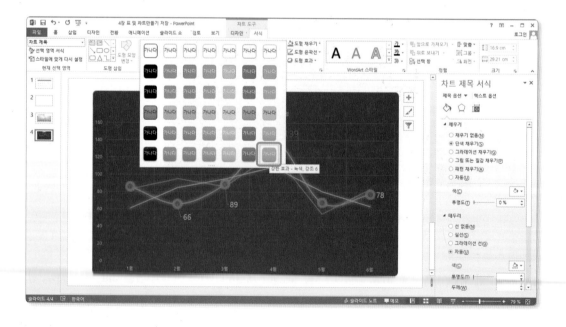

2.3 원형 차트를 이용한 데이터 표현

원형 차트는 다른 차트와 다르게 데이터 요소를 전체 원에 대한 백분율로 표시한다. 그러므로 원형 차트는 데이터 계열을 하나뿐인 경우만 사용할 수 있다.

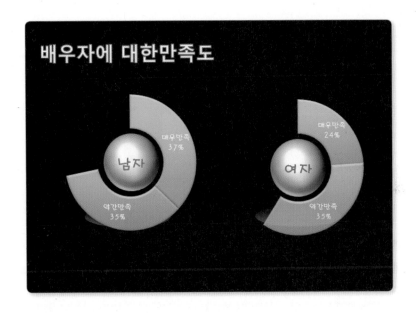

1 차트 삽입하기

❶ 도넛형 차트를 선택하고 2개의 차트를 완성한다. 엑셀 창이 나타나면 아래의 데이터를 각각 입력한다.

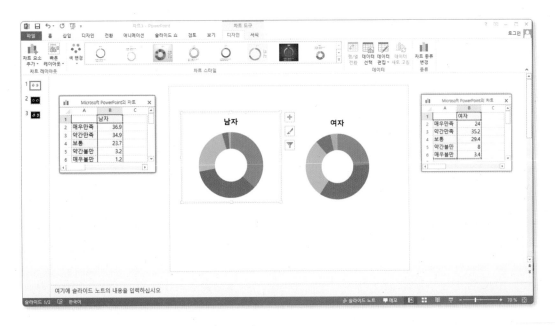

❷ 차트에 데이터 레이블을 추가하고 데이터 레이블 옵션에서 항목 이름과 백분율을 나타낸다. 글꼴 '흰색, 14pt, HY엽서M'으로 설정한다.

❸ 매우만족, 만족을 제외한 계열은 채우기 없음을 선택하고 레이블도 제거한다.

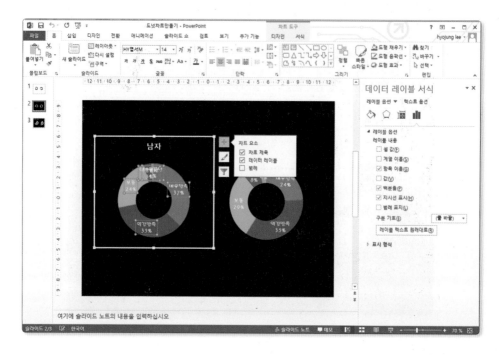

2　스타일 적용하고 강조하기

❶ 제목은 '배우자에 대한 만족도'로 입력하고 '채우기: 주황, 강조6, 윤곽선: 강조6, 네온: 강조6' 워드
아트 스타일을 적용한다. 글꼴은 '맑은고딕, 36pt'로 설정한다.

❷ 매우만족, 만족을 제외한 계열은 채우기 없음을 선택하고 레이블도 제거한다.

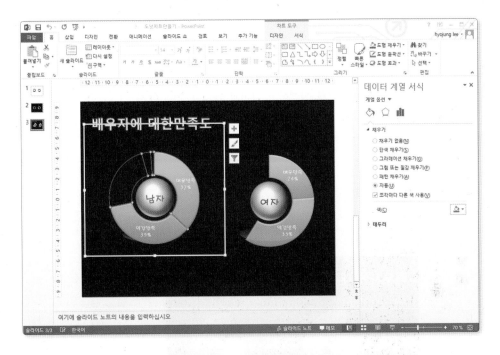

❸ 매우 만족 계열은 '강한 효과 황록색, 강조3' 도형스타일을 적용하고, 보통 만족 계열은 '강한 효과 바다색, 강조5' 도형스타일을 적용한다.

❹ 타원 도형을 추가하고 채우기 색을 '스타일 10'으로 설정하고 윤곽선은 제거한다.

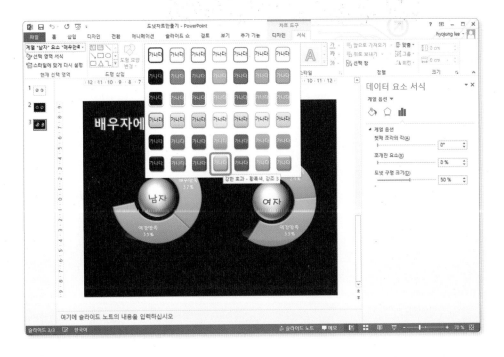

❺ 타원을 추가하고 그라데이션 이용해 도형을 수정한다. 선형은 '방향 0도'로 지정하고, '중지점1: 파랑, 강조1, 60% 더 밝게, 투명도 100%, 중지점2: 파랑, 강조1, 40% 더 밝게, 투명도 50%'로 지정한다.

❻ 3차원 서식에서 '위쪽을 둥글게'로 선택하고 너비와 높이값을 '50pt'로 설정한다.

❼ 타원 도형에 남자와 여자 글자를 입력한다. 글꼴은 '파랑, 빨강, 28pt, HY엽서M'로 지정한다.

❽ 도넛차트를 그림과 같이 완성한다.

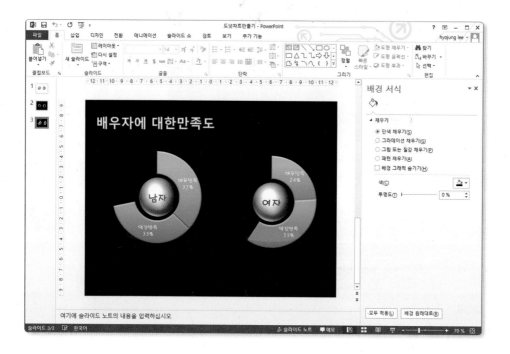

연습문제 1

다음 표와 차트를 만들어보자.

> ## 표 만들기 작성조건

❶ [삽입]-[표]에서 2행×5열 표를 선택한다.

❷ [표도구]-[디자인]-[음영]에서 다른 색 '채우기색', 1행은 'RGB(125, 98, 65)'를 선택한다. 2행은 '흰색, 배경1, 15% 더 어둡게'를 선택한다.

❸ 제목 글꼴 '기업은 무엇을 보고 뽑는가?'를 입력한 후 '나눔고딕 Extra B, 40pt'를 지정한다. 표내용 글꼴은 1행 '맑은고딕, 20pt, 굵게, 흰색 배경1'을 선택한다. 2행은 '맑은고딕, 24pt, 굵게, 검정, 텍스트1'을 선택한다.

❹ 표그림자 적용-[표도구]-[도형서식]에서 '그림자 오프셋 아래쪽 설정, 투명도 60%, 크기 85% 흐리게, 20pt, 각도 90도, 간격 13pt'를 설정한다.

» **차트 만들기 작성 조건**

❶ [삽입]-[차트]-[가로막대형]에서 '100% 기준누적 가로막대형'을 삽입한다.

❷ [차트도구]-[서식]-[도형스타일]을 이용해 〈면접〉은 '강한효과-바다색 강조5', 〈전공·학점〉은 '강한효과-황록색 강조3', 〈직무적성·인성〉은 '강한효과-주황 강조6'을 선택해 채워준다

❸ [서식]-[도형채우기]에서 〈외국어능력〉은 '채우기색 검정, 텍스트1, 50% 더 밝게', 〈기타〉는 '흰색 배경1, 35% 더 어둡게'로 채워준다.

❹ 텍스트상자를 이용해 각각의 데이터 값을 입력한 후 '맑은고딕, 20pt, 흰색, 배경1'을 설정한다.

연습문제 2

다음 차트를 만들어보자.

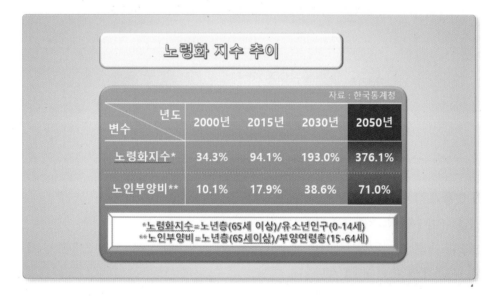

변수 \ 년도	2000년	2015년	2030년	2050년
노령화지수*	34.3%	94.1%	193.0%	376.1%
노인부양비**	10.1%	17.9%	38.6%	71.0%

자료 : 한국통계청

*노령화지수=노년층(65세 이상)/유소년인구(0-14세)
**노인부양비=노년층(65세이상)/부양연령층(15-64세)

» **작성조건**

❶ **제목:** [삽입]-[도형]-[사각형]에서 '모서리가 둥근 사각형'을 선택하여 그려준 후, 높이 2.6cm, 너비 18.2cm를 만든다.

❷ [서식]-[도형효과]에서 입체효과, 둥글게를 선택한 후, [서식]-[도형채우기]에서 '황갈색, 배경2'를 선택한다.

❸ '노령화지수'을 입력한 후 [서식]-[Wordart 스타일]에서 '채우기, 흰색, 윤곽선 강조2, 진한그림자 강조1'을 선택한다.

❹ **배경 도형:** [삽입]-[도형]-[사각형]에서 '모서리가 둥근 사각형'을 선택하여 그린 후, 높이 12.6cm, 너비 23cm를 만든다. [서식]-[도형스타일]에서 '강한 효과, 바다색, 강조5'를 선택한다.

❺ **표:** [삽입]-[표]에서 3행*5열 표를 선택한다.

❻ [표도구]-[디자인]-[표스타일]에서 '스타일 없음, 눈금 없음'을 선택한다.

❼ [표도구]-[디자인]-[테두리 그리기]에서 표그리기를 선택해 '펜색 흰색, 배경1, 펜스타일 실선, 펜두께 2.25pt'를 설정하여 표의 위와 아래 선을 그려준다. 안쪽 가운데 선은 '펜색 흰색, 배경1, 펜스타일 점선, 펜두께 1.5pt'를 설정하여 가운데 선을 그려준다.

❽ **4열:** [표도구]-[디자인]-[음영]에서 1행은 '진한파랑 테스트2'를 선택해 채워준다. 2행은 '진한파랑 테스트2, 40% 더 밝게'를 선택한 후, 그라데이션 채우기는 '선형 아래쪽'을 선택한다. 3행은 '진한파랑 테스트2, 40% 더 밝게'를 선택한 후, 그라데이션 채우기는 '선형 위쪽'을 선택한다.

❾ **도형:** [삽입]-[도형]에서 '빗면'을 선택하여 그린 후 높이 2.8cm, 너비 21.8cm를 만든다. [서식]-[도형스타일]에서 '색 윤곽선 바다색, 강조5'를 선택한다.

❿ 다음의 내용을 입력한 후 [서식]-[Wordart 스타일]에서 '채우기, 검정, 텍스트1, 윤곽선 배경1, 진한그림자 강조1'을 선택한다.

연습문제 3

다음 차트를 만들어보자.

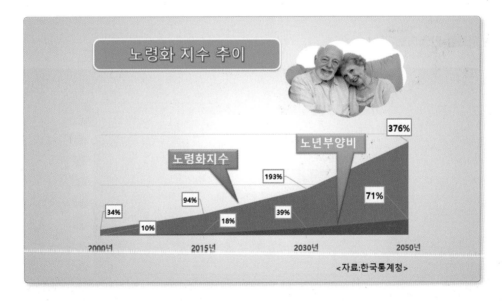

» **작성 조건**

❶ **제목:** [삽입]-[도형]-[사각형]에서 '모서리가 둥근 사각형'을 선택하여 그린 후 높이 2.2cm, 너비 13.6cm를 만든다.

❷ [서식]-[도형스타일]에서 '밝은색1, 윤곽선, 색채우기: 황록색, 강조3'을 선택한다.

❸ '노령화지수'를 입력한 후, [서식]−[Wordart 스타일]에서 '채우기, 흰색, 윤곽선 강조2, 진한그림자 강조1'을 선택한다.

❹ [삽입]−[온라인그림]에서 '노인' 이미지를 검색하여 그림을 가져온 후 [그림도구]−[서식]에서 도형에 맞춰자르기를 선택한 후 기본도형 '구름'을 선택한다. 높이 5.7cm, 너비 9cm를 설정한 후 적당한 자리에 배치한다.

❺ **차트**: [차트]−[콤보]에서 '사용자 지정조합'을 삽입한 후 [차트스타일]에서 '스타일1'을 설정한다. [차트도구]−[디자인]−[색변경]에서 '색1'을 선택한다.

❻ [차트도구]−[서식]−[데이터레이블서식]에서 레이블 옵션값, 지시선 표시를 체크한다. 표시형식에서 백분율로 표시를 선택한다.

❼ 레이블값을 [차트도구]−[서식]−[도형스타일]에서 '색 윤곽선: 주황, 강조6'과 '색 윤곽선: 바다색, 강조5'를 각각 선택한다.

❽ [삽입]−[도형]−[설명선]에서 '사각형 설명선'을 삽입한다.

❾ [서식]−[도형스타일]에서 '강한효과 바다색 강조5'와 '강한효과 주황 강조6'을 선택하여 사각형 설명선의 색상을 설정한다. 글꼴은 '맑은고딕, 24pt, 흰색, 배경1'을 선택한다.

연습문제 4

다음 차트를 만들어보자.

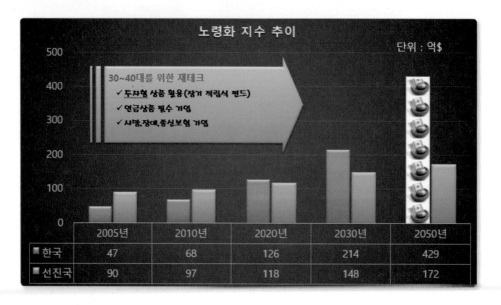

» **작성 조건**

❶ **차트:** [삽입]−[차트]에서 묶은 세로 막대형을 선택하고 삽입한 후 엑셀창이 나타나면 아래의 데이터를 입력한다.

❷ [차트도구]−[디자인]−[빠른 레이아웃]에서 '레이아웃 5'를 선택한다. [차트스타일]에서 '스타일8'을 설정한다.

❸ [차트도구]−[디자인]−[색변경]에서 '색4'를 선택한다.

❹ [서식]−[현재 선택영역]에서 데이터표 서식을 선택한 후, 글꼴은 '맑은고딕 18pt'를 선택한다.

❺ [서식]−[현재 선택영역]−[세로축값]−[축서식]에서 축서식 옵션을 '최소값 0, 최대값 500, 주단위 100'으로 설정한다.

❻ 2050년 한국 데이터를 선택한 후 [차트도구]−[서식]−[데이터요소 서식]에서 채우기, 그림 또는 질감채우기에서 '금융.jpg'를 쌓기를 선택한 후 채워준다.

❼ 한국 데이터 계열을 선택한 후 [차트도구]−[서식]−[데이터계열 서식]에서 계열 옵션, 기본축을 선택한 후 '계열겹치기 −8%, 간격너비 125%'를 선택한다.

❽ **도형:** [삽입]−[도형]−[블록 화살표]에서 줄무늬가 있는 오른쪽 화살표를 입력한 후 [서식]−[도형스타일]에서 '강한효과 황록색 강조3' 선택한다.

❾ 다음의 내용을 입력하여 차트를 완성한다. 글꼴은 '맑은고딕 16pt, HY엽서14pt'로 설정한다.

06

멀티미디어,
애니메이션 슬라이드

학습목표

새로워진 파워포인트 2013의 멀티미디어와 애니메이션 기능들을 알아보고,
기본 사용법을 살펴본다. 멀티미디어를 삽입하는 방법과 설정하는 방법들에
대해 살펴보고, 애니메이션과 화면전환 효과를 이용하여 개체와 슬라이드에
다양한 애니메이션 효과를 적용하는 방법에 대해 알아보자.

01 오디오 활용하기

슬라이드에 오디오 파일을 삽입하면 청중들의 시선을 사로잡을 수 있을 뿐만 아니라 더욱 생생한 슬라이드쇼를 구성할 수 있다.

1.1 오디오 파일 도구모음

오디오 파일은 온라인 오디오, 내 PC의 오디오, 오디오 녹음 파일을 삽입 할 수 있으며, [오디오 도구]의 상황탭에서 서식과 재생 탭이 생성된다.

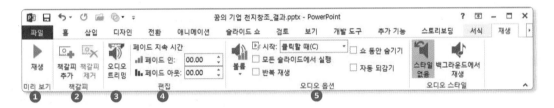

❶ **미리보기**: 삽입된 음악을 미리 들어볼 수 있다. 그러나 스피커 모양 아래 컨트롤이 있어 컨트롤을 이용해도 미리 들어볼 수 있다.

❷ **책갈피**: 오디오의 특정 지점에 책갈피를 넣어놓고 슬라이드쇼를 할 때 특정 지점으로 바로 이동하게 할 수 있다.

❸ **오디오 트리밍**: 전체 오디오에서 앞, 뒤 필요 없는 부분을 잘라내고 특정 부분만 재생할 수 있도록 잘라낼 수 있다.

❹ **편집**: 오디오의 페이드 인/아웃을 설정하는 부분이다. 서서히 소리를 나오게 하거나 서서히 사라지게 하는 효과이다.

❺ **오디오 옵션**: 오디오의 시작, 반복재생 등을 설정할 수 있다. [오디오 스타일]에서 [백그라운드에서 재생]을 클릭하면 [오디오 옵션]이 자동으로 설정되는 것을 볼 수 있다.

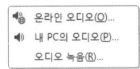

[삽입]-[미디어]-[오디오]를 클릭하면 세 종류의 오디오를 삽입할 수 있다.

- **온라인 오디오:** office.com 클립아트에서 제공되는 오디오를 추가하여 사용할 수 있다. 주로 아주 짧은 효과음들이 저장되어 있다. [소리]를 검색어로 넣어 검색해보자.

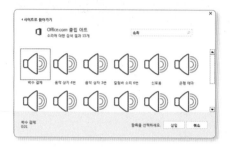

- **내 PC의 오디오:** PC 내에 mp3파일 등 저장된 오디오 파일을 사용하고자 할 때 사용한다.
- **오디오 녹음:** [소리 녹음] 컨트롤이 나타나고 실제 내 목소리를 녹음해서 사용할 수 있는 기능이다.

오디오 파일을 삽입하면 슬라이드에 스피커 모양의 아이콘이 생긴다.

스피커 모양의 아이콘을 클릭하면 [오디오 도구] 상황탭이 나타나고 [서식]과 [재생] 2개의 옵션 탭이 나타난다. 오디오 파일 재생과 관련해서 다양한 옵션을 설정할 수 있다.

1.2 오디오 파일 삽입하기

오디오 파일 삽입은 온라인 오디오와 내 PC 오디오, 오디오 녹음으로 구성되어 있다.

1 전체 슬라이드에 오디오 재생

제목 슬라이드에 mp3 오디오 파일을 배경으로 삽입해보자.

❶ [삽입]–[미디어]–[오디오]를 클릭하여 [내 PC의 오디오]–[Sleep Away.mp3]를 선택한다.

❷ [오디오]–[재생]–[오디오 옵션]에서 시작을 '자동 실행'으로 설정한다.

❸ [오디오]–[재생]–[오디오 스타일]에서 '백그라운드에서 재생'을 클릭한다. 오디오는 전체 슬라이드에서 하나의 음악이 재생된다. '백그라운드에서 재생'을 클릭하면 오디오 옵션과 오디오 재생값이 변경된다.

❹ 애니메이션 창에서 오디오를 더블클릭하면 '오디오 재생' 창이 나타난다. 오디오와 관련한 다양한 속성값들을 지정할 수 있다. '백그라운드에서 재생'을 하였을 경우, [효과]–[재생 중지]에서 '지금부터 999 슬라이드 후'로 지정되어 있음을 알 수 있다. 이때 하나의 슬라이드에서만 오디오가 재생되게 하려면 '스타일 없음'을 선택한다.

2   부분 슬라이드에 오디오 재생

몇 개의 슬라이드에만 오디오를 설정하고자 할 경우에는 [오디오 재생]-[효과]-[재생 중지]에서 '지금 부터 5슬라이드 후'를 선택하면 오디오가 삽입된 슬라이드부터 5개의 슬라이드에만 연속해서 오디오가 재생된다.

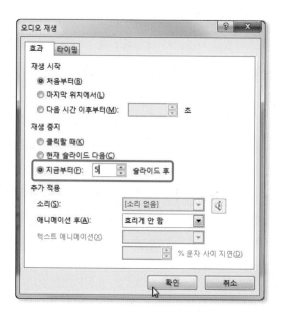

1.3   책갈피 및 트리밍

책갈피는 오디오의 특정 부분을 바로 이동할 수 있게 표시해두는 것이며, 트리밍은 오디오의 일부분을 잘라내 필요한 부분만 재생되게 하는 것이다.

❶ 스피커 컨트롤에서 재생을 39초에 멈추고 [책갈피]를 추가해보자. 이때 ◂ ▸ 부분을 클릭하면 시간을 세밀하게 이동할 수 있다. 책갈피가 추가되었으면 동그라미 모양이 들어간다. 만약 책갈피를 지우고 싶으면 동그라미를 선택한 후 [책갈피 제거]를 클릭한다. 여러 개의 동그라미가 있을 경우 노란색이 선택된 상태이다.

❷ 슬라이드쇼 보기를 한 후 음악을 재생시키면 컨트롤이 보이고 컨트롤에서 [책갈피]를 선택하면 책갈피 위치에서 바로 음악을 재생시킬 수 있다.

❸ [책갈피 제거]를 통해 모든 책갈피를 제거한다.

❹ 편집에서 [페이드 지속시간]은 음악이 시작될 때와 끝날 때의 효과를 주는 것이다. 3초씩 효과를 주고 음악을 재생한다.

❺ 오디오 클립을 삽입한 후 슬라이드 내용과 관계없는 설명이 있거나 슬라이드 시간에 맞게 오디오 길이를 줄여야 하는 경우 오디오 클립을 트리밍할 수 있다. 슬라이드에 있는 오디오 클립을 선택한 후 [오디오 도구]−[재생]−[편집]−[오디오 트리밍]을 클릭한다.

❻ [오디오 맞추기] 대화상자에서 클립의 처음을 트리밍하려면 [시작 지점] 초록색을 드래그하여 원하는 지점으로 이동시킨다. 클립의 끝을 트리밍하려면 [종료지점] 빨간색을 드래그하여 원하는 지점으로 이동시킨 후 [확인]을 클릭한다.

❼ 트리밍을 위해 직접 시작시간과 종료시간을 설정할 수 있다. 시작시간은 1분, 종료시간은 2분 30초를 설정한 후 [확인]을 클릭한다.

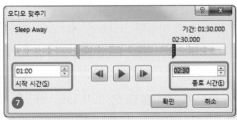

02   비디오 활용하기

청중의 시선을 사로잡는 방법 중 하나가 슬라이드에 비디오나 애니메이션을 삽입하여 역동적으로 슬라이드쇼로 표현하는 것이다. 파워포인트 2013에서는 유튜브 비디오를 손쉽게 삽입할 수 있도록 추가되었다.

2.1   비디오 파일 도구모음

비디오는 온라인과 내 PC에 있는 파일을 삽입할 수 있으며, [비디오 도구]의 상황탭에서 서식과 재생 2개의 탭이 생성된다. [오디오 도구]의 탭과 거의 유사하다.

[서식] 탭

[서식] 탭은 이전에서 보았던 모든 개체의 서식과 동일하지만 미리보기와 조정, 비디오 스타일에서 조금씩 기능이 추가되어 있다.

❶ **미리보기**: 재생을 클릭하면 영상을 슬라이드쇼 보기하지 않아도 재생할 수 있다. 비디오를 클릭하면 아래쪽에 컨트롤이 생기고 그것을 클릭해도 재생이 가능하다.

❷ **조정**

- **수정(☀)**: 비디오의 밝기와 대비값을 수정할 수 있다. 미리 설정되어 있는 값을 사용해도 되고 [비디오 수정 옵션]을 클릭하여 밝기/대비를 직접 값으로 설정해도 된다.
- **색(🖼)**: 비디오의 색을 다시 설정할 수 있는 메뉴이다. 비디오를 회색으로 만들거나 duotone으로 만들 때 사용한다. 컬러의 비디오가 배경이나 기타 주변 색상과 어울리지 않을 때 duotone으로 만들면 고급스런 비디오로 재생시킬 수 있다.
- **포스터 틀(🖼)**: 비디오를 추가하면 비디오 부분이 검정색으로 표현되었으나 이것을 비디오 화면 중에서 한 장면으로 표현하고자 할 때 포스터 틀을 이용한다.
- **디자인 다시 설정(🎞)**: 비디오 스타일을 지정한 후 원래 상태로 되돌리고자 할 때 사용한다.

❸ **비디오 스타일**: 한 번의 클릭으로 비디오 스타일을 지정할 수 있다. 비디오 셰이프, 비디오 테두리, 비디오 효과가 다양하게 적용되어 쉽게 스타일을 적용할 수 있도록 하였다.

❹ **크기 – 자르기**: 비디오도 마음대로 잘라내기가 가능하다. 불필요한 이미지를 잘라내기 하듯이 같은 방법으로 비디오도 자르기가 가능하다.

[재생] 탭

[재생] 탭은 이전에 설명되었던 오디오의 [재생] 탭과 동일하다. 이제 비디오 옵션을 살펴보자.

❶ **시작**: 비디오의 재생되는 시점을 설정하는 부분이다. 클릭할 때와, 자동재생 2가지로 설정할 수 있다.

❷ **전체 화면 재생**: 슬라이드 내에 비디오 스타일을 이용해서 작게, 예쁜 모양을 넣어 놓았더라도 재생될 때는 전체 화면에 재생되게 하는 기능이다.

❸ **재생하지 않을 때 숨기기**: 오디오의 스피커 모양과 마찬가지로 비디오도 재생하지 않을 때 숨겨 놓을 수 있다.

❹ **반복 재생**: 비디오를 재생시켜 놓고 반복적으로 재생되게 한다.

❺ **자동 되감기**: 비디오가 모두 재생되고 나서 되감기를 하여 첫 번째 화면으로 되돌려 놓는다.

2.2 비디오 파일 삽입 및 스타일 적용

비디오 파일 삽입은 온라인 비디오와 내 PC 파일로 삽입할 수 있다. 2013에서는 유튜브 영상을 손쉽게 추가할 수 있도록 온라인 비디오 삽입에서 바로 검색해서 넣을 수 있다. 비디오 파일을 추가하여 편집해보자.

❶ [삽입]–[비디오]–[내 PC의 비디오] 또는 [비디오 삽입] 의 [파일에서] 찾기하여 '천지창조.wmv' 파일을 추가한다.

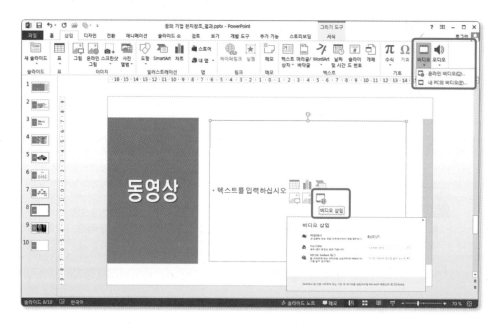

❷ 비디오 크기를 높이 11cm, 너비 20cm로 지정한다. 이때 비율이 고정되어 있으면 [가로 세로 비율 고정]에 체크를 해제한다. 비율 고정을 해제하는 방법은 크기에서 자세히(▫)를 클릭하면 오른쪽에 비디오 형식 지정 창이 나타난다.

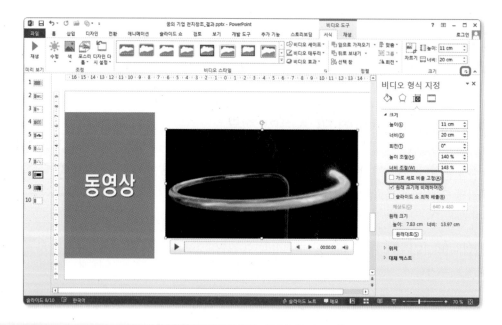

❸ [비디오 스타일]에서 [일반]-[회전, 그라데이션]을 선택한다. 이때 비디오의 더 다양한 모양을 바꾸기 위해서는 비디오 스타일 옆에 있는 비디오 셰이프(🔷 비디오 셰이프 ▾)를 클릭하여 다양한 모양으로 변경시킬 수 있다.

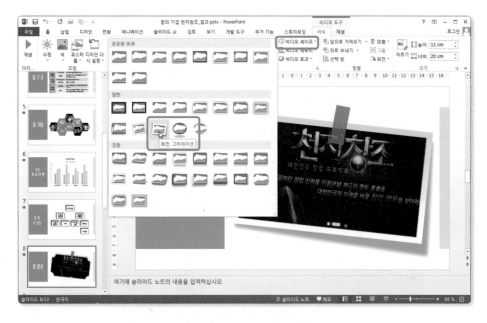

❹ 직사각형 도형을 하나 추가하여 영상이 집게에 걸려 있는 모양으로 만들어보자. 직사각형 도형은
크기 4cm×1.5cm로 만든다. 채우기색은 'RGB(218, 107, 46), 투명도 20%, 회전'을 적용한다.

❺ 비디오 스타일을 적용한 후 원래 상태로 되돌리기 위해서는 [디자인 다시 설정]–[디자인 다시 설정] 또는 [디자인 및 크기 다시 설정]을 통해서 원래 상태로 되돌린다.

❻ 비디오 모양을 [비디오 스타일]에 있는 모양 외에 다른 모양으로 변경하고 싶으면 [비디오 스타일]–[비디오 셰이프]를 통해서 변경한다. [베지]를 선택해보자.

❼ 자르기(⬚)는 이미지의 필요 없는 부분을 잘라내기 하듯이 동영상도 자르기가 가능하다.

2.3 비디오 포스터 틀 및 색 지정

동영상을 추가하였을 때 검정색 화면으로 나타나는 경우가 발생한다. 이때 영상의 일부분을 화면으로 사용하고 싶을 때 [포스터 틀]을 적용한다.

❶ 재생 컨트롤을 이용하여 3.40에 위치시키고 [비디오 도구]-[서식]-[조정]-[포스터 틀]-[현재 틀]을 선택한다.

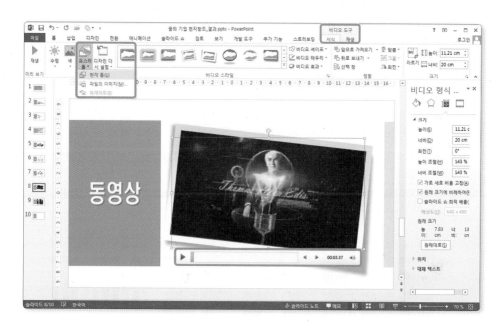

❷ 영상의 일부분을 화면으로 사용하는 것이 아니라 특정 이미지로 대체하고자 하면 [포스터 틀]-[파일의 이미지]를 선택하여 이미지를 선택하면 된다. 비디오 클립의 미리보기 이미지를 파일에서 설정하는 방법은 [포스터 틀]-[파일의 이미지]에서 '천지창조.png' 파일을 선택한다.

❸ 전체적으로 비디오가 너무 밝게 나왔거나, 어둡게 나오면 비디오에서 밝기/대비를 조정할 수 있다. [비디오 도구]-[서식]-[조정]-[수정]에서 기본적으로 설정해놓은 값을 지정할 수도 있고 [비디오 수정 옵션]에서 값을 직접 지정할 수도 있다.

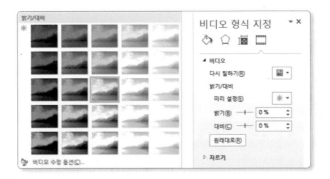

❹ [색]에서는 영상이 컬러로 되어 있을 때 전체적인 슬라이드 분위기에 맞게 색상을 조절할 수 있다. 영상을 회색 또는 duotone의 효과를 줄 수 있다. [색]-[다시칠하기]에서 '황갈색, 어두운 강조색5'를 적용한다. 다시 칠하기에 설정되어 있는 색 외의 다른 색을 적용하고자 할 경우 [기타 변형]을 클릭하여 색상을 설정할 수 있다.

2.4 비디오 편집 및 전체 화면 재생

비디오의 내용 중 특정 지점을 표시해 놓으면 애니메이션을 시작하거나 비디오 클립의 특정 지점을 빠르게 찾아낼 수 있다.

❶ 책갈피를 추가하기 위한 지점까지 비디오를 재생시켜둔다. 20초 21 지점에 위치시키고 [책갈피 추가]를 클릭한다.

❷ 1:20,21 지점, 1:35,16 지점, 1:45,61 지점에 책갈피를 추가한다.

❸ 1.35.16 지점의 책갈피는 [책갈피 제거](⬛× 책갈피 제거)를 클릭하여 책갈피를 제거한다.

❹ 슬라이드쇼(Shift + F5)를 실행하여 책갈피로 바로 이동하면서 동영상을 재생시킨다.

❺ 비디오 트리밍은 오디오 트리밍과 같은 방법을 사용한다. 전체 영상 중에서 일부부만 재생하고자 할 때 사용한다.

- 시작 지점을 트리밍하고자 할 때는 (▮)부분을 오른쪽으로 당기고, 끝 지점을 트리밍하고자 할 때는 (▮)부분을 왼쪽으로 끌어당긴다. 비디오를 재생시키면서 확인한다.
- 정확한 시간을 알고 있을 경우에는 시작 시간과 종료 시간을 직접 입력한다.

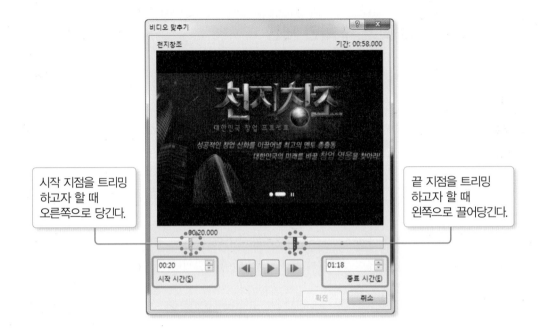

시작 지점을 트리밍
하고자 할 때
오른쪽으로 당긴다.

끝 지점을 트리밍
하고자 할 때
왼쪽으로 끌어당긴다.

❻ 비디오 클립 모양의 시작과 끝 부분에 서서히 변화하는 효과를 주기 위해서는 페이드 지속시간을
조절한다.

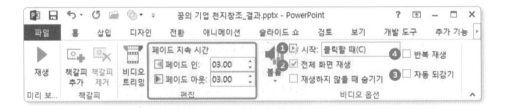

❼ 비디오에서 [비디오 옵션] 기능에서 몇 가지 설정값을 사용해야 한다. [전체 화면 재생]은 슬라이드
내에서 비디오 크기와 모양을 마음대로 구성하여으나 재생될 때는 전체 화면에 재생되게 하는 기
능이다. [전체 화면 재생]을 체크한다. 비디오 옵션 중에 가장 많이 사용하는 옵션은 [시작], [전체
화면 재생], [자동 되감기] 이다.

슬라이드쇼 보기

비디오 재생

2.5 유튜브 영상 삽입

파워포인트 2013에서는 유튜브 동영상을 쉽게 검색하고 삽입할 수 있는 기능이 추가되었다.

❶ [텍스트 및 내용]에서 [비디오 삽입]을 클릭하여 유튜브 검색어에서 '프레젠테이션'을 검색한다.

❷ '지혜롭게 프레젠테이션하기' 파일을 선택한 후 [삽입]을 선택한다. 영상 크기를 14.8cm×19.5cm로 지정한다.

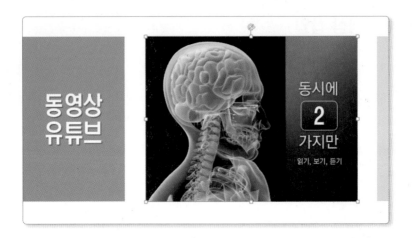

❸ 비디오 스타일을 [강함]−[반사형 모서리가 둥근 직사각형]을 선택한다.

❹ 슬라이드쇼를 실행해보자. 유튜브 영상을 삽입했을 경우 내 PC 비디오를 삽입한 경우와 다른 점
  은 '전체 화면 재생'이 안 되기 때문에 전체 화면으로 재생하고자 할 경우 크기를 전체로 변경해
  야 한다. 유튜브 영상은 책갈피, 비디오 트리밍도 사용할 수 없다.

2.6 미디어 파일 압축하기

슬라이드에 비디오나 오디오 파일을 삽입한 경우 파워포인트 문서에 저장된다. 만약 미디어 파일의 용량이 크면 파워포인트 문서의 용량도 함께 커진다. 따라서 미디어 파일을 압축하여 저장하는 것이 좋다. 단, 파일압축이 미디어 품질에 영향을 줄 수 있으므로 저장하기 전에 압축된 품질을 저장하는 것이 좋다.

❶ [파일]−[정보]−[미디어 압축]을 클릭한 후 [프레젠테이션 품질]을 선택한다.

- **프레젠테이션 품질**: 오디오 및 비디오의 전체적인 품질은 유지하면서 디스크 공간을 절약한다.
- **인터넷 품질**: 인터넷을 통해 스트리밍하는 미디어에 해당하는 품질이다.
- **저품질**: 이메일로 프레젠테이션을 보낼 때와 같이 공간에 제한이 있는 경우에 사용한다.
- **실행 취소**: 이전 압축을 실행 취소하여 원래의 상태로 되돌린다.

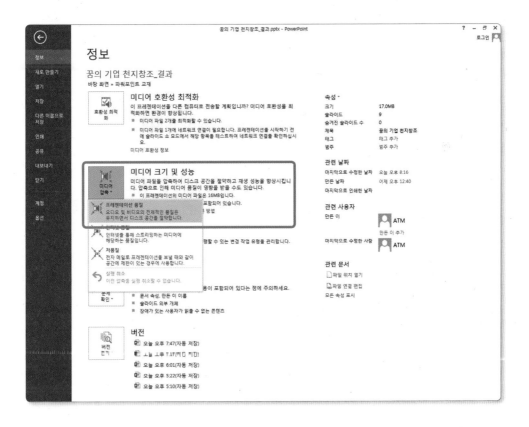

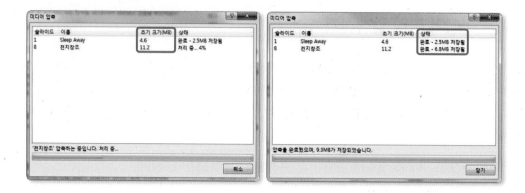

❷ 슬라이드에 있는 미디어 파일이 압축되어 용량이 줄어든 것을 확인할 수 있다.

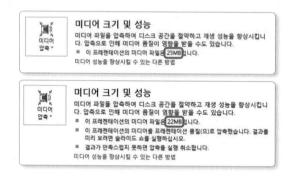

TIP 윈도우 미디어 플레이어로 동영상 재생하기

슬라이드에 동영상 삽입은 윈도우 미디어 플레이어, 곰플레이어, Shockwave Flash Object 등으로 가능하다. 여기서는 윈도우미디어 플레이어 개체를 이용해 동영상을 삽입하는 방법을 알아본다. 나머지도 같은 방법으로 이루어진다.

❶ [개발도구] – [컨트롤] – [기타 컨트롤]을 클릭한다.

❷ 기타 컨트롤 박스에서 'windows Media Player'를 선택한 후 '확인'을 클릭한다.

❸ 마우스 포인트가 + 모양으로 생성되면 드래그하여 영상 재생영역을 지정한다.
❹ [개발도구] – [컨트롤] – [속성]을 클릭하여 URL 영역에 재생 파일의 경로를 지정한다.

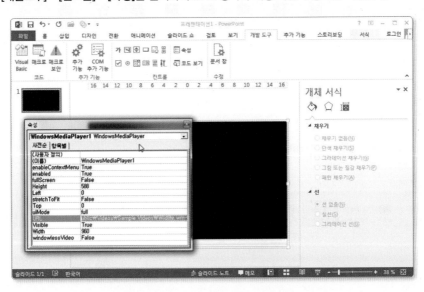

❺ 슬라이드쇼를 실행한 후 '재생'을 클릭하여 재생되는지 확인한다.

03 슬라이드 전환 효과

화면 전환 효과는 슬라이드쇼를 진행할 때 객체 각각에 움직임을 주는 것이 아니라 슬라이드 자체에 효과를 주는 것으로 현재 슬라이드에서 다음 슬라이드로 전환될 때 나타나는 동적인 효과를 말한다. 전환 방향을 변경하거나 기간을 설정하여 속도를 제어하며, 소리를 추가하는 다양한 속성을 설정할 수 있다.

3.1 전환 효과의 종류와 설정

슬라이드 전환 효과는 [전환]–[슬라이드 화면전환] 그룹을 통해 설정한다. 그림과 같이 크게 은은한 효과, 화려한 효과, 동적 콘텐츠로 나눈다. 제목이나 강조하고 싶은 슬라이드인 경우와 내용이 작은 경우에는 움직임이 큰 [화려한 효과]나 [동적 콘텐츠]가 좋고, 내용이 많은 본문의 경우에는 [은은한 효과]가 좋다. [타이밍] 그룹은 전환 효과에 대한 속성들을 나타낸다.

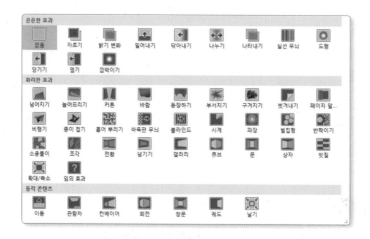

❶ 제목 슬라이드에 [은은한 효과]–[밀어내기]를 적용한다.

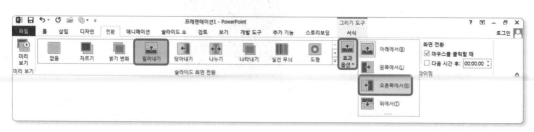

이때 [효과옵션]을 '오른쪽에서'를 선택하여 어느 방향으로 밀어내기할 것인지 방향을 선택할 수 있다. [미리보기]를 클릭하여 적용된 전환 효과를 확인해보자.

❷ [타이밍]에서 소리를 '미풍'으로 넣고, 화면 전환은 '마우스를 클릭할 때'로 설정한다.

이때 적용한 전환 효과를 모든 슬라이드에 적용하고자 할 때는 '모두 적용'을 클릭한다.

3.2   여러 슬라이드에 화면 전환 효과 설정하기

특정 슬라이드 여러 개에 화면 전환 효과를 설정하고자 할 경우에는 여러 개의 슬라이드를 한꺼번에 선택한 후 화면 전환 효과를 적용한다.

❶ 2,4,6번 슬라이드를 선택한다. 이때 떨어져 있는 슬라이드 여러 개를 선택하고자 할 경우에는 [Ctrl]을 누른 채 슬라이드를 클릭한다.

❷ [화려한 효과]−[블라인드] 효과를 적용한다.

❸ 3,5,6번 슬라이드를 선택한다.

❹ [동적 콘텐츠]−[회전] 효과를 적용한다. 만약 슬라이드 개수가 많아서 왼쪽 슬라이드 영역에서 선택하기 어렵다면 [보기]−[여러 슬라이드]를 선택하여 적용한다.

❺ 제목 슬라이드를 제외한 모든 슬라이드를 선택한다.

❻ [화려한 효과]−[소용돌이] 효과를 적용한다.

❼ [미리보기]를 클릭하여 적용된 화면효과를 미리보기한다.

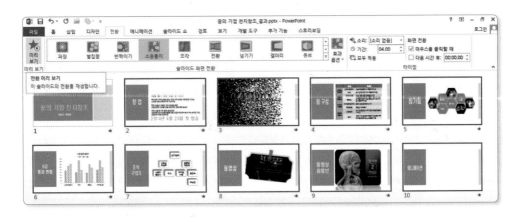

3.3 설정한 화면 전환 효과 변경/제거하기

전환 효과는 슬라이드 하나에 한 종류만 설정할 수 있어 다른 전환 효과를 선택하면 이전에 설정한 효과는 제거되고 새로운 효과가 적용된다. 이제 화면 전환 효과를 완전히 제거해보자.

❶ 화면 전환 효과를 제거할 슬라이드를 선택한다.

❷ [전환]－[슬라이드 화면전환]－[없음]을 클릭한다.

그러면 별 모양들이 모두 없어지고, 화면 전환 효과가 제거된다.

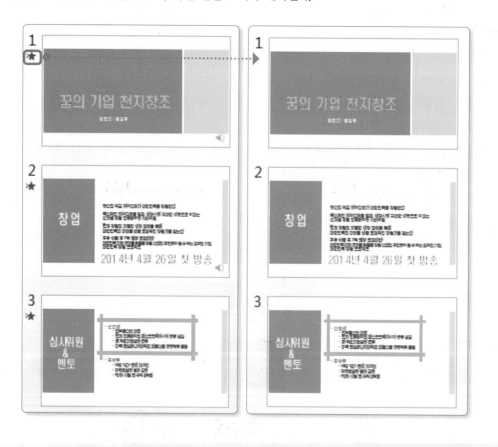

3.4 전환 효과 속성

화면 전환 효과도 세부적으로 속성을 설정할 수 있다. 전환속도, 소리, 시간 설정을 통해 다음 슬라이드로 자동으로 넘어가기 등의 속성을 설정할 수 있다.

❶ **소리**(🔊소리:): 화면 전환 시 소리 효과를 넣을 수 있다. 전환 효과가 적용된 슬라이드를 선택한 후 소리를 클릭하여 슬라이드 분위기에 맞는 소리를 선택한다. 다양한 소리들이 저장되어 있으나 [다른 소리...]를 통해 자신이 원하는 소리를 직접 넣을 수도 있다.

❷ **기간**(🕐 기간:): 전환되는 시간을 나타낸다. 느리게도 가능하고 빠르게도 조절해서 할 수 있다.

❸ **모두 적용**(📋모두 적용): 하나의 전환 효과를 적용한 후 같은 전환 효과를 모든 슬라이드에 적용하고자 할 경우에 사용한다.

❸ **마우스를 클릭할 때**: 다음 슬라이드로 이동할 때 마우스를 클릭하면 다음 슬라이드로 이동하면서 화면 전환 효과를 적용한다.

❹ **다음 시간 후**: 지정한 시간이 지난 후에 자동으로 다음 슬라이드로 진행하면서 화면 전환 효과가 적용된다. 자동으로 슬라이드를 진행시킬 때 사용한다.

 슬라이드쇼 자동 전환 설정/해제

슬라이드쇼 자동 전환 설정

❶ [전환] – [타이밍]에서 [다음 시간 후]를 2초 지정한다.

```
화면 전환
□ 마우스를 클릭할 때
☑ 다음 시간 후:  00:02.00 ↕
```

❷ [슬라이드쇼] – [슬라이드쇼 설정] – [설정된 시간 사용]을 체크한다.

슬라이드쇼 자동 전환 해제

❸ [다음 시간 후]를 0초로 지정한다. 또는 시간이 설정되어 있을 경우에 수동으로 실행하기 위해서
는 [쇼 설정]에서 [화면전환]을 [수동]에 체크한다.

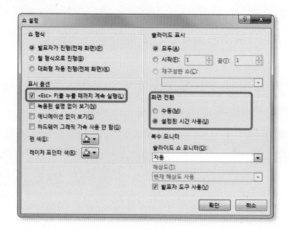

슬라이드쇼 반복 진행

슬라이드쇼가 자동으로 전환되다가 처음부터 다시 반복으로 재생되게 하기 위해서는 **[쇼 설정]**의 **[표
시 옵션]**에서 **[Esc 키를 누를 때까지 계속 실행]**을 체크한다. 주로 광고형식으로 제작할 때 많이 사
용한다.

04 애니메이션 효과

애니메이션 기능은 전환 효과와 달리 각각의 객체에 움직이는 효과를 주는 것을 의미한다. 모든 개체에 움직임을 주는 것보다는 중요한 부분에 동적인 움직임을 주어 강조하는 것이 더 효과적이다.

4.1 애니메이션 도구상자

애니메이션 도구상자는 미리보기, 애니메이션, 고급애니메이션, 타이밍으로 이루어져 있다. 애니메이션 창을 클릭하면 오른쪽에 애니메이션 창을 볼 수 있다.

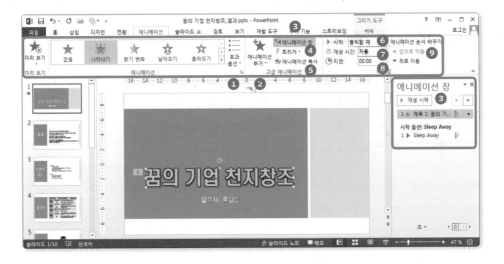

❶ **효과 옵션**: 각 효과마다 방향을 지정할 수 있다. 개체는 모양에 따라 방향을 달리하면 더 효과적으로 표현할 수 있다.

❷ **애니메이션 추가**: 하나의 개체에 여러 개의 애니메이션을 넣을 수 있다. 반드시 [애니메이션 추가]에서 넣어야만 하나의 개체에 여러 개의 애니메이션을 넣을 수 있다

❸ **애니메이션 창**: 애니메이션의 순서나 다양한 속성을 지정하고자 할 때는 애니메이션 창을 열어서 작성하는 것이 편리하다. 클릭하면 오른쪽에 창이 뜬다.

❹ **트리거**: 특정 개체를 클릭했을 때 다른 개체가 애니메이션 되도록 할 때 트리거를 이용한다.

❺ **애니메이션 복사**: 개체를 여러 개 선택해서 애니메이션을 적용해도 되고 하나의 개체를 적용한 후 [애니메이션 복사]를 클릭한 후 다른 개체에 클릭하면 복사된다. 이때 [애니메이션 복사]를 더블 클릭하면 여러 개의 개체에 붙여넣기가 가능하다.

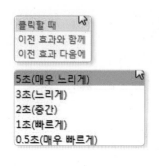

⑥ **시작**: 개체의 애니메이션 시작 시점을 나타낸다. '클릭할 때', '이전효과와 함께', '이전효과 다음'에 3가지를 선택할 수 있다. 더 다양하게 시작하고 싶으면 '이전효과와 함께'를 선택하고 지연시간을 조절하면 시작 시점을 다양하게 지정할 수 있다.

⑦ **재생시간**: 애니메이션이 재생되는 시간을 의미한다. 기본적으로 5가지 중에 선택할 수 있지만, 0.1초, 0.2초 등 섬세하게 값을 직접 입력할 수도 있다.

⑧ **지연**: 여러 개체의 시작 시간을 조절하는 데 편리하다. '이전 효과와 함께'와 '지연' 시간을 조절하면 사용자 임의대로 시작 시간을 조절할 수 있다.

⑨ **애니메이션 순서 바꾸기**: 애니메이션 창에 나타난 순서대로 애니메이션이 진행된다. 진행 순서를 바꾸기 위해서는 위아래로 위치를 바꾸면 된다.

4.2   애니메이션의 종류와 설정

애니메이션 종류에는 나타내기, 강조, 끝내기, 이동경로가 있다. 애니메이션 종류에 따라 색상으로 표현되어 있으므로 색상으로 쉽게 구분할 수 있다. 나타내기는 초록색, 강조는 노란색, 끝내기는 빨강색, 이동경로는 선 모양으로 되어 있다. 각 유형들의 특성을 살려 개체들을 적절히 적용하면 애니메이션 자체가 스토리가 되어 발표를 효과적으로 진행할 수 있다.

❶ **나타내기 효과**: 기본 애니메이션으로, 개체가 안 보이는 곳에서 시작하여 슬라이드에 나타나게 할 때 주는 효과이다. 초록색 별모양으로 되어 있다.

❷ **강조 효과**: 슬라이드에 나타난 개체를 한번 더 강조하는 효과이다. 노란색 별모양으로 되어 있다.

❸ **끝내기 효과**: 개체를 슬라이드에서 다시 사라지게 하는 효과이다.

❹ **이동경로 효과**: 강조와 같이 나타난 상태에서 설정된 개체가 움직이는 경로를 갖는 효과이다. 선과 2개의 점으로 이루어져 있다. 빨간색 점은 종료점, 초록색 점은 시작점을 나타낸다.

❺ **없음**: [없음] 효과를 클릭하면 적용효과를 제거할 수 있다.

❻ **추가 효과**: [추가] 효과를 클릭하면 보이는 효과 외에 더 많은 효과들을 볼 수 있다.

4.3 개체 애니메이션 효과

각 개체에 애니메이션을 설정하기 위해서는 먼저 개체를 선택해야 한다. 그러면 애니메이션이 활성화
되어 적용할 수 있다.

❶ '제목' 개체를 선택한다.

❷ [애니메이션]-[나타내기]-[확대/축소]를 선택한다.

❸ [효과옵션]-[개체 센터]를 지정한다. [개체 센터]는 개체를 중심으로 해서 확대되고, [슬라이드 센
터]는 슬라이드의 중심에서 확대 또는 축소된다.

❹ '발표자'를 선택한 후 [나타내기]-[밝기 변화]를 적용한다.

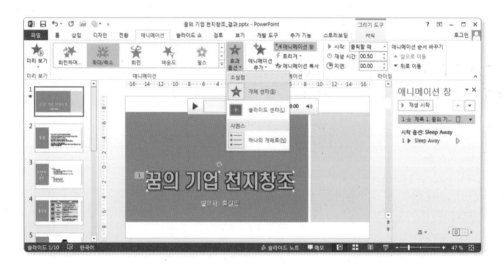

❺ 애니메이션 창에는 추가한 애니메이션들이 나열된다. '이전효과와 함께'에서 지연을 주지 않았을
경우에는 맨 위에서부터 순서대로 진행된다.

❻ 애니메이션 창에서는 애니메이션 순서바꾸기, 속성 지정하기, 시간 설정하기, 시작 설정하기 등
다양한 속성들을 수정할 수 있다.

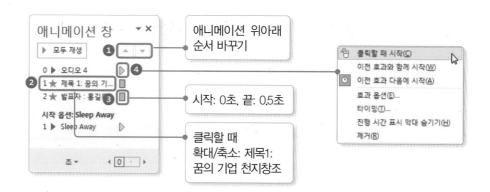

❶은 애니메이션 순서를 바꿀 수 있다.

❷의 애니메이션 이름 위에 마우스를 올리면 애니메이션 이름과 시작 상태를 볼 수 있다.

❸의 초록색 상자는 애니메이션의 시간을 나타낸다. 마우스를 올리면 시작과 끝 시간을 보여주며,
    ⬌ 모양으로 바뀌었을 때 드래그하면 시간을 늘리거나 줄일 수 있다.

❹의 ▾ 모양은 애니메이션의 속성을 상세히 적용할 수 있다.

4.4 텍스트 슬라이드에 애니메이션 효과

텍스트로 이루어진 슬라이드에 애니메이션 효과를 넣을 경우에는 애니메이션을 추가한 후 [효과옵션]-[시퀀스]에서 텍스트의 수준별 효과를 지정할 수 있다.

❶ 슬라이드 2에서 스마트 아트를 선택한 후 [애니메이션]-[나타내기]-[닦아내기]를 적용한다. 효과옵션에서 방향을 [위에서]로 선택한다.

❷ 본문 텍스트 상자를 모두 선택한 후 [애니메이션]-[나타내기]-[올라오기]를 적용한다. 효과옵션에는 방향 [떠오르며 내려가기]와 시퀀스 [하나의 개체로]를 선택한다. 시퀀스는 텍스트가 수준별로 되어 있을 경우 다양한 방법으로 애니메이션을 진행할 수 있다.

- **하나의 개체로:** 전체가 하나의 개체로 진행된다.
- **단락별로:** 한 단락(엔터키가 있는 곳)씩 애니메이션이 진행된다.

❸ [타이밍]의 [시작] 시점을 '이전효과 다음에'로 지정한다. 그러면 애니메이션 창에서 애니메이션이
들어간 순서대로 진행된다.

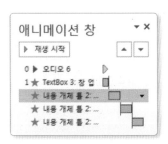

❹ 슬라이드 3을 열어 제목 텍스트 상자에는 [나타내기]-[도형]-[바깥쪽]과 내용 텍스트 상자에는
[나타내기]-[바운드]-[단락별로] 애니메이션을 적용한다.

❺ 직사각형은 [나타내기]-[닦아내기] 애니메이션을 적용한다. 순서는 위쪽, 오른쪽, 아래쪽, 왼쪽이
방향에 따라 나타나도록 지정한다.

❻ 모든 애니메이션의 시작은 '이전효과 다음에'로 설정한다.

❼ 슬라이드 4를 열어 제목 텍스트 상자에는 [나타내기]-[바운드]를, 표에는 [나타내기]-[휘어올라오
기] 애니메이션을 추가한다. 표는 도형과 같은 애니메이션 효과가 나타난다.

4.5 스마트아트 애니메이션 효과

스마트아트를 추가하였을 때 애니메이션을 적용하면 스마트아트의 특성을 이용한 애니메이션을 적용할 수 있다.

❶ 슬라이드 5에서 스마트아트를 선택한 후 [애니메이션]-[나타내기]-[회전하며 밝기변화]를 적용하고, 효과옵션은 [개별적으로]를 적용한다.

❷ 스마트아트는 효과옵션에서 그래픽 묶는 단위를 설정할 수 있다. [하나의 개체로], [한꺼번에], [개별적으로] 중 하나를 선택하면 다양한 효과를 낼 수 있다. 스마트아트에 개별적으로 애니메이션을 적용하는 것이 아니라 간단하게 하나의 애니메이션으로 개별적으로 애니메이션을 적용한 효과를 낼 수 있다.

❸ 스마트아트는 모양에 따라 효과옵션의 기능들이 다르게 나타난다. 모양에 어울리는 애니메이션을 적용해야 스마트아트의 기능을 더 부각시킬 수 있다.

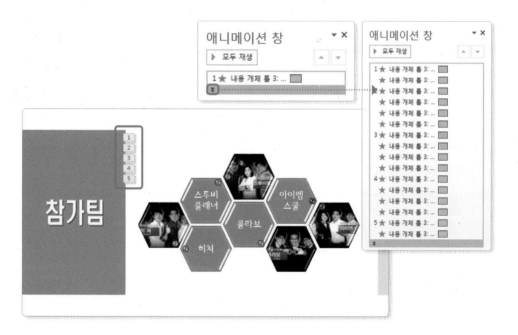

❹ 슬라이드 7의 [계층 구조형] 스마트 아트에 [나타내기]-[돌기]-[수준(한번에)]를 적용한다. 조직도의 수준별로 애니메이션이 적용된다.

4.6   차트에 애니메이션 효과

차트 애니메이션은 계열별로, 항목별로라는 시퀀스를 지정함에 따라 차트의 특성을 이용한 애니메이션이 가능하다.

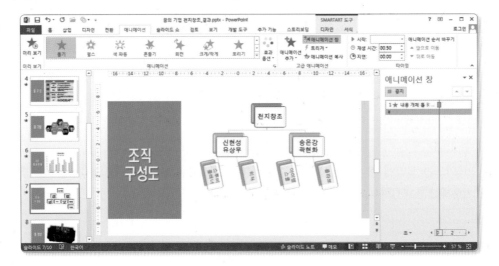

❶ 슬라이드 6에서 차트에 [애니메이션]-[나타내기]-[닦아내기] 애니메이션을 적용한다. 효과 옵션을 보면, 방향과 시퀀스가 있다. 시퀀스는 텍스트, 스마트 아트, 차트에 따라 다르게 나타난다. 차트에 나타나는 시퀀스는 다음과 같다.

차트는 모양에 따라 어울리는 방향을 지정하는 것이 더 효과적이다. 따라서 세로 막대 모양은 아래쪽에 중심축이 있으므로 방향을 [아래에서]로 지정한다.

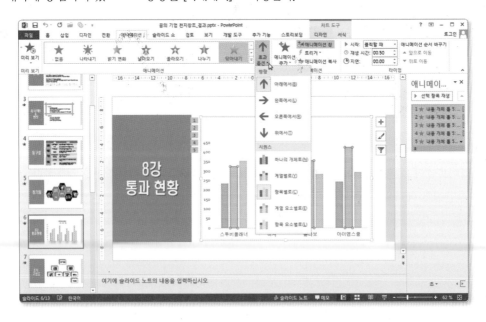

❷ 시퀀스는 [계열별로], [항목별로], [개열 요소별로], [항목 요소별로] 4가지 요소가 있다. 시퀀스는 차트 모양에 따라 어울리는 시퀀스를 적용하는 것이 좋다.

❸ 계열별 모든 구성요소를 하나의 애니메이션으로 적용하는 것이 아니라 계열 중 하나의 항목만 다르게 애니메이션을 적용하고자 할 때는 애니메이션 창에서 선택해서 다른 애니메이션을 적용해도 된다. 예를 들어, 원형 차트에서 특정한 한 조각만 다른 효과를 적용할 수 있다.

❹ 효과옵션의 시퀀스를 [항목별로]를 지정한다.

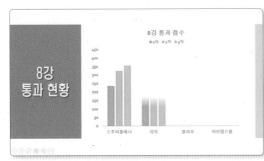

[시퀀스] – [항목별]

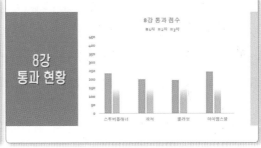

[시퀀스] – [계열별]

4.7   동영상 애니메이션 효과

동영상을 추가하면 자동으로 애니메이션이 추가된다. 기본적으로 미디어라는 애니메이션이 추가되어 있으나 동영상 모양을 볼 수 있는 애니메이션을 추가할 수 있다.

❶ 슬라이드 8을 선택하여 애니메이션 창을 연다.

❷ 동영상을 추가하면 애니메이션 창에 애니메이션 효과가 자동으로 들어간다. 재생의 시작 시점을 설정하기 때문이다. 동영상은 재생창에서 대부분 설정할 수 있기 때문에 특별한 애니메이션은 없지만 전체 동영상이 재생되는 것이 아니라 특정 영역으로 바로 접근할 수 있는 애니메이션이 있다.

❸ 26.40 시간에 재생 바를 위치시키고 책갈피를 추가한다.

❹ 책갈피를 선택한 후 [애니메이션]−[찾기]를 클릭한다. 이때 시작 시점을 선택할 수 있다. [클릭할 때]로 선택해둔다.

❺ 슬라이드쇼를 실행한 후 동영상을 재생시키고 '클릭'하면 책갈피 지점으로 이동하는 것을 볼 수 있다.

4.8 트리거 애니메이션 효과

트리거 기능은 애니메이션 효과를 특정 개체에 부여하는 것을 말한다. 예를 들어 어떠한 개체를 누르면 정해놓은 애니메이션이 실행되는 것을 의미한다. 슬라이드 10에서 왼쪽의 썸네일 이미지를 클릭하면 오른쪽에 큰 이미지가 보이도록 애니메이션을 추가해보자.

❶ 먼저 [선택 창]을 열어 이미지들의 이름들을 확인한다. 오른쪽의 눈(👁) 모양을 클릭하면 개체가 숨겨지므로 아래쪽에 숨겨져 있는 이미지에 애니메이션을 적용할 때 매우 유용하다.

❷ '애니메이션 창'을 열어 기본 애니메이션을 확인한다. '산티아고.big, 로마.big, 아그라.big' 이미지 순서대로 [나타내기]-[실선 무늬]를 적용한다. 이때 왼쪽의 큰 이미지들은 겹쳐져 있으므로 아래쪽에 있는 이미지를 선택하기가 쉽지 않다. 이때 [선택 창]의 이미지 이름을 클릭하면 바로 선택할 수 있고 애니메이션을 적용할 수 있다.

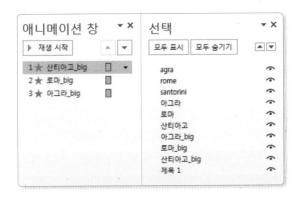

❸ '산티아고_big'의 애니메이션을 선택한 후 [고급 애니메이션]-[트리거]-[클릭할 때]-[산티아고]를 선택한다.

❹ [선택 창]에서 '산티아고'를 선택한 후 [애니메이션 추가]-[강조]-[펄스]를 선택한 후 [시작]을 '이전 효과 다음에'를 선택한다. 이때 반드시 애니메이션 추가에서 선택하여야 한다.

❺ '로마_big' 이미지와 '아그라_big' 이미지는 [애니메이션 추가]-[사라지기]-[밝기 변화]를 선택하여 '산티아고.big' 이미지를 크게 보이도록 한다. [시작]은 모두 '이전효과와 함께'를 지정한다.

❻ 4번과 5번 애니메이션을 맨 아래쪽으로 이동하고 다음과 같은 결과가 되도록 위치시킨다.

❼ 3~6을 반복하여 '로마.big'과 '아그라.big'에도 똑같이 애니메이션을 적용한다.

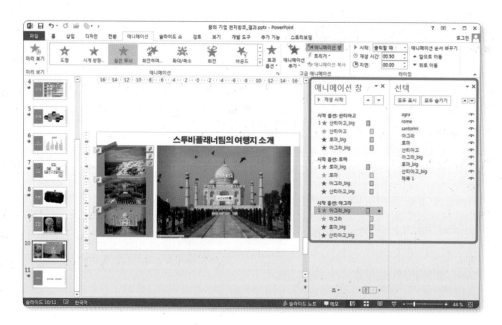

❽ 슬라이드쇼를 실행시켜 왼쪽 썸네일 이미지를 클릭한다. 오른쪽 큰 이미지들이 왼쪽 이미지와 동
일하게 애니메이션되어 나타나는지 확인한다.

4.9 이동경로 애니메이션 효과

이동경로 애니메이션은 위치를 이동하는 데 사용하는 애니메이션이며 모두 선 모양으로 되어 있다. 추가 이동경로 애니메이션에 들어가면 다양한 모양의 이동경로 애니메이션을 사용할 수 있다.

이동경로 모양은(◆━▶) 초록색과 빨간색 점으로 이루어지며 초록색은 시작점, 빨간색은 종료지점을 나타낸다. '감사합니다' 텍스트를 자유롭게 이동하는 애니메이션을 추가해보자.

❶ 왼쪽 커튼을 선택하고 [애니메이션]-[이동경로]-[선]을 선택하여 효과옵션을 [왼쪽]을 선택한다. 커튼이 왼쪽으로 이동되도록 빨간색 지점을 드래그한다. 이때 Shift 키를 누르면 왼쪽으로 바르게 이동할 수 있다.

❷ 오른쪽도 1과 같은 방법으로 하고 효과옵션을 [오른쪽]을 선택하면 된다.

❸ '감사합니다' 텍스트를 모두 슬라이드 바깥의 오른쪽으로 이동한다.

❹ '감'을 선택하고 [애니메이션]-[이동경로]-[선]을 선택한다.

❺ 빨간색 지점을 선택하여 '감' 텍스트가 이동 끝지점이 될 곳으로 이동한다.

❻ [애니메이션 복사]를 더블클릭하여 '사, 합, 니, 다'에 모두 클릭하여 애니메이션을 복사한다.

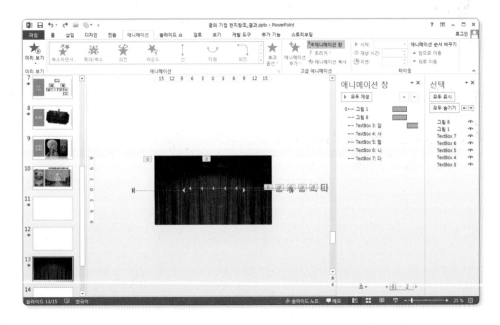

❼ 슬라이드를 복사하여 모든 애니메이션을 삭제한 후 더 다양한 이동경로 애니메이션을 추가해보자.

❽ '감사합니다' 텍스트를 선택한 후 슬라이드 바깥쪽 왼쪽에 위치시킨다.

❾ '감' 텍스트에 [애니메이션]-[추가 이동경로]-[계단 내려가기]를 선택하여 화살표 빨간색 지점을 조절한다.

❿ [애니메이션 복사]를 더블클릭한 후 '사, 합, 니, 다'에 각각 클릭하면 똑같은 애니메이션이 복사된다.

⓫ 애니메이션 창에서 모든 애니메이션을 클릭한 후 [시작]을 [이전 효과와 함께]를 선택하고 [지연]을 0.5초씩 증가하면서 지정한다. 단 첫 번째 '감' 애니메이션은 [지연]을 지정하지 않는다.

⓬ 다시 '감' 텍스트에 [애니메이션 추가]−[선]을 선택한 후 왼쪽 사선으로 이동하여 슬라이드 바깥으로 이동시킨다.

⓭ [애니메이션 복사]를 선택하여 '사, 합, 니, 다' 모두 붙여넣기 하여 같은 애니메이션을 복사한다.

⓮ [선] 애니메이션을 지정한 후 모든 애니메이션에 [시작]을 '이전효과와 함께'로 선택한다. 단 첫 번째 '감' 애니메이션은 [지연]을 3초 지정한다.

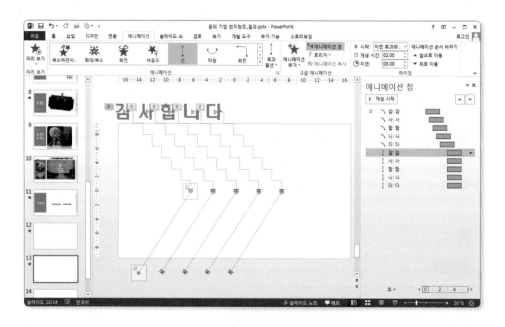

05   슬라이드쇼 진행하기

프레젠테이션 내용을 작성한 후에 효과적인 발표를 위해 화면 전환 효과와 애니메이션을 설정하는 데 중점을 두었다면 이 절에서는 만든 프레젠테이션 파일로 본격적인 발표를 진행하는 슬라이드쇼와 관련된 기능이다.

5.1   슬라이드쇼 시작

슬라이드쇼는 제작 화면에서 슬라이드 화면만 보여주고 애니메이션이나 동영상들이 재생될 수 있게 보여주는 것을 의미한다. 슬라이드쇼의 시작은 '처음부터'와 '현재 슬라이드부터'가 있다.

1. **처음부터**: 현재 선택된 슬라이드가 어느 슬라이드이든 슬라이드쇼를 처음부터 시작해주는 것을 의미한다. 단축키는 F5 이다. '처음부터'는 실제 발표 장소에서 많이 사용한다.
2. **현재 슬라이드부터**: 현재 선택되어진 슬라이드부터 슬라이드쇼가 시작된다. 만약 현재 작업 중인 슬라이드가 6번 슬라이드라고 가정한다면 '현재 슬라이드부터'를 클릭하거나 단축키 Shift + F5 를 클릭하면 6번 슬라이드부터 쇼가 실행된다. '현재 슬라이드부터'는 작업 도중에 애니메이션을 테스트하기 위해 많이 사용한다.
3. **슬라이드쇼 재구성**: 슬라이드쇼가 슬라이드 1번부터 순서대로 재생되는데 그 순서를 변경하고자 할 때 사용한다.
4. **슬라이드 숨기기**: 제작해놓은 슬라이드가 이번 발표에는 필요하지 않지만 다음에 필요할 경우 슬라이드를 삭제하는 것이 아니라 숨기기를 해놓으면 편리하게 이용할 수 있다.

5.2 발표 예행연습 하기

예행연습은 실전에서 슬라이드쇼를 하기 전에 사전에 소요 시간을 체크하고 발표를 연습해보는 리허설이다. 예행연습을 통해 프레젠테이션도 연습하고 소요되는 시간도 확인할 수 있어 꼭 필요한 과정이다. 예행연습을 통해 소요되는 시간들을 기록해 두었다가 슬라이드 전환 시간으로 사용할 수도 있다.

❶ [슬라이드 쇼]−[설정]−[예행연습]을 클릭한다.

❷ 왼쪽 상단에 녹화 창이 나타난다. 왼쪽 시간은 현재 슬라이드 진행시간이고, 오른쪽은 전체 시간이다. 중간에 잠시 정지하고자 할 경우에는 정지 버튼을 클릭한다.

❸ 마지막 슬라이드까지 연습을 마치고 슬라이드를 클릭하면 슬라이드 시간 저장 여부를 묻는 메시지 상자가 나타난다. [예]를 누르면 [여러 슬라이드 보기]에서 각 슬라이드에 소요된 시간을 표시해준다.

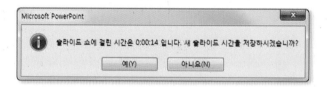

❹ 예행연습 시간을 사용하지 않을 경우 [슬라이드쇼]−[설정]−[시간 사용]에 체크를 해제하면 된다.

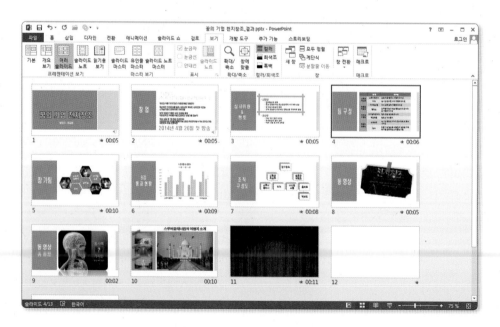

🖐 TIP   **발표자 도구 사용**

파워포인트에서 제공하는 발표자 도구를 이용해 발표자가 프레젠테이션을 할 때 청중이 보는 주 화면과 다른 화면에서 슬라이드쇼를 제어할 수 있다. 화면을 보면 현재 슬라이드쇼가 진행되고 있는 화면과, 다음 슬라이드, 슬라이드 노트를 보여준다. 발표를 진행하면서 다음에 어떤 내용이 나오는지 미리 인지할 수 있고, 키워드만 있는 슬라이드는 슬라이드에 보충 설명을 적어놓고 참고해도 된다.

이 기능은 듀얼 모니터, 빔 프로젝트 또는 발표용 모니터 장치와 연결되어 있을 때 사용할 수 있고, 모니터가 1대 밖에 없는 경우에는 Alt + F5 를 눌러야 발표자 도구 화면으로 전환할 수 있다. 파워포인트에서 제공하는 발표자 도구를 이용해 발표자가 프레젠테이션을 할 때 청중이 보는 주 화면과 다른 화면에서 슬라이드쇼를 제어할 수 있다. 화면을 보면 현재 슬라이드쇼가 진행되고 있는 화면과, 다음 슬라이드, 슬라이드 노트를 보여준다. 발표를 진행하면서 다음에 어떤 내용이 나오는지 미리 인지할 수 있고, 키워드만 있는 슬라이드는 슬라이드에 보충 설명을 적어놓고 참고해도 된다.

이 기능은 듀얼 모니터, 빔 프로젝트 또는 발표용 모니터 장치와 연결되어 있을 때 사용할 수 있고, 모니터가 1대 밖에 없는 경우에는 Alt + F5 를 눌러야 발표자 도구 화면으로 전환할 수 있다.

5.3   펜 도구를 사용한 슬라이드쇼 화면에 기록/표시

파워포인트는 발표를 하는 도중에 필요한 여러 기능들을 제공하고 있다.

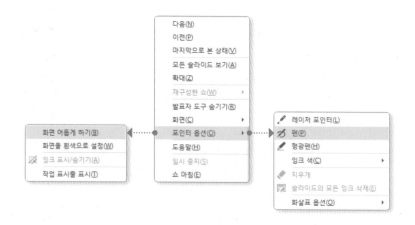

- **확대:** 슬라이드쇼 시에 특정 영역을 확대하고자 할 때 [확대]를 선택하면 밝게 보이는 부분을 확대할 대상에 클릭하면 화면이 확대된다. 다시 원래 상태로 되돌리고자 할 경우 Esc 키를 누르면 된다.

- **화면:** 슬라이드쇼 시에 화면을 어둡게 하거나 흰색으로 할 수 있다. 발표 중간에 청중의 집중도가 떨어질 경우 내용은 사라지고 화면을 검게 또는 희게하면 집중도를 높일 수 있다.
- **포인트 옵션:** 화면 하단의 펜도구 또는 오른쪽 마우스에서 펜도구를 선택하면 다양한 색상의 포인터를 사용할 수 있다. 레이저포인터 효과를 나타내는 펜도구와 일반펜, 형광펜을 선택하여 설명하고 있는 곳의 포인트를 줄 수 있다.

c h a p t e r ▶ 06
연 습 문 제

연습문제 1

애니메이션을 이용한 '탭프로젝트' 소개 자료 만들기

아래의 슬라이드를 조건에 맞게 또는 결과파일과 같이 재생되도록 애니메이션을 적용해보자.

» **슬라이드 1**

텍스트에 '확대/축소' 애니메이션을 이용하여 나타내기 및 끝내기 애니메이션

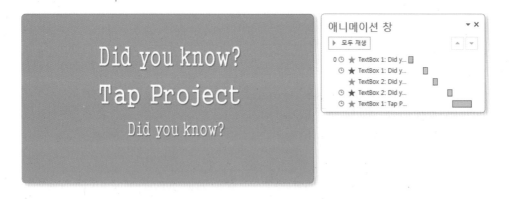

❶ TextBox1

- [나타내기]−[확대/축소], [이전효과 다음에]
- [끝내기]−[확대/축소], [이전효과 다음에], [지연] 1초

❷ TextBox2

- [나타내기]−[확대/축소], [이전효과와 함께], [지연] 2초
- [끝내기]−[확대/축소], [이전효과 다음에], [지연] 1초

❸ TextBox3

- [나타내기]−[회전], [이전효과 다음에]

» **슬라이드 2**

타원은 시계방향 닦아내기 및 시계 움직이는 애니메이션

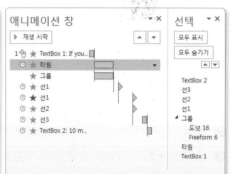

❶ TextBox1

- [나타내기]–[닦아내기], [왼쪽에서], [이전효과 다음에]

❷ 타원, 그룹

- [나타내기]–[시계방향], [이전효과 다음에], [이전효과와 함께]

❸ 선1

- [나타내기]–[나타내기], [이전효과 다음에], [지연] 0.5초
- [끝내기]–[사라지기], [이전효과 다음에], [지연] 1.5초

❹ 선2

- [나타내기]–[나타내기], [이전효과 다음에]

❺ 선3

- [나타내기]–[닦아내기], [이전효과 다음에], [지연] 1초
- TextBox2 [나타내기]–[닦아내기], [이전효과 다음에]

» **슬라이드 3**

'click' 클릭 시 잔이 채워지고 '='을 클릭하면 텍스트를 나타내는 애니메이션

❶ 'click'을 클릭하면 오른쪽 흰 컵에 물이 아래쪽에서 위쪽으로 채워지도록 지정한다.

❷ 등호(=) 버튼을 클릭하면 왼쪽과 오른쪽에 텍스트가 [나타내기]−[떠오르기]로 애니메이션되도록
지정한다.

» **슬라이드 4**

텍스트 [밝기 변화]와 아이의 웃는 얼굴 이미지를 [닦아내기]를 이용한 애니메이션

❶ '이전효과 다음'에 제목과 내용이 [밝기 변화]로 나타난다. 재생시간 각각 2초씩

❷ 클릭하면 '아이' 이미지가 [나타내기]−[밝기 변화]로 [재생시간] 3초로 나타난다.

❸ 클릭하면 '아이' 이미지가 [닦아내기]를 [오른쪽에서], [끝내기]를 [재생시간] 2초로 하고 이어서 바로
'웃는 얼굴' 이미지가 [오른쪽에서], [닦아내기], [재생시간] 2초로 나타난다. 이때 '웃는 얼굴'은 '이전
효과와 함께'로 지정하고 [지연]을 0.5초로 지정한다.

» **슬라이드 5**

지도에 회전, 확대축소, 도형에 닦아내기 애니메이션

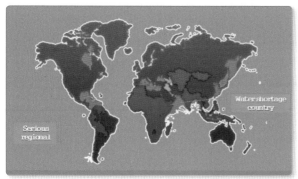

❶ '지도 배경'은 [나타나기]−[회전]으로 나타내고, '위험지역'과 '부족국가'는 [나타나기]−[확대/축소]로 나타낸다.

❷ 설명선은 선에서부터 시작하여 [나타내기]−[닦아내기]를 적용한다. 설명선2는 설명선1이 재생되고 난 후에 바로 재생되도록 지정한다.

» **슬라이드 6**

텍스트 상자 애니메이션

❶ 제목은 [나타내기]−[도형]을 적용하고 효과옵션은 [바깥쪽], 도형은 [상자]를 적용한다.

❷ 내용은 [나타내기]−[올라오기]를 적용하고 텍스트 묶는 단위를 [첫째 수준까지]로 설정한다. 단 [시작]은 '이전효과 다음에'로 설정하여 한 문단 한 문단 자동으로 올라오게 한다.

» **슬라이드 7**

차트에 닦아내기/깜박이기 애니메이션

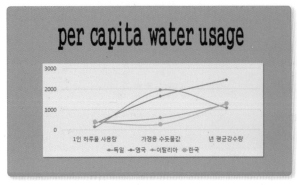 

❶ 제목은 [나타내기]−[바운드]를 적용한다.

❷ 차트는 [닦아내기] 효과옵션을 왼쪽에서, 계열별로, 재생시간은 2초로 지정한다.

❸ 한국계열은 [강조]−[깜박이기]를 지정한다. 강조는 마우스가 클릭될 때 실행된다.

» **슬라이드 8**

스마트아트 애니메이션

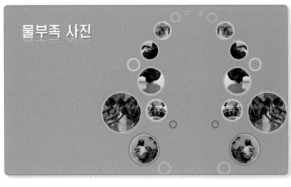 

❶ 제목에는 '회전하여 밝기변화'를 '이전효과 다음에'에 시작을 설정한다.

❷ 스마트아트는 [나타내기]−[닦아내기]를 '이전효과 다음에', [재생시간] 0.3초로 지정한다.

❸ 그룹은 [나타내기]−[확장]으로 '이전효과 다음에' 바로 재생되게 지정한다.

chapter

07

도형, 스마트아트를 활용한 슬라이드

학습목표

복잡한 텍스트의 내용은 도형을 이용하여 정리할 경우 내용을 보기 좋게 포인트만 강조할 수 있다. 또한 많은 양의 정보를 보다 쉽게 표현할 수 있다. 이 장에서는 기본적인 도해 그리기 등을 활용하여 텍스트를 보기 좋게 표현한 예제들, 스마트아트를 활용한 예제들을 살펴보고 입체감을 더할 수 있는 3차원 효과 적용에 대해 배운다.

01　도형을 활용한 슬라이드

1.1　도형을 활용하여 텍스트 효과적으로 표현하기

텍스트만으로 슬라이드를 나타내기보다 도형과 통일감 있는 이미지와 함께 그림으로 풀어 설명하면 시각적으로 효과적인 슬라이드를 표현하여 전달력을 높일 수 있다. 또한 한정된 공간에 보다 많은 정보를 담을 수 있다.

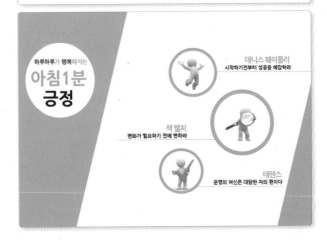

❶ **1단계**: 슬라이드 내용에 어울리는 색감을 선택한다.

❷ **2단계**: 슬라이드 내용에 어울리는 이미지를 선택한다.

❸ **3단계**: 슬라이드 내용에 어울리는 도형과 함께 표현한다.

1 배경 꾸미기

❶ 슬라이드를 [삽입]하고 [홈] 탭–[레이아웃]에서 제목만 슬라이드를 선택한다.

❷ 슬라이드 위에서 [오른쪽 마우스]–[배경서식]–[채우기]에서 '단색채우기 연한파랑'을 선택한다.

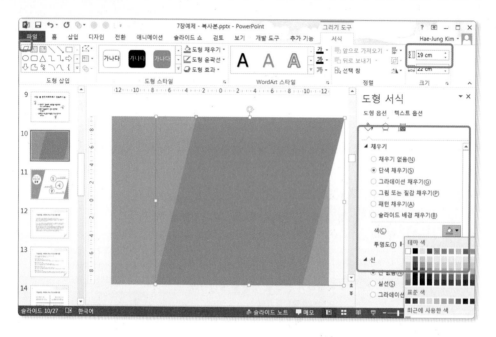

❸ [홈]–[도형]에서 평행사변형을 선택하고 너비 22cm, 높이 19cm로 그린다.

❹ [그리기도구]–[서식]–[도형서식]의 채우기에서 '흰색, 배경1, 선 없음'을 선택한다.

2 제목 텍스트 입력하기

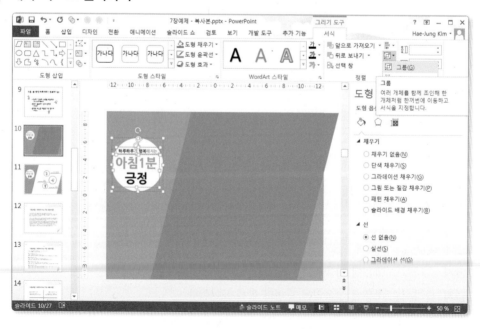

❶ [도형삽입]에서 원을 선택해 Ctrl + Shift키를 이용하여 6cm의 정원을 그리고 '채우기 흰색, 배경1, 선 없음'을 지정한다.

❷ 텍스트 상자를 이용하여 텍스트를 입력한다.

'하루하루가 행복해지는'은 '나눔고딕 ExtraBold, 13pt, 자주와 연한파랑'으로 지정한다.

'아침 1분 긍정'은 '나눔고딕 ExtraBold, 40pt, 연한파랑과 진한파랑'으로 지정한다.

3 │ 이미지 넣기

❶ [홈]−[도형]에서 원을 선택해 Ctrl + Shift키를 이용하여 4cm의 정원을 그린다.

❷ [그림서식]−[채우기]−[그림 또는 질감 채우기]에서 파일을 선택하고, [선]에서 '실선, 연한파랑, 6pt' 를 지정한다.

❸ 완성한 도형을 복사하여 붙여넣기하고 [채우기]−[그림 또는 질감 채우기]에서 파일을 선택하고, [선]에서 '실선, 연한파랑, 8pt'를 지정한다.

❹ 그림 크기를 조절하기 위해 [그림 서식]−[채우기]에서 '오프셋 왼쪽 10%, 오프셋 오른쪽 10%, 오 프셋 위쪽 5%, 오프셋 아래쪽 12%'를 지정한다.

❺ 첫 번째 도형을 복사하여 붙여넣기하고 크기를 3.8cm의 정원으로 조절한다.

❻ [그림 또는 질감 채우기]에서 파일을 선택하고 [선]에서 '실선, 연한파랑, 6pt'를 지정한다.

4 본문 텍스트 입력하기

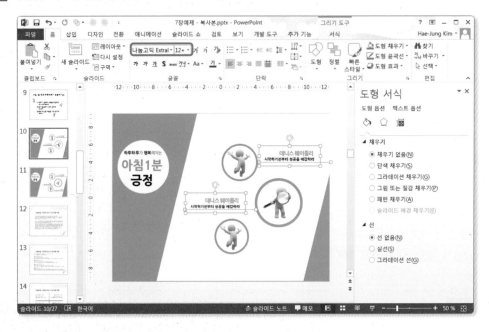

❶ [홈]−[도형]에서 선을 선택해 Shift 키를 이용하여 직선을 그린다.

❷ [도형 서식]−[선]에서 '실선, 연한파랑, 0.25pt'를 지정한다.

❸ 텍스트 상자를 입력하고 텍스트를 입력한다.

❹ 〈데니스 웨이틀리〉는 '나눔고딕 ExtraBold, 18pt, 연한파랑'으로 지정하고 〈시작하기 전부터 성공을 예감하라〉는 '나눔고딕 ExtraBold, 12pt, 진한파랑'으로 지정한다.

❺ 텍스트 상자와 선을 복사하여 위치를 정하고 텍스트를 수정하여 완성한다.

1.2 텍스트를 요약하고 도형을 활용하여 시각적으로 표현하기

먼저 슬라이드 내용을 잘 이해하고 텍스트를 그룹화한다. 알맞은 도형을 이용하여 정리하면 내용을 더 쉽게 이해할 수 있다.

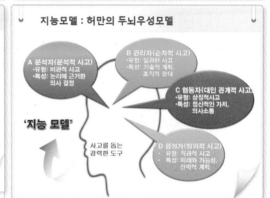

④ **1단계:** 슬라이드의 가장 기본인 텍스트를 의미 변화가 없도록 요약한다.

⑤ **2단계:** 요약된 내용들을 그룹화하고 제목을 붙여준다.

⑥ **3단계:** 적당한 도형과 이미지로 슬라이드를 완성한다.

1 텍스트 요약하기

텍스트 내용을 요약하고 정리하기 위해서는 먼저 슬라이드 내용을 완전히 이해할 필요가 있다.

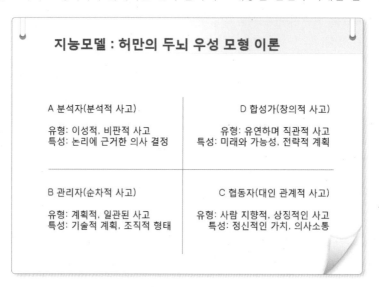

❶ 슬라이드 내용을 이해한다.

❷ 슬라이드에서 텍스트의 주요 키워드를 표시한다.

❸ 텍스트 의미가 바뀌지 않도록 내용을 요약한다.

❹ 각 텍스트를 그룹으로 요약하고 제목을 작성한다.

❺ 어울리는 도형과 이미지를 선택한다.

2 이미지와 제목 서식 지정하기

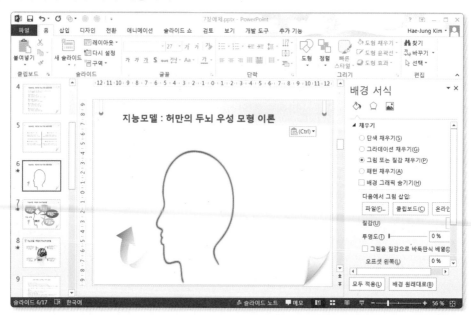

❶ [삽입]−[그림]에서 '얼굴.PNG'를 선택하여 넣고 위치와 크기를 정한다.

❷ [홈]−[그리기]에서 가로 텍스트 상자를 입력하고 '지능모형' 제목과 '사고를 돕는 강력한 도구'의 부제목을 입력한다.

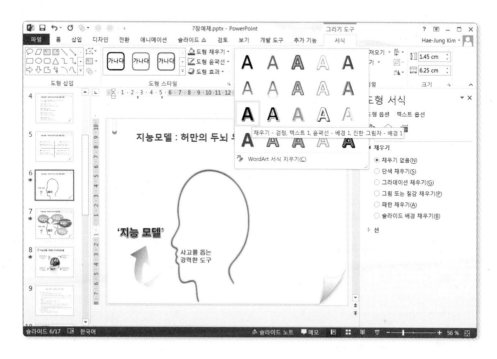

❸ 제목 서식은 'HY 견고딕, 28pt'를 지정하고 [그리기 도구]−[서식]에서 '채우기 검정, 텍스트1, 윤곽선−배경1'을 선택한다.

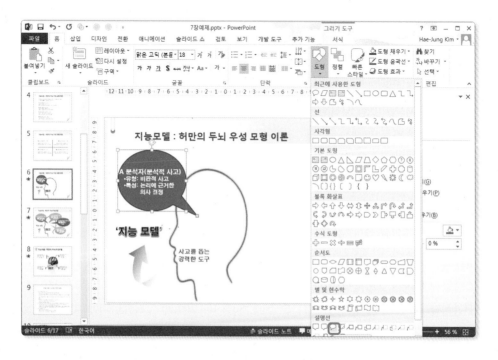

❹ [삽입]-[도형]-[타원형 설명선]을 그리고 노란 조절점을 이용해 위치를 지정한다.

❺ 텍스트 상자를 선택하여 내용을 입력하고 'HY 견고딕, 제목 18pt, 내용 9pt, 흰색 배경1'로 지정한다.

3 도형 서식 지정하기

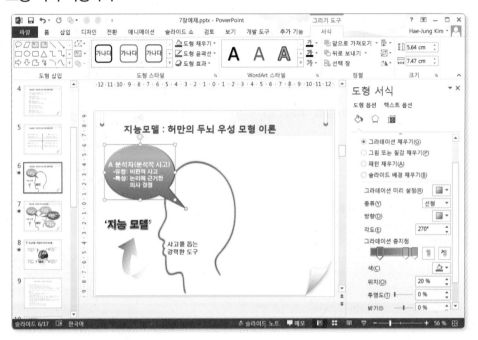

❶ 도형에 효과를 지정하기 위해 [그리기도구]-[서식]-[도형 서식]에서 그라데이션 '선형, 270도'를 지정한다.

- 중지점1, 위치 20%, R14, G139, B216
- 중지점2, 위치 80%, R14, G186, B240
- 중지점3, 위치 100%, R47, G181, B241

❷ [그리기도구]-[서식]-[도형 서식]에서 선 없음을 지정한다.

❸ 도형에 3차원 효과를 더하기 위해 [그리기도구]-[서식]-[도형 서식]에서 [효과]-[3차원 서식] 위쪽 입체 둥글게를 선택하고 '너비 4pt, 높이 2pt, 조명각도 20도'를 지정한다.

❹ [그리기도구]-[서식]-[도형 서식]의 그림자 미리 설정 부분에서 바깥쪽-오프셋 대각선 오른쪽 아래를 선택한다.

❺ 위에서 완성한 도형을 복사하고 색과 내용을 수정하여 완성한다.

- B관리자: 중지점1, 20%, 353,162,27 중지점2, 80% 255,192,0   중지점3, 100% 255,192,0
- C협동자: 중지점1, 20%, 230,92,16 중지점2, 80% 238,114,64 중지점3, 100% 245,140,35
- D합성자: 중지점1, 20%, 117,163,41 중지점2, 80% 164,204,50 중지점3, 100% 150,207,73

1.3 스마트아트로 빠르게 만드는 다이어그램

스마트아트를 이용하여 콘텐츠에 가장 적합한 다이어그램을 선택하고, 선택한 다이어그램을 이미지와 함께 결합하거나 2개의 다이어그램을 연결하여 새로운 스마트아트로서 활용할 수 있다.

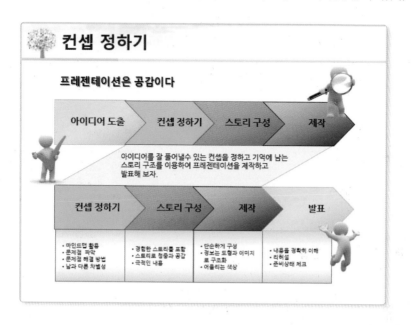

1 스마트아트 삽입하기

❶ [삽입]-[스마트아트] 대화상자에서 프로세스형의 닫힌 갈매기형 수장 프로세스형을 선택한다. 높이 3cm 너비 22cm의 크기를 정한다.

❷ 텍스트 창을 열고 [Enter]키를 이용하여 1줄의 공백을 넣는다.

❸ [도형서식]-[채우기]에서 그라데이션 채우기를 한다.

- 선형 45도, 중지점1, 0%, 노랑, 중지점2 100%, 주황
- 선형 45도, 중지점1, 0%, RGB:33,255,254, 중지점2, 100%, 연한 파랑
- 선형 45도, 중지점1, 0%, RGB:250,183,138, 중지점2, 100%, RGB:255,102,0
- 선형 45도, 중지점1, 0%, 남색 강조6, 80% 더 밝게, 중지점2 100%, 자주

2 스마트아트 복사하여 그리기

❶ 완성된 스마트아트를 복사하여 붙여넣기 한다.

❷ [도형서식]-[채우기]에서 스포이트를 활용하여 그라데이션 채우기를 한다.

❸ 스마트아트에 텍스트를 입력한다. '나눔고딕, 18pt, 진하게, 검정 텍스트1'로 지정한다.

3 스마트아트를 도형으로 연결하기

❶ [홈]-[도형]에서 기본 도형의 평행사변형을 선택하여 그린다.

❷ [도형서식]-[채우기]의 단색채우기를 선택하고 '흰색, 배경1, 5% 더 어둡게'를 선택한 후 '선 없음'을 지정한다.

❸ 텍스트 상자를 입력하고 글을 입력한다. '나눔고딕, 14pt, 검정 텍스트1'로 지정한다.

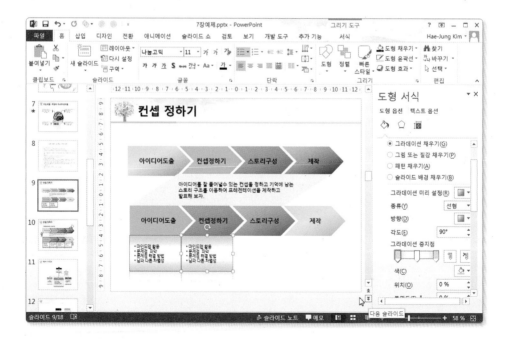

❹ [홈]-[도형]에서 직사각형을 선택하고 그린다.

❺ [도형서식]-[채우기]의 그라데이션 채우기를 선택하고 '선형 90도, 중지점1, 0%, 흰색 배경1, 15% 더 어둡게, 중지점2, 50%, 흰색, 중지점3, 100%, 흰색 배경1, 15% 더 어둡게'를 지정한다.

❻ 같은 도형을 하나 복사하여 붙여넣기 한다.

❼ 내용 텍스트를 입력하고 이미지를 삽입하여 완성한다.

1.4   입체감 있는 조직도 그리기

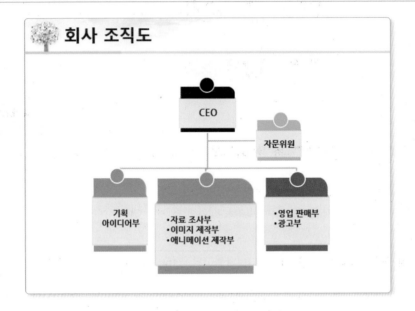

1   이미지와 제목 서식 지정하기

❶ 새로운 슬라이드를 삽입한다.

❷ [홈]-[도형]에서 한쪽 모서리가 둥근 사각형을 선택하고 높이 4.2cm 너비 3.8cm로 그린다.

❸ [도형서식]-[채우기]의 단색 채우기에서 '검정, 텍스트1'을 선택하고 '선 없음'을 지정한다.

❹ 도형에서 직사각형을 선택하고 너비 4cm가 되도록 그린다.

❺ [도형서식]-[채우기]에서 '단색채우기 흰색, 배경1, 15% 더 어둡게'를 지정하고 선은 '실선 단색채우기 흰색, 배경1 25% 더 어둡게, 두께 1.5pt'를 지정한다.

❻ [홈]-[도형]에서 이등변삼각형을 선택하고 왼쪽과 오른쪽 모서리에 그려 도형 맨 뒤로 보내기를 한다.

❼ 도형을 모두 선택하고 [그리기도구]-[서식]에서 그룹을 지정한다.

2 입체 효과 지정하기

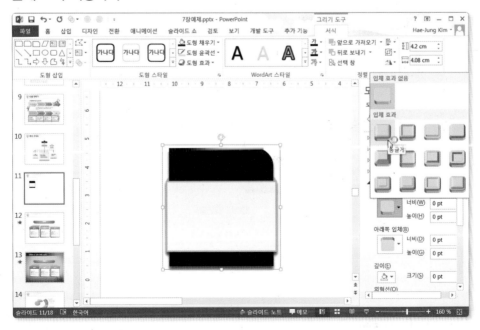

❶ [도형서식]−[효과]에서 그림자 미리설정의 오프셋 아래쪽을 선택한다.

❷ [도형서식]−[효과]의 3차원 서식에서 '위쪽 입체 둥글게'를 너비와 높이는 각 '2pt'를 지정한다.

❸ 완성된 도형을 그룹화한다.

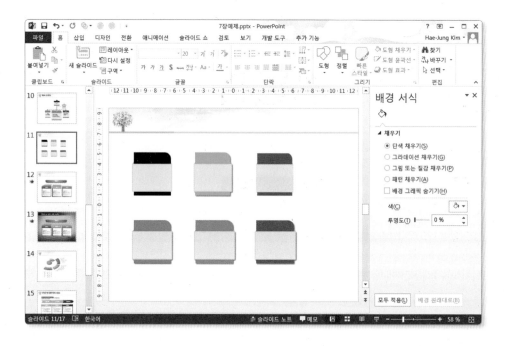

❹ 도형을 선택하여 4개를 복사하고 연한 녹색, 다홍색, 연한 파랑, 황금색, 주황색으로 색을 지정한다.

3 조직도 만들기

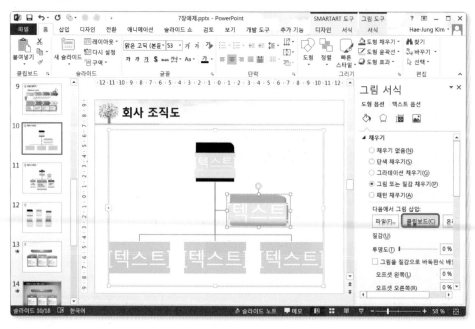

❶ [삽입]−[스마트아트]에서 계층구조형, 조직도형을 선택한다.

❷ 그려놓은 검은색 배경의 사각형을 복사하여 클립보드에 붙여넣기 한다.

❸ 스마트아트 내의 1수준 직사각형을 선택하고 [도형 서식]−[채우기]−[그림 또는 질감 채우기]에서 클립보드를 클릭한다.

❹ 다른 도형도 차례대로 클립보드에 붙여넣기 하고 [도형 서식]−[채우기]−[그림 또는 질감 채우기]에서 클립보드를 클릭한다.

4 조직도 크기 조절과 텍스트 편집

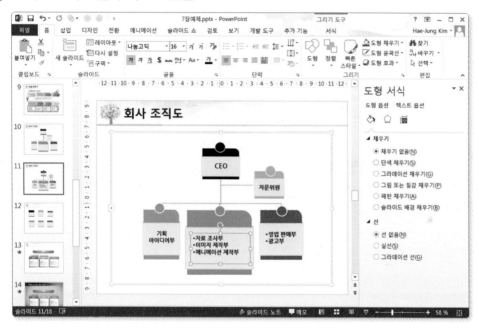

❶ 도형들의 크기를 조절하고 위치시킨다.

❷ 텍스트 상자를 이용하여 텍스트를 입력한다. 서식은 '나눔고딕, 16pt, 검정 텍스트1, 진하게'를 지정한다.

❸ [홈]−[도형]−타원을 이용하여 도형 위에 1cm 정원을 그린 후 '검정, 텍스트1, 실선 흰색, 2pt'를 지정한다.

❹ 그려진 정원을 복사하여 각 도형 위에 붙여넣고 타원의 색을 바꾸어준다.

c h a p t e r ▶ **07**
연 습 문 제

연습문제 1

다양한 모양으로 슬라이드 구상하기

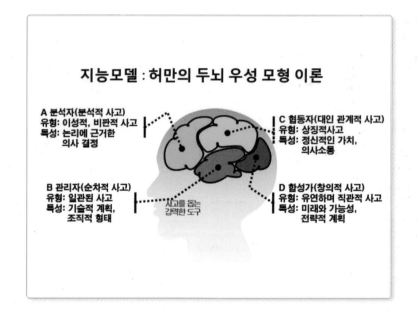

❶ 내용을 이해하고 텍스트를 요약한다.

❷ 어울리는 색감과 도형을 가져온다.

❸ 슬라이드를 표현할 수 있는 다양한 방법에 대해 생각해보고 본문과 다른 모양으로 표현해보자.

연습문제 2

도형으로 슬라이드 시각화 하기

생활 속에서 살 빼는 4가지 방법

1. 일어나면 물 한잔 부터 마시자
   - 물 섭취는 효과적인 다이어트를 위해 정상적으로 이뤄져야한다.
   - 아침에 일어나자 마자 물 한잔 마시는 습관은 무엇보다 중요하다.
   - 빈 속에 물 한 잔을 마시게 되면 대사량을 높여주고 위와 장의 활동을 촉진시켜 주는 역할을 한다.
   - 또한 노폐물 배출에도 도움을 주고 변비 예방에도 좋으니 매일 아침 물 한잔으로 시작하는 것이 좋다.
2. 간식을 바꾸기
   - 무심코 먹는 과자, 빵류들은 대부분 고칼로리의 간식군이다.
   - 기름에 튀긴 감자칩이나 빵류 대신 건조 과일이나
   - 저칼로리 간식을 섭취하면 좋다
3. 아침은 황제처럼, 아침은 수면후 칼로리 소모량과 하루 활동의 시작량을 보충하기 위한 단계.
   - 점심은 평민처럼, 점심은 아침에 먹은 열량은 저녁까지 버티기 부족하기 때문입니다.
   - 저녁은 거지처럼, 저녁의 식습관은 하루중에 가장 중요합니다.
   - 과식을 하면 과식 한대로 위장이 버티지를 못하고 (사람이 숙면을 하는 동안 장기들도 휴식을 취하는데 이때 음식물이 모두 소화되지 못하면 쉬지못하고 계속 일하게 되지요.
4. 걷는것을 생활화 하자
   - 가까운 곳은 가급적 걸어간다.
   - 목적지 2~3정거장 전 하차하여 걸어가는 것도 좋다.
   - 엘리베이터나 에스컬레이터보다는 계단을 이용한다.

❶ 내용을 이해하고 텍스트를 요약한다.

❷ 어울리는 색감과 도형을 가져온다.

❸ 슬라이드의 내용을 변화시키지 않고 시각화하여 표현해본다.

연습문제 3

점편집을 이용하여 도해 표현하기

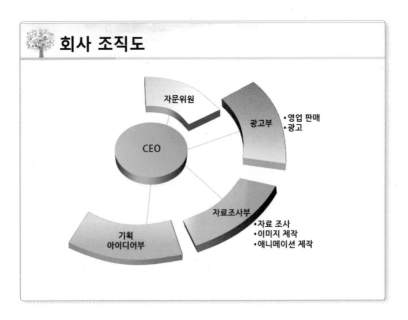

❶ [삽입]−[그림]에서 '스마트아트.png' 파일을 불러온다.

❷ 그려낼 가운데 원형을 확대하고 [삽입]−[도형] 타원형을 선택하여 모양 위에 그려준다.

❸ Ctrl + 드래그하여 가운데부터 그린 후 [도형서식]−[채우기]에서 '그라데이션 채우기, 선 없음'을 지정한다. 그 다음 '135도, 중지점1, 30%, 중지점2, 80%, 중지점3, 100%' 색은 모두 스포이트로 지정한다.

❹ [도형서식]−[효과]의 깊이 '45pt', 색은 스포이트로 지정하고 '3차원 회전 Y회전 340도'를 지정한다.

❺ 점편집의 자유형을 이용하여 자문위원 도형의 꼭짓점을 클릭하고 모양대로 편집한다.

❻ [도형서식]−[채우기]에서 '그라데이션 채우기, 선 없음'을 지정한다. '선형, 45도, 중지점1, 30%, 중지점2, 80%, 중지점3, 100%' 색은 모두 스포이트로 지정한다.

❼ [도형서식]−[효과]의 깊이 '30pt', 색은 스포이트로 지정하고 '3차원 회전 Y회전 335도'를 지정한다.

❽ 나머지 도형들도 점편집을 이용하여 그린 후 편집한다.

- **광고부**: 그라데이션 채우기, 선 없음, 선형, 45도, 중지점1, 30%, 중지점2, 80%, 중지점3, 100% 색은 모두 스포이트로 지정, 깊이 25pt, 3차원 회전 Y회전 324.6도, 원근감 45도

- **자료조사부**: 그라데이션 채우기, 선 없음, 선형, 45도, 중지점1, 30%, 중지점2, 80%, 중지점3, 100% 색은 모두 스포이트로 지정, 깊이 20pt, 3차원 회전 X회전, 11.5도, Y회전 328.7도, Z회전 353도, 원근감 45도

- **기획 아이디어부**: 그라데이션 채우기, 선 없음, 선형, 45도, 중지점1, 30%, 중지점2, 80%, 중지점3, 100% 색은 모두 스포이트로 지정, 깊이 30pt, 3차원 회전 Y회전 340도

❾ [도형]−[선]을 선택하여 연결선을 그리고 '실선, 흰색 배경1, 25% 더 어둡게, 0.75pt'를 지정한다.

❿ 선의 순서를 모든 도형의 맨 뒤로 보내고 텍스트를 입력하여 마무리한다.

08

표, 차트를 활용한 슬라이드

학습목표

설득이나 제안을 담고 있는 프레젠테이션의 경우에는 대부분의 슬라이드가 표와 차트로 되어 있을 정도로 중요한 요소를 차지한다. 하지만 복잡한 수치나 자료를 그대로 나타내기보다 단순화시켜 그림이나 도형 등을 이용해 표현하면 효율적이다. 표와 차트를 삽입하고 편집하는 방법에 대해 알아보고 슬라이드에서 이들을 효과적으로 나타내는 방법에 대해 학습한다.

01   표를 이용한 슬라이드의 다양한 표현

실무에서는 다양한 형태의 표가 사용된다. 보통 셀이 일정하게 나열된 표를 사용하지만 상황에 따라서는 셀 모양을 직접 그리거나 엑셀의 수식과 함수 등을 표에서 사용하는 경우도 있다. 슬라이드에 다양한 표를 삽입하고 텍스트를 정렬하는 방법에 대해 배운다.

1.1   표와 데이터에 강조효과 표현하기

브랜드별 커피매출액			COFFEE HOLIC
브랜드명	회사명	매장수	년매출
파스쿠치	SPC 그룹	44	260억원
커피빈	커피빈코리아	146	600억원
스타벅스	스타벅스 커피 코리아	271	1200억원
할리스	할리스에프앤비	173	449억원

1 표 삽입하기

❶ [삽입]–[텍스트]–[텍스트상자] 입력 후, 제목을 입력한다. [글꼴]–'맑은고딕, 40pt', 글자색–황갈색으로 바꿔준다.

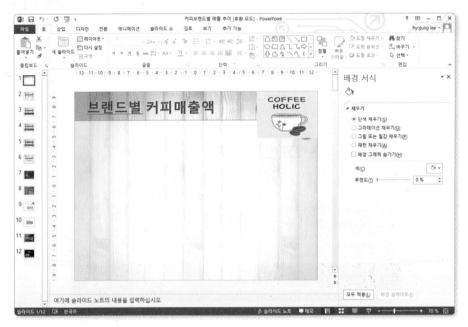

❷ [입력]–[표]에서 7행 4열로 만들고 내용을 입력한다.

❸ [글꼴]– 첫행: 'HY엽서M, 28pt, 흰색, 배경1'을 설정한다. 나머지행: 'HY엽서M, 24pt, 검정, 텍스트1'을 설정한다.

❹ [채우기] 첫행: '청록, 강조6, 50% 더 어둡게'를 설정한다. 나머지행: '채우기 없음'을 설정한다.

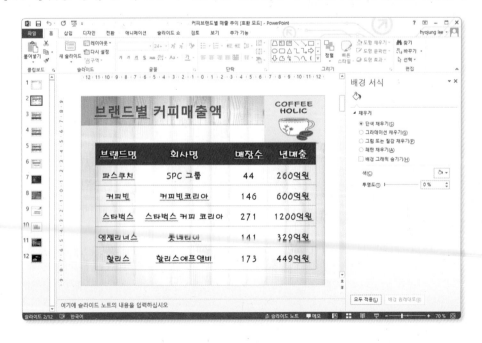

2 표 안에 표 삽입하기

❶ [삽입]-[표]를 선택하여 1행 4열 표를 만든다.

❷ [배경서식]-[채우기]-[단색 채우기]에서 '녹색, 강조 4, 50% 더 밝게'를 선택한다.

❸ [삽입]-[도형]-사다리꼴 도형을 선택하여 만들어 준다.

❹ [배경서식]-[채우기]-[그라데이션 채우기]-[그라데이션 미리설정]에서 '밝은 그라데이션, 강조6'을
선택하여 사다리꼴 모양을 채워준다. [선]은 '선 없음'을 선택한다.

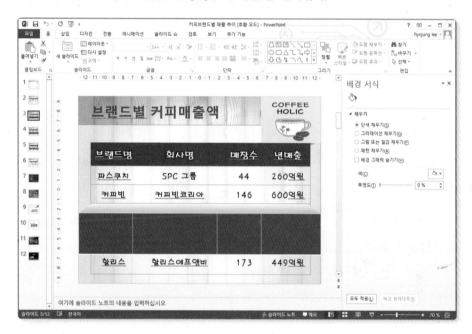

❺ 내용을 삽입한다. [글꼴]은 'HY헤드라인 M, 28pt, 빨강, 강조2'를 선택하여 표를 완성한다.

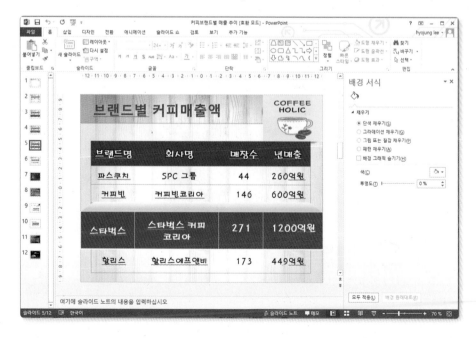

1.2   표를 이용한 배경 이미지 만들기

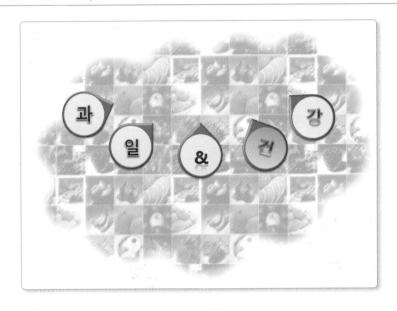

1   그림 저장하기

❶ [삽입]−[이미지]−[온라인 그림]을 선택한다. 그림삽입 창에서 office.com 클립아트 검색창을 '과일'
이라 입력한다. 서로 다른 16개의 과일 그림을 준비한다.

❷ 그림에서 불필요한 배경은 그림 자르기 기능을 이용하여 제거한다.

❸ 각 그림을 선택 후 그림파일(*.jpg)로 저장해서 그림파일을 생성한다.

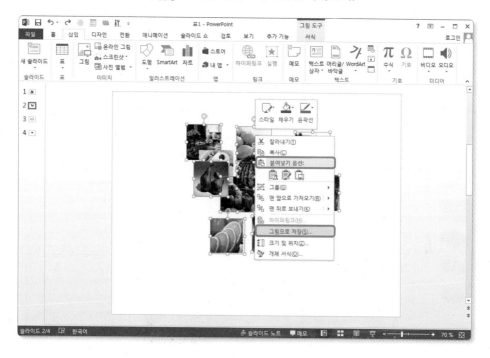

2 표 삽입하기

❶ 4행 4열의 표를 만들어 표의 각 셀에 저장된 그림으로 채우기를 하여 16개의 그림조합을 완성한다. 표의 셀 개수가 많을수록 다양한 그림을 표현할 수 있다.

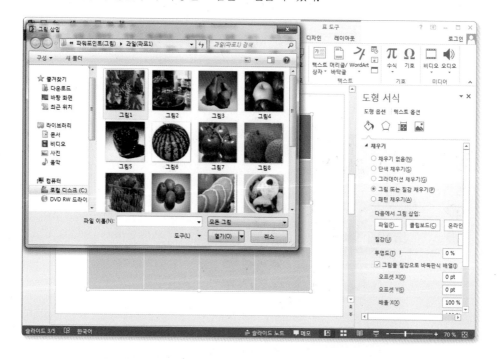

❷ 표에 그림이 완성되면 표의 테두리를 클릭하고 마우스 오른쪽 버튼을 클릭한다. 그림으로 저장 기능을 이용하여 조합된 그림을 하나의 그림파일(*.jpg)로 저장한다.

❸ [삽입]-[일러스트레이션]-[도형]에서 직사각형을 그린다.

❹ [도형서식]-[그림 또는 질감 채우기]에서 [그림을 질감으로 바둑판식 배열]을 체크하여 도형을 맞추어 그림이 반복되도록 설정한다. 채우기에서 마지막에 완성한 최종 그림을 선택한다.

❺ 크기를 조절하고 싶은 경우에는 바둑판식 배열 옵션에서 가로 세로 비율을 조절한다.

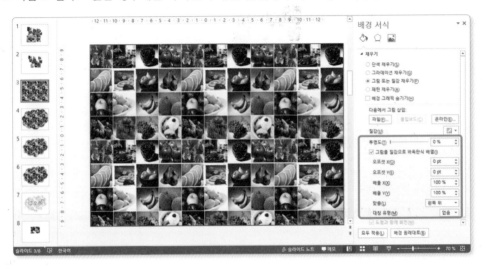

3 그림 자르고 편집하기

❶ [그림도구]-[서식]-[자르기]-[도형에 맞춰자르기] 기능을 이용하여 구름 모양을 선택한다.

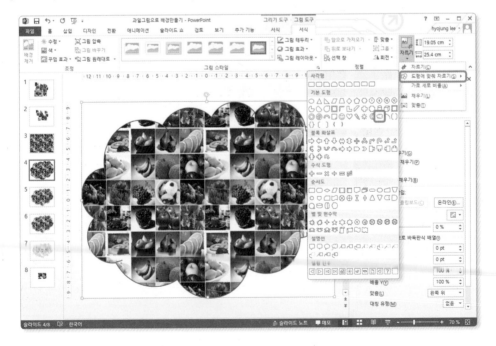

❷ [그림도구]-[서식]-[그림 효과]에서 '부드러운 가장자리 25pt'를 선택한다.

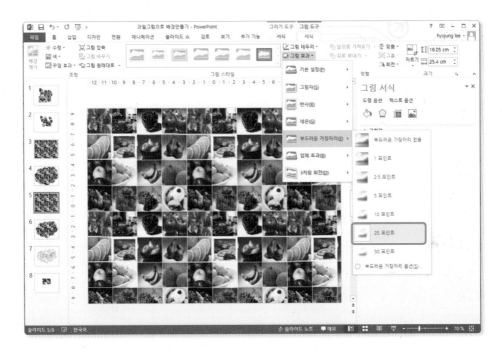

❸ [그림도구]-[서식]-[꾸밈효과]를 이용하여 '파스텔 부드럽게' 효과를 적용한다.

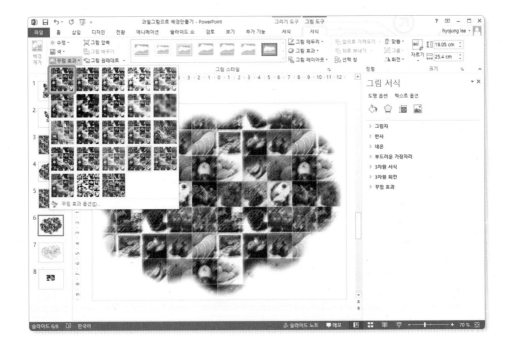

❹ [그림도구]–[서식]–[채우기]에서 '투명도 75%'를 설정해준다. 마지막으로 도형과 워드아트를 이용하여 슬라이드를 꾸며준다.

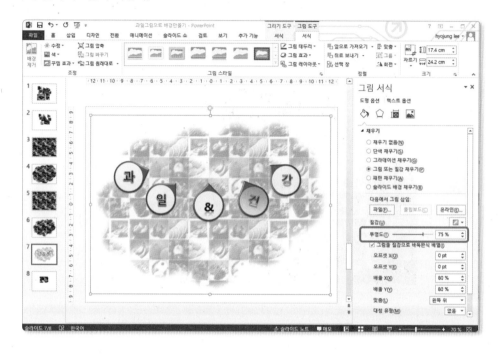

02   차트를 이용한 다양한 표현하기

차트는 두서없이 나열된 수치 데이터보다 메시지 전달력이 높다. 프레젠테이션을 디자인할 때 시각적 효과를 줄 수 있는 차트를 이용해 숫자 데이터를 표현하면 청중에게 핵심 메시지를 더 명확하게 전달할 수 있어 내용에 대한 이해를 높일 수 있다. 여러 종류의 차트를 다양한 방법으로 만들어보면서 설득력 높은 프레젠테이션 문서를 제작하는 방법에 대해 학습한다.

2.1   도형 및 그림을 이용한 차트 작성하기

1   도형 및 그림 삽입하기

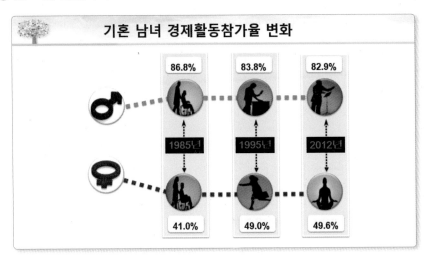

❶ [삽입]-[도형]에서 타원도형을 삽입한다. 높이와 너비를 3cm로 조절한다.

❷ [도형스타일]을 선택하고 '강한 효과 흰색, 강조3'을 지정한다. 같은 모양의 도형을 8개 복사한다.

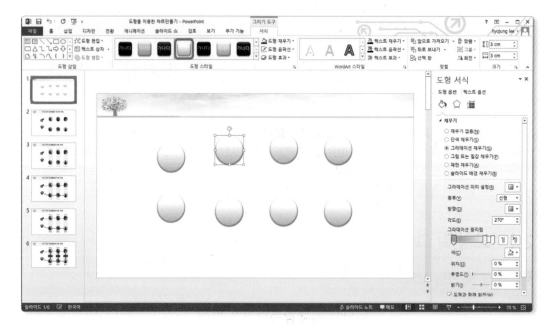

❸ [삽입]–[온라인그림]에서 '남자'와 '여자' 이미지를 검색해서 그림으로 저장한다.

❹ [도형서식]–[도형옵션]–[채우기]–그림 또는 질감채우기를 선택하여 미리 저장해놓은 파일을 불러와 도형에 채워준다.

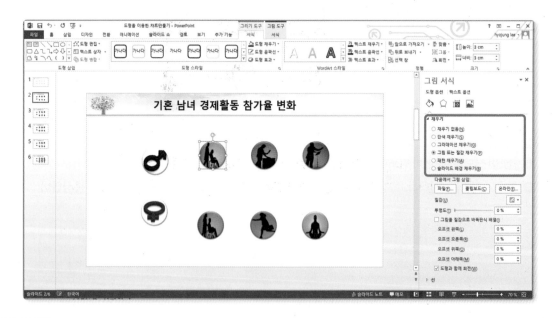

2 도형을 이용한 배경 삽입

❶ [삽입]−[도형]에서 높이 15cm, 너비 3.8cm 사각형을 그린다. '높이조절 500%, 너비조절 127%'를 설정한다.

❷ [도형서식]−[채우기]에서 '흰색 강조3, 5% 더 어둡게'를 선택한다.

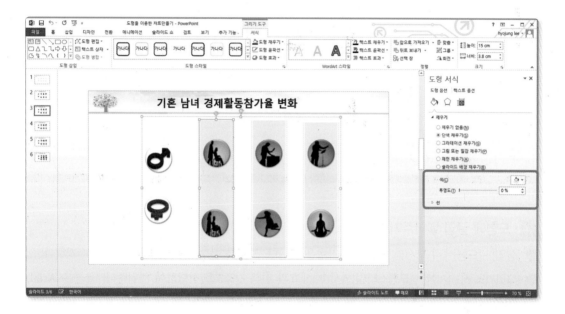

❸ [삽입]−[도형]에서 선을 선택하여 그린다.

❹ [도형서식]−[선]에서 실선을 선택하 색은 '남색, 강조6, 60%, 더 밝게, 두께 10pt'를 지정한다. '겹선 종류: 단순형, 대시 종류: 둥근점선, 끝모양 종류: 평면, 연결점 종류: 원형'을 선택한다. 남자 그림쪽으로 연결하고 원형도형 아래로 배치한다.

❺ [도형서식]−[선]에서 실선을 선택하고 색은 '진한빨강, 두께: 10pt, 대시종류: 둥근점선, 끝모양 종류: 평면, 연결점 종류: 원형'을 선택한다. 여자 그림쪽으로 연결하고 원형도형 아래로 배치한다.

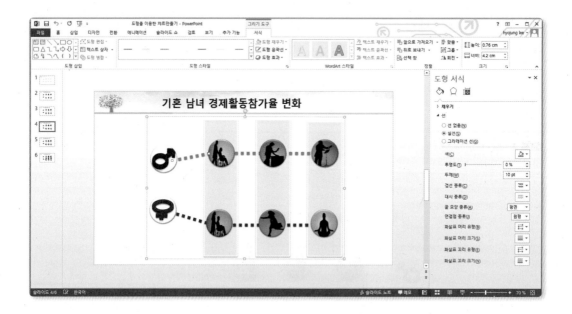

3   도형에 글꼴 넣어주기

❶ [삽입]−[도형]에서 모서리가 둥근 사각형을 그린다. 크기를 높이 1.3cm, 너비 3cm로 설정한다.

❷ [그리기도구]−[서식]−[도형스타일]에서 '미세효과 흰색 강조3'을 선택하여 채워준다. 글꼴은 'Arial, 32pt, 남색, 강조6, 25% 더 어둡게'를 선택해 넣는다(1985년 남자: 86.8%, 여자: 41.0%, 1995년 남자: 83.9%, 여자: 49.0%, 2012년 남자: 82.9%, 여자: 49.6%).

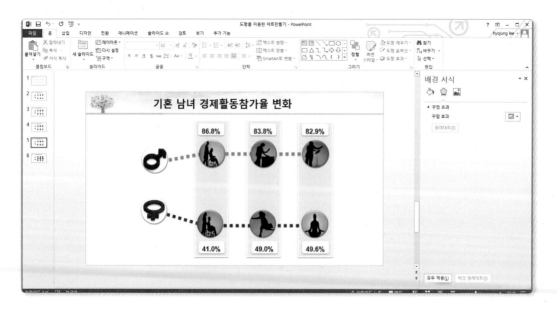

❸ [삽입]-[도형]에서 모서리가 둥근 사각형을 그린다. 크기를 높이 1.3cm, 너비 3.25cm를 설정한다. [그리기도구]-[서식]-[도형스타일]에서 '미세효과 검정 강조1'을 선택하여 채운다.

❹ 글꼴을 입력하고 'Arial Unicode MS, 24pt, 검정, 강조4, 50% 더 밝게'를 선택한다.

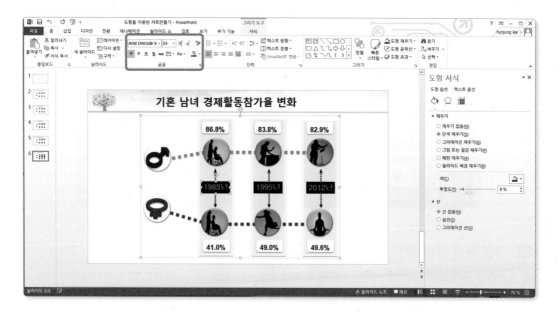

❺ [삽입]-[도형]에서 화살표를 그린다.

❻ [도형서식]-[선]에서 색은 '검정 강조4, 3pt, 겹선종류: 단순형, 대시종류: 둥근점선, 끝모양 종류: 평면, 연결점 종류: 원형'을 선택한다. '화살표 머리유형: 날카로운 화살표, 화살표 꼬리유형: 날카로운 화살표, 화살표 꼬리 크기: 오른쪽 화살표 꼬리크기5'를 선택한다.

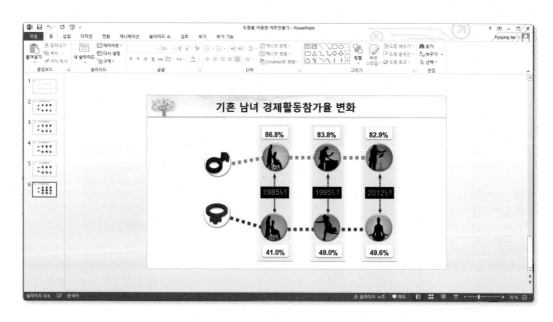

2.2 나라별 국기를 이용한 차트 작성하기

1 그림 배경 삽입하기

❶ [디자인]−[배경서식]−[채우기]에서 파일(흑백배경.jpg)을 불러온 후 배경으로 저장한다.

❷ 제목을 입력한 후 글꼴을 '다음 SemiBold, 40pt, 텍스트그림자'를 지정한다.

❸ 'ECOLOGICAL NEW DEAL'을 입력한 후 [그리기도구]−[서식]−[WordArt 스타일]에서 '무늬채우기 황록색, 강조3, 좁은 가로선, 안쪽 그림자'를 선택한다.

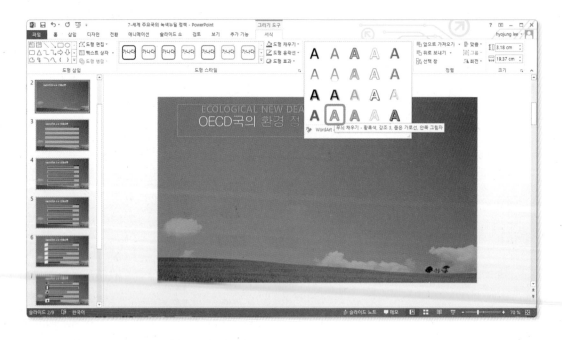

❹ [삽입]-[도형]에서 사각형 도형을 그린 후 높이 1.5cm, 너비 22cm로 설정한다.

❺ [그리기도구]-[서식]-[도형서식]에서 '채우기 흰색배경1, 25% 더 어둡게'를 설정한다.

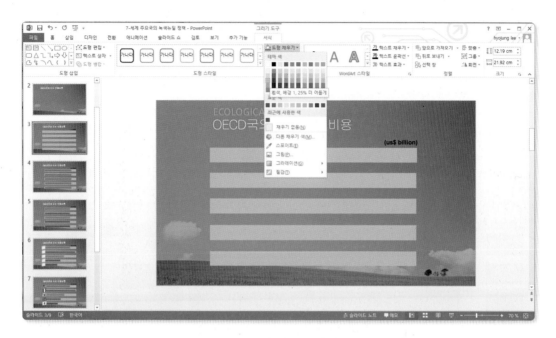

❻ [삽입]-[도형]에서 사각형 도형을 그린 후 높이 1.21cm, 너비 17.4cm로 설정한다.

❼ [그리기도구]-[서식]-[도형서식]-[3차원서식]에서 '아트데코'를 설정한다. '너비 10pt, 높이 6pt, 재질: 부드러운 가장자리, 조명: 네온, 각도 230도'로 설정한다.

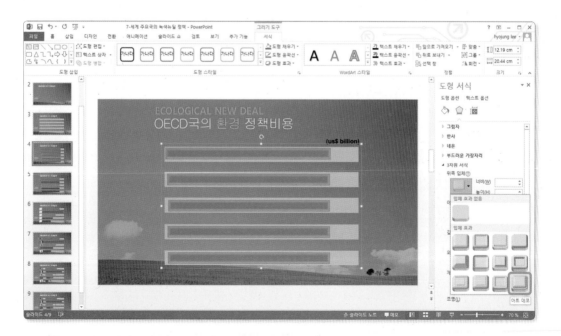

2 막대그래프 색상 바꾸기

❶ [그리기도구]−[서식]−[도형채우기]−[다른 채우기색]을 클릭한 후 [색]−[사용자지정]을 클릭하여 색
상을 변경한다. 막대그래프 색상을 항목별로 바꾸어 구분이 쉽도록 한다.

- 첫 번째 막대: 빨강(0), 녹색(112), 파랑(192)
- 두 번째 막대: 빨강(27), 녹색(88), 파랑(124)
- 세 번째 막대: 빨강(78), 녹색(133), 파랑(66)
- 네 번째 막대: 빨강(96), 녹색(72), 파랑(120)
- 다섯 번째 막대: 빨강(112), 녹색(48), 파랑(160)으로 설정한다.

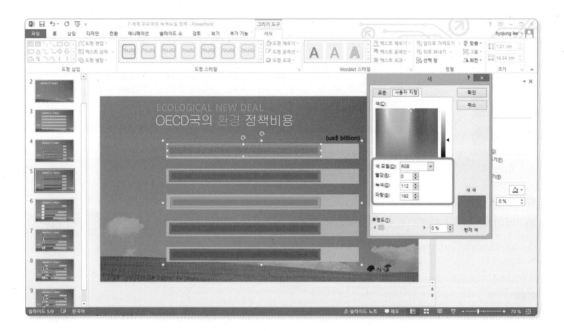

❷ [삽입]−[도형]에서 사각형 도형을 그린 후 높이 2cm, 너비 2.5cm로 설정한다.

❸ [그리기도구]−[서식]−[도형서식]−[3차원서식]에서 '위쪽 둥글게'를 설정한다. '너비 5pt, 높이 2pt,
깊이 흰색, 크기 5pt, 재질: 부드러운 무광택, 각도 20도, 3차원 회전−축분리1 오른쪽으로 설정
한다.

❹ [그리기도구]−[서식]−[정렬]에서 '왼쪽맞춤 정렬'을 설정한다.

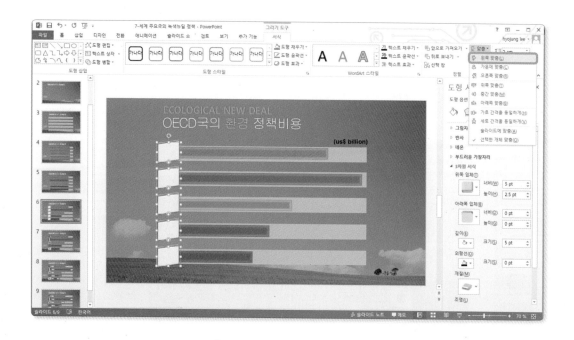

3 텍스트 삽입하기

❶ [그리기도구]−[서식]−[채우기]에서 파일을 선택한 후 미리 저장해둔 파일(미국.jpg, 프랑스.jpg, 한국.jpg, 영국.jpg, 일본.jpg)을 저장한다.

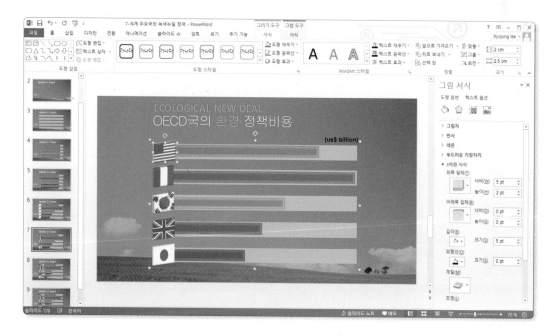

❷ [삽입]−[도형삽입]에서 텍스트상자를 삽입하고, 내용을 입력한다.

❸ [그리기도구]-[서식]-[WordArt 스타일]에서 '채우기 흰색, 윤곽선 강조1, 그림자'를 선택한다.

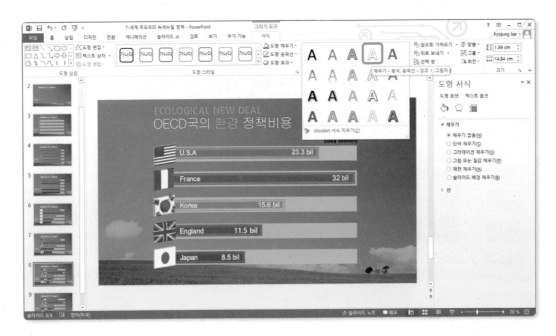

❹ 다음의 그림과 같이 완성한다.

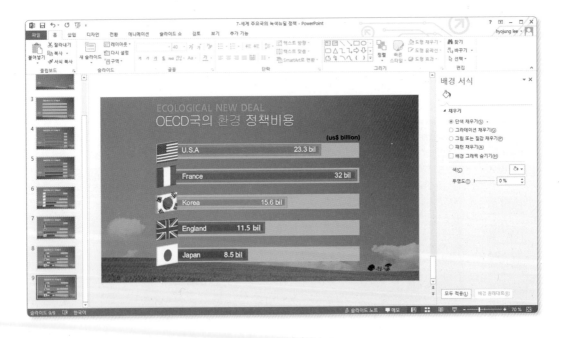

2.3   원형차트 응용하기

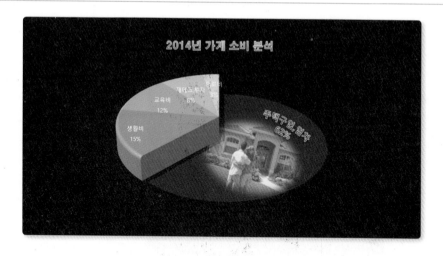

1   차트 삽입하기

❶ [삽입]-[차트]에서 원형 차트를 선택하고 엑셀 창이 나타나면 아래의 데이터를 입력한다.

❷ [차트도구]-[디자인]에서 '스타일 3'을 선택한다.

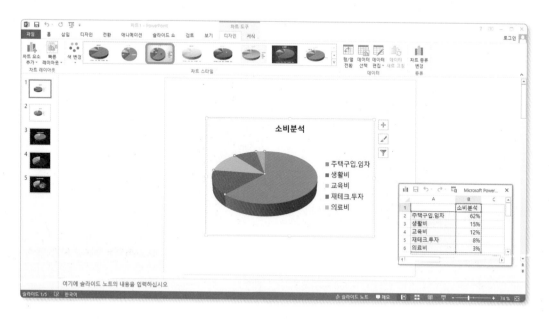

❸ [배경서식]-[채우기]-[단색채우기]에서 검정색으로 선택하고, 범례는 삭제한다.

❹ [차트도구]-[디자인]-[차트요소 추가]-[데이터레이블 서식]의 레이블 옵션에서 값, 지시선 표시를
  선택한다. 레이블 위치에서 '안쪽 끝에'를 선택한다.

❺ 글꼴은 '맑은고딕 14pt', 글자색은 '흰색 배경1'을 선택한다.

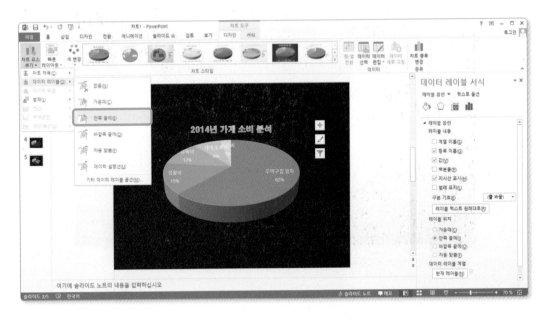

❻ [차트 제목]에서 '2014년 가계소비 분석'을 입력하고 글자 크기 '24pt 글꼴 HY견고딕'을 선택한다.

❼ [차트도구]−[서식]−[워드아트 스타일]에서 '채우기 파랑, 강조1, 윤곽선 흰색'을 적용한다.

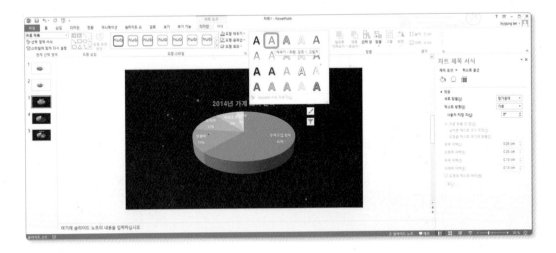

2   그림 삽입하고 편집하기

❶ 주택구입/임차 요소만 채우기색을 '채우기 없음'으로 하고 레이블을 삭제한다.

❷ [차트도구]−[디자인]−[차트요소서식]에서 그림자를 선택한다. 그림자 색은 '바다색, 강조5, 40% 더 밝게, 투명도 80%, 각도 90도, 흐리게 3.15'를 선택한다.

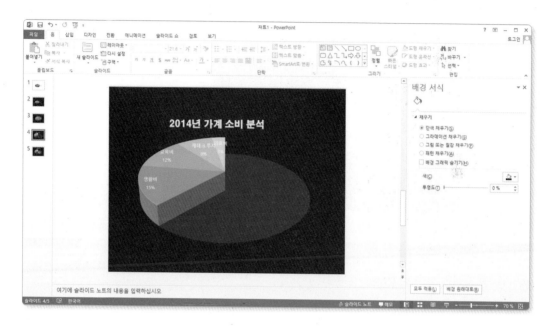

❸ [삽입]−[그림]에서 '주택구입.jpg'를 삽입한다.

❹ [그림도구]−[서식]에서 자르기, 도형에 맞춰 자르기, '타원'을 선택한다.

❺ [서식]−[그림효과]에서 '부드러운 가장자리 25pt'를 선택하고 차트 아래쪽으로 배치한다.

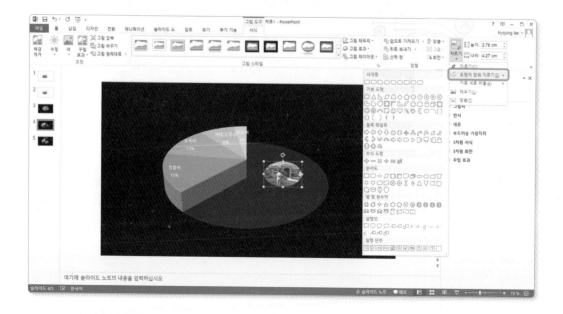

❻ '주택구입/임차 62%'를 입력하고, [서식]-[WordArt 스타일]에서 '채우기 빨강, 강조2, 윤곽선 강조2'
를 선택한다. [서식]-[텍스트 효과]에서 'abc 변환', '위쪽 원호'를 선택하고 회전한다.

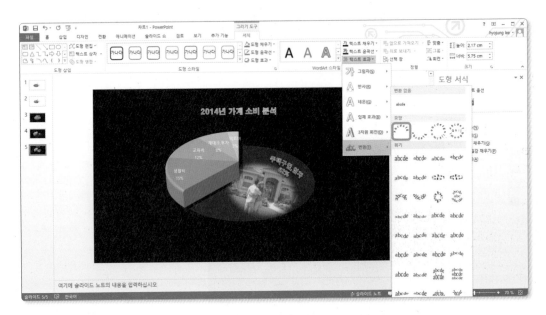

❼ 다음의 그림과 같이 완성한다.

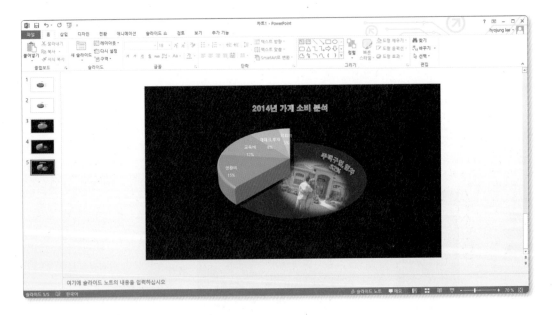

chapter ▶ 08
연 습 문 제

연습문제 1

다음 차트를 완성해보자.

» **작성조건**

❶ [배경서식]에서 '그라데이션 채우기, 선형 위쪽, 270°'를 선택한다.

• 중지점1, 위치 0% 황갈색, 배경2, 10% 더 어둡게, 밝기 −10°

• 중지점2, 위치 80% 황갈색, 배경2, 25% 더 어둡게, 밝기 −10°

• 중지점3, 위치 100% 밤색, 배경2, 75% 더 어둡게, 밝기 −10°

❷ 제목: [그리기도구]−[서식]−[WordArt 스타일]에서 '맑은고딕 40pt, 검정, 텍스트1, 윤곽선−배경1, 진한 그림자−강조1'을 선택한다.

❸ 도형1: [삽입]−[도형]에서 너비 8.73cm, 높이 6.92cm의 모서리가 둥근 사각형을 만든다. [배경서식]에서 '그라데이션 채우기, 선형 위쪽, 270°'를 선택한다.

• 중지점1, 위치 0% 흰색, 배경1

• 중지점2, 위치 35% 흰색, 배경1, 5% 더 어둡게

• 중지점3, 위치 100% 회색 25%, 배경1, 15% 더 어둡게

❹ 도형2: [삽입]−[도형]에서 높이 1.59cm, 너비 6.95cm의 모서리가 둥근 사각형을 만든다.[도형스타일]에서 '강한효과 빨강, 강조2.를 선택한다.

❺ 도형3: [삽입]−[도형]에서 높이 1.28cm, 너비 1.31cm의 모서리가 둥근 사각형을 만든다. [배경서식]에서 '단색채우기 황갈색, 배경2, 90% 더 어둡게'를 선택한다.

❻ **도형4**: [삽입]-[도형]에서 높이 1.28cm, 너비 4.74cm의 모서리가 둥근 사각형을 만든다.

❼ [배경서식]에서 '단색채우기-도형채우기 황갈색, 배경2, 90% 더 어둡게'를 선택한다.

❽ ❺❻을 반복 수행하여 나머지 도형을 만들고 임의의 색을 넣는다.

연습문제 2

다음 차트를 완성해보자.

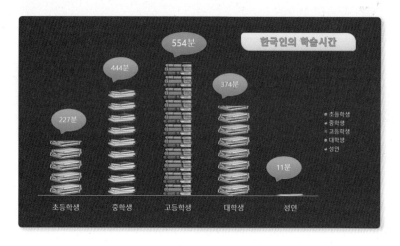

» **작성조건**

❶ [배경서식]-[채우기]에서 단색채우기 'RGB: 60,43,32'를 선택한다.

❷ **제목**: [삽입]-[도형]-[사각형]에서 '대각선 방향의 모서리가 둥근 사각형'을 선택해 너비 10.6, 높이 1.6cm를 만든다. [서식]-[도형스타일]에서 '미세효과-바다색 강조5'를 선택한다.

❸ '한국인의 학습시간'을 입력한 후 [서식]-[WordArt 스타일]에서 '무늬채우기 파랑, 강조1, 50%, 진한그림자-강조1'을 선택한다.

❹ [차트]-[막대차트]를 삽입한 후, 차트스타일 1을 설정한다.

❺ [삽입]-[온라인그림]에서 '책' 이미지를 검색한 후 그림으로 저장한다.

❻ [차트도구]-[서식]-[데이터요소서식]-[채우기]에서 그림 또는 질감 채우기를 선택한 후 저장해놓은 그림파일을 불러온다. 그림을 저장할 때 다음 배율에 맞게 쌓기를 선택한 후 Units/Picture 값을 '50'으로 입력한다.

❼ [삽입]-[도형]-[설명선]에서 타원형 설명선을 삽입한다.

❽ [서식]-[도형스타일]에서 '보통효과 바다색 강조5'와 '보통효과 주황 강조6'을 선택하여 타원형 설명선의 색상을 설정한다. 글꼴은 '맑은고딕, 18pt, 흰색, 배경1'을 선택한다.

연습문제 3

다음 차트를 완성해보자.

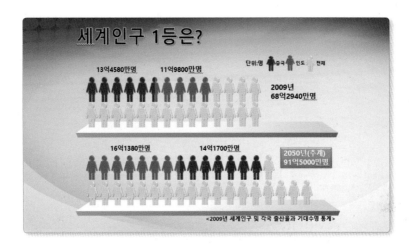

» 작성조건

❶ **제목:** [삽입]−[도형]에서 직사각형을 그린다. 텍스트 내용 '세계인구 1등은?'을 입력하고, [서식]−[Wordart스타일]에서 '그라데이션 채우기: 검정, 윤곽선 흰색, 바깥쪽 그림자'를 적용한다.

❷ [텍스트효과]−[변환]에서 휘기, 사각형을 선택해 제목 텍스트를 완성한다.

❸ [삽입]−[도형]에서 직사각형을 그린다. 높이 2.25cm, 너비 6.31cm를 설정한다.

❹ [그리기도구]−[도형스타일]−[도형채우기]에서 그림 또는 질감채우기를 한다. 저장해놓은 '사람1.png' 파일을 불러온다. '사람1.png'를 삽입한 후 그림을 질감으로 바둑판식 배열을 선택하고, '배율(X) 36%, 배율(Y) 45%로' 선택한다. 도형의 크기를 조절한 후 위치를 잡아준다.

❺ [삽입]−[도형]에서 직사각형 2개를 그린 후 높이 2.25cm, 너비 6.31cm를 설정한다. 2개의 도형에 '사람2.png, 사람3.png'를 각각 불러온 후 ❹번의 작업을 반복 수행하여 차트의 그림을 완성한다.

❻ [삽입]−[도형]에서 사다리꼴을 선택하여 그린다. 높이 1.2cm, 너비 24.67cm로 설정한다. '채우기 단색, 흰색 배경1, 25% 더 어둡게'를 선택한다.

❼ [도형서식]−[3차원서식]에서 '깊이−검정, 텍스트1, 35% 더 밝게, 크기−20pt'를 설정한다. 새질은 '부드러운 무광택, 조명−세점'을 선택한다. [도형서식]−[3차원회전]에서 'Y회전(Y): 324.8도'로 설정한다.

❽ 텍스트상자를 이용해 글을 입력한 후 '맑은고딕 16pt'를 설정한다. 나머지는 그림과 같이 완성한다.

연습문제 4

다음 차트를 완성해보자.

» **작성조건**

❶ [배경서식]−[채우기]에서 '그라데이션채우기, 종류: 선형, 선형아래쪽, 90도'를 지정한다.

- 중지점1, 위치 0%, 진한파랑, 텍스트 2, 투명도 45%
- 중지점2, 위치 28% 진한파랑, 텍스트 2, 80% 더 밝게, 투명도 25%, 밝기 80%
- 중지점3, 위치 83% 진한파랑, 텍스트 2, 투명도 25%, 밝기 80%
- 중지점4, 위치 100% 진한파랑, 텍스트 2, 투명도 −25%를 선택한다.

❷ **제목**: [삽입]−[온라인그림]에서 '지구' 그림을 가져온다. [그림도구]−[서식]−[조정]−[색]에서 '바다 색, 밝은 강조5'를 선택한다.

❸ [삽입]−[도형]에서 '대각선 방향의 모서리가 둥근 사각형'을 삽입한다. [서식]−[도형스타일]에서 '미 세효과 바다색 강조5'를 선택한다.

❹ 'OECD 회원국 근로시간'을 입력한 후 [서식]−[WordArt 스타일]에서 '그라데이션 채우기 바다색 강 조1, 반사'를 선택한다.

❺ [삽입]−[도형]에서 '모서리가 둥근 사각형'을 삽입한 후 높이 2cm, 너비 25.6cm를 설정한다. 같은 모양의 도형을 5개 복사한다. [서식]−[도형스타일]에서 '강한효과−파랑 강조1'과 '강한효과−주황 강조6'을 각각 선택하여 색을 채운다.

❻ [삽입]−[도형]에서 '타원'을 삽입한 후 높이 2cm, 너비 2.2cm를 설정한다.

❼ [그림도구]−[서식]에서 채우기, 그림 또는 질감채우기, 각 나라별 국기 파일을 불러온 후 그림을 채운다(오프셋 왼쪽 5%, 오프셋 오른쪽 5%).

❽ [삽입]-[도형]에서 '모서리가 둥근 사각형'을 삽입한 후 높이 1.61cm, 너비 2.95cm를 설정한다. [서식]-[도형스타일]에서 '색 윤곽선-바다색 강조5'를 설정한다.

❾ '1위, 2위...'를 입력한 후 [서식]-[WordArt 스타일]에서 '채우기 흰색, 윤곽선 강조1, 그림자'를 선택한다.

❿ [삽입]-[도형]에서 '모서리가 둥근 사각형'을 삽입한 후 높이 1.61cm, 너비 6.8cm를 설정한다. [서식]-[도형스타일]에서 '색 윤곽선 바다색 강조5'를 설정한다.

⓫ '2,237...'를 입력한 후 [서식]-[WordArt 스타일]에서 '채우기 흰색, 윤곽선 강조1, 그림자'와 '채우기 빨강, 강조2, 윤곽선 강조2'를 선택한다.

⓬ [삽입]-[도형]에서 '폭발2'를 삽입한다. [서식]-[도형스타일]에서 '밝은색1 윤곽선, 색채우기 자주 강조4'를 설정한다.

⓭ '네덜란드 1.6배'를 입력한 후 [서식]-[WordArt 스타일]에서 '채우기 흰색, 윤곽선 강조1, 그림자'를 선택한다.

chapter

09

애니메이션을 활용한 슬라이드

학습목표

고급 애니메이션에서는 애니메이션 기본 기능을 이용하여 활용도가 더 높은 애니메이션 동작들을 살펴본다. 애니메이션은 모든 곳에 적용하는 것보다 키 포인트가 되는 곳에 1~2개 넣는 것이 더 효과적인 프레젠테이션을 할 수 있다. 다양한 애니메이션 활용도를 살펴보자.

01 트리거 이동경로 효과

트리거 기능을 이용하여 지도의 경로를 따라 애니메이션 효과를 넣어보자.
동작 순서는 지도(확대/축소) → 경로보기(위로 올리기) → 경로(시계방향회전) → 자동차(닦아내기)
→ 자동차(경로보기 클릭 시 경로 따라 이동경로) 순서대로 움직이되 시작은 클릭과 '이전효과 다음
에'를 적당히 추가한다.

1.1 자유형을 이용한 경로 그리기

자동차가 도로를 따라 이동할 수 있도록 자유형 개체로 경로를 만들어 보자.

❶ 지도에서 공덕역～신길역～노량진역～동작역～반포대교～녹사평역～삼각지역～공덕역의 경로
를 따라 도형의 [자유형]을 이용하여 그린다. 선색은 '진한빨강, 선굵기 41/2'로 지정한다.

❷ [삽입]-[온라인그림]-[Office.com 클립아트]를 이용하여 자동차 이미지를 검색하여 추가한다.

❸ [서식]-[선택 창]을 열어 개체들의 이름을 모두 표시한다. TextBox → 경로보기, 그림 → 자동차,
자유형 → 경로, image1 → 지도로 모두 이름을 표시한다. [선택 창]은 개체들이 겹쳐 있을 때 유
용하게 사용할 수 있다. 오른쪽의 눈( ) 모양을 클릭하면 개체가 숨겨지므로 애니메이션을 적용
할 때 매우 유용하다.

❹ '지도'에 [나타내기]-[확대/축소] 애니메이션을 추가하고 이어서 '경로 보기'가 [올라오기]로 나타난다.

❺ 클릭하면 '경로'에 [나타내기]-[시간방향 회전] 애니메이션을 추가하고 이어 '자동차'가 [왼쪽에서],
[닦아내기]로 애니메이션 효과를 적용한다.

1.2 트리거를 사용한 이동경로 효과 적용

트리거는 특정 개체를 클릭했을 때 다른 개체에 애니메이션 효과가 적용되게 하는 것이다. "경로 보기" 버튼을 클릭하여 자동차가 움직이는 애니메이션을 적용해 보자.

❶ '경로보기'를 클릭하면 자동차가 경로에 따라 움직이게 하기 위해 '자동차'에 [이동경로]−[사용자지정] 애니메이션을 넣어 경로를 그린다.

❷ '자동차' 애니메이션을 선택한 후 [트리거]−[클릭할 때]−[경로보기]를 선택한다.

❸ 움직임이 자연스럽게 재생시간을 적당히 조절해보자.

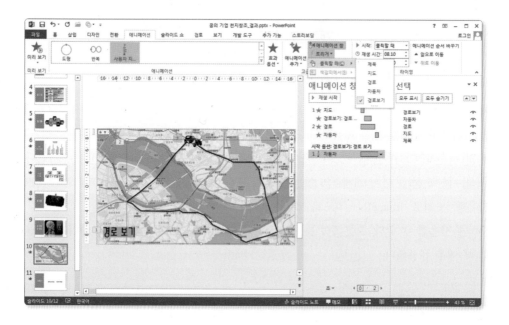

1.3 움직이는 경로 따라 방향 바꾸기

자동차를 움직이는 경로에 따라 방향을 바꾸어가며 이동경로를 적용해보자.

❶ 이동경로를 이용하여 방향이 바뀌는 지점까지 이동한다.

❷ 이동경로를 추가하여 다음 방향까지 이동시켜 방향을 옮겨준다. 계속 반복한다.

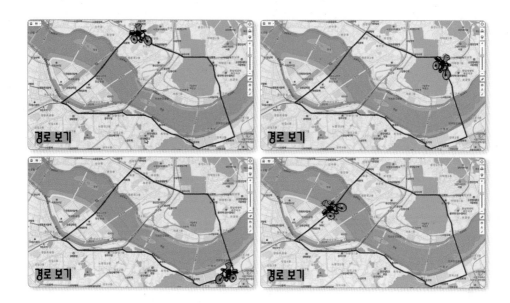

🖐 TIP 선택 창

슬라이드를 모두 작성한 후 애니메이션 효과를 넣을 때 실행 순서를 변경해야 하는 경우, 또는 겹쳐져 있는 도형 중 뒤쪽에 있는 도형을 선택하는 경우에 불편함이 따른다. 이때 선택 창을 이용하면 쉽게 순서를 변경하거나 선택하는 것이 쉽다.

도형을 선택하면 [그리기 도구]-[서식]-[정렬]-[선택 창]이 있다.

선택 창에서는 도형의 순서를 변경할 수도 있고 앞쪽에 있는 도형을 눈(👁) 모양을 클릭하면 감추기를 할 수 있으므로 도형 선택도 쉽게 할 수 있다.

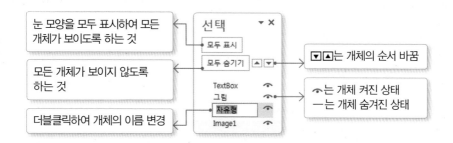

02 텍스트 컬러타자 효과

텍스트에 색상변화, 컬러타자 효과 등 더 다양한 효과를 적용해보자. 2003에서 지원되던 많은 효과들이 2010, 2013 버전에서 많이 사라졌다. 그럼에도 불구하고 타자 효과는 많이 사용되고 있다.

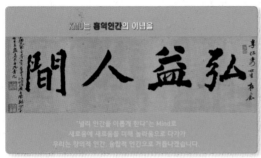 

동작순서는 그림1(흩어뿌리기, 나타내기) → TexBox1(휘리릭, 나타내기) → Textbox1(휘리릭, 끝내기) → TextBox2(늘이기) → TextBox4(나타내기) → TextBox3(날아오기) 순서로 지정한다.

2.1 문자 사이 지연값을 이용한 텍스트 효과

문자 사이 지연은 문자가 재생되는 속도를 조절할 수 있다. 빠르게 재생되게 하려면 낮은 숫자값을, 속도를 느리게 하기 위해서는 높은 값을 적용한다.

❶ 그림1에 [나타내기]–[흩어뿌리기]를 적용한다. 시작은 '이전 효과 다음에', 지연은 1초로 지정한다.

❷ TextBox1에 [나타내기]–[휘리릭]을 적용한다. '문자 사이 지연'을 100%, 재생시간을 0.08초로 지정한다.

❸ TextBox1에 [끝내기]–[휘리릭]을 적용한다. '문자 사이 지연'을 100%, 재생시간을 0.08초로 지정한다.

❹ TextBox2에 [나타내기]–[늘이기]를 적용한다. '문자 사이 지연'을 100%, 재생시간을 0.1초로 지정한다.

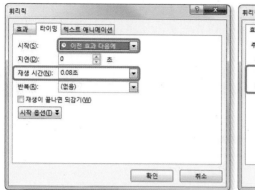
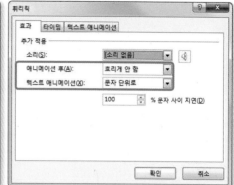

2.2 문자 단위로 동작되는 텍스트 효과

텍스트 애니메이션은 3가지 방법으로 애니메이션을 동작할 수 있다. 1)한꺼번에, 2)단어 단위로, 3)문자 단위로 이다. 문자 단위로 지정하면 한 문자 한 문자 애니메이션이 동작된다.

❶ TextBox4에 [나타내기]−[늘이기]를 적용한다. 텍스트 애니메이션을 '문자 단위로', 문자사이 지연은 100%, 재생시간은 0.08초, 시작은 '이전 효과 다음에'로 설정한다.

❷ TextBox3에 [나타내기]−[나타내기]를 적용한다. 텍스트 애니메이션을 '문자 단위로', 문자 사이 지연값을 '0.1초'로 설정하고, 시작은 '이전 효과 다음에'로 설정한다.

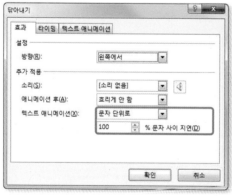
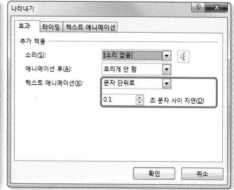

03   차트에 닦아내기 효과

애니메이션 효과는 그림의 방향이나 모양 등을 고려하여 효과를 적용하는 것이 좋다. 차트나 텍스트 방향에 따라 다음 순서대로 진행되도록 애니메이션 효과를 넣어보자.

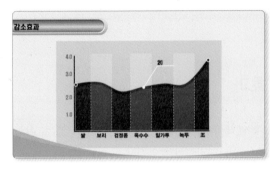 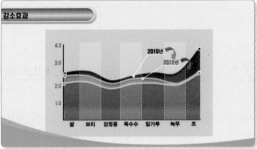

동작순서는 Group36(닦아내기, 위에서) → Freeform54(닦아내기, 왼쪽에서) → TextBox51(닦아내기, 왼쪽에서) → AutoShape64(닦아내기, 위에서)로 지정한다. 모든 효과의 시작은 '이전효과 다음에'로 지정한다.

3.1   닦아내기를 이용한 차트 애니메이션 효과

차트는 모양에 따라 효과를 다르게 지정해야 한다. 위 차트를 닦아내기 효과를 적용하여 애니메이션을 적용해보자.

❶ Group36에 [닦아내기, 위에서]를 지정하고 '이전효과 다음에'를 지정한다.

❷ Freeform54에 [닦아내기, 위에서]를 지정하고 '이전효과 다음에'를 지정한다.

❸ TextBox51에 [닦아내기, 위에서]를 지정하고 '이전효과 다음에'를 지정한다.

❹ AutoShape64에 [닦아내기, 위에서]를 지정하고 '이전효과 다음에'를 지정한다.

❺ Group35, Freeform35, TextBox52, AutoShape65에도 1~4와 같이 반복한다.

❻ Group34, Freeform56, TextBox53에도 1~4와 같이 반복한다.

❼ Group35와, Group34에는 지연시간을 각각 0.5초씩 부여한다.

❽ 그룹3에 [나타내기]-[밝기변화]를 적용한다. 시작은 '클릭할 때'로 지정한다.

❾ 그룹3에 [강조]-[펄스]를 적용하고, '이전효과 다음에'로 지정한다.

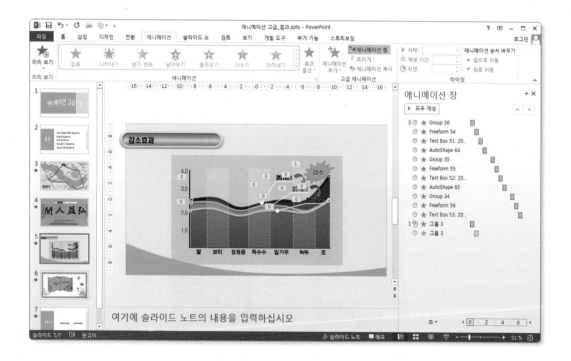

04 책장 넘기기 효과

책장넘기기 효과는 [붕괴]와 [늘이기] 효과를 이용하여 책장이 넘어가는 효과를 적용할 수 있다. 나비의 날갯짓도 이 효과를 이용해서 자연스럽게 할 수 있다. 동작은 클릭할 때마다 1페이지씩 넘어가도록 한다.

4.1 페이지 정렬하기

순서대로 책이 넘어가게 하기 위해서는 먼저 책의 페이지들을 잘 나열해야 한다.

❶ 왼쪽에는 맨 밑에 있는 페이지가 1페이지부터 시작되면 홀수페이지로 나열한다. 오른쪽에는 첫 페이지부터 시작하여 맨 위에서 2페이지부터 짝수 페이지로 나열한다.

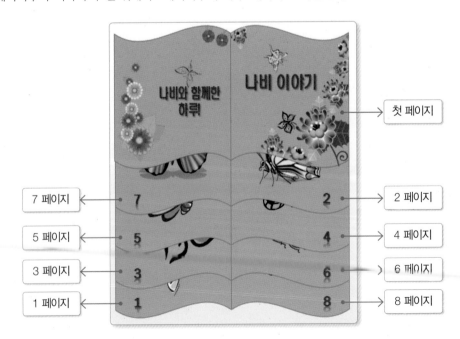

4.2 붕괴, 늘이기를 이용한 책장 넘기기 효과

붕괴와 늘이기 애니메이션을 이용하여 책장 넘기는 효과를 적용해보자.

❷ 모든 개체를 선택한 후 [그리기 도구]–[서식]–[정렬]–[아래쪽 맞춤]을 하여 모든 페이지가 겹쳐지게 한 후 슬라이드 내부에 적당히 위치시킨다.

❸ [선택 창]을 열어 그룹0~그룹8까지 순서대로 짝수만 선택한 후 [끝내기]–[붕괴]를 선택한다. 효과 옵션은 '왼쪽으로'를 지정한다.

❹ [선택 창]에서 그룹1~그룹9까지 순서대로 홀수만 선택한 후 [나타내기]–[늘이기]를 선택한다. 효과 옵션은 '오른쪽에서'를 지정한다.

❺ 애니메이션 창에서 그룹0~그룹9까지 순서를 재배치한다.

❻ 그룹0~그룹8까지 짝수는 시작을 '클릭할 때', 홀수는 '이전효과 다음에'로 지정한다.

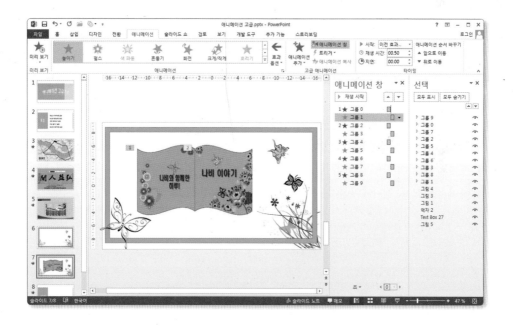

05   표 고급 애니메이션 효과

표에서는 일반적으로 그림 개체와 같이 애니메이션 된다. 특히 텍스트가 많은 표에서는 시선을 집중시키기가 쉽지 않다. 이때 설명하는 부분을 돌출시켜 텍스트를 크게 잘 보이게 하는 것이 효과적이다.

 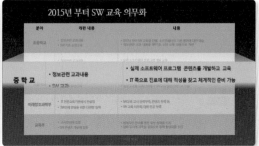

❶ 사다리꼴 개체를 [나타내기]-[닦아내기], 효과옵션은 '위에서'를 지정한다. 시작은 '클릭할 때'로 시작하여 클릭할 때 애니메이션이 시작되게 한다. 재생시간은 1초로 지정한다.

❷ 표4 개체도 [나타내기]-[닦아내기], 효과옵션은 '위에서'를 지정한다. 시작은 '이전효과 다음에'로 시작하여 자동으로 애니메이션이 시작되게 한다. 재생시간은 1초로 지정한다.

06   텍스트와 이동경로 효과

텍스트에 이동경로 효과를 적용하여 영화의 엔딩 장면과 같은 효과가 나도록 애니메이션을 적용해보자.

동작순서는 T,Q,&,A(이동경로) → 텍스트(닦아내기) → TKU(강조, 깜빡이기) → 모두(끝내기, 밝기변화) → 모두(나타내기, 떨어지기) → 모두(강조, 색칠하기)로 한다.

6.1   작업영역 바깥 부분 이용하기

슬라이드의 작업영역 외에 바깥 부분은 애니메이션을 동작할 때 주로 이용한다. 화면 바깥에서부터애니메이션이 시작되어 화면 안으로 들어오게 할 때 작업영역 바깥 부분을 이용한다.

❶ T,Q,&,A를 선택하여 슬라이드 바깥으로 오른쪽으로 이동한다. 이때 Ctrl + 스크롤을 이용하여슬라이드 화면을 축소하여 작업을 수행한다.

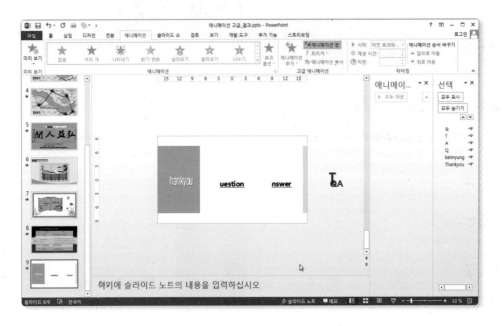

❷ T,Q,&,A 텍스트 상자에 [애니메이션]-[이동경로]-[선]을 선택한다. 효과옵션은 '왼쪽'을 선택하여 빨간색 화살표 지점을 선택하여 각각 텍스트를 제자리로 이동한다. 이때 Shift 키를 누르면 왼쪽으로 바르게 이동하며, 옮겨지는 자리를 볼 수 있기 때문에 쉽게 이동이 가능하다.

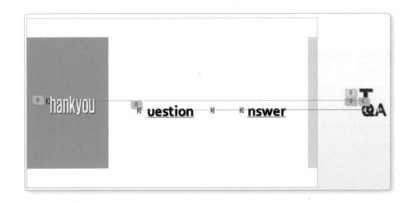

❸ 나머지 텍스트 상자에는 [나타내기]-[닦아내기]를 선택한다. 효과옵션은 '왼쪽에서'를 적용하고 시작은 '이전효과 다음에'를 지정한다. 따라서 순서는 T,Q,&,A가 함께 나타나고 이어 3개의 텍스트 상자가 함께 나타나도록 순서를 지정한다.

❹ T,Q,&,A 텍스트에 [강조]-[깜빡이기]를 3번 적용한다. 3개는 한꺼번에 애니메이션 되게 하되 [강조]의 첫 번째는 '이전효과 다음에' 동작되도록 한다.

6.2 텍스트 나타내기 후 끝내기 효과 추가하기

텍스트 애니메이션을 이용할 때는 주로 애니메이션 효과를 다양하게 적용한다. 나타내기를 한 후 끝내기를 적용하거나 이동경로를 적용할 수 있다. [나타내기]-[강조]가 끝난 후 바로 끝내기 효과를 적용해보자.

❶ 모든 텍스트에 [끝내기]-[밝기 변화]를 적용하여 모두 한꺼번에 텍스트가 사라지도록 설정한다. 이때도 [애니메이션 추가]에서 지정한다. [끝내기] 애니메이션은 한꺼번에 애니메이션 되게 하되 [끝내기] 효과의 첫 번째는 '이전효과 다음에' 동작되도록 한다.

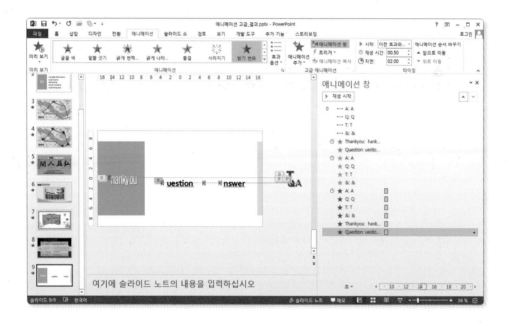

❷ 모든 텍스트에 [나타내기]-[떨어지기] 효과를 추가한다. 모두 '이전효과와 함께'로 재생되게 하되 첫 번째는 '이전효과 다음에'로 지정한다. 〈Thankyou〉와 〈Question〉 텍스트는 재생시간을 0.3초로 하고 시작은 '이전효과 다음에'로 지정한다.

❸ 모든 텍스트에 [강조]-[색칠하기], 효과옵션 '주황색'으로 지정한다. 모든 [강조] 애니메이션에 효과가 동시에 진행되게 하되 첫 번째는 '이전효과 다음에'로 지정한다.

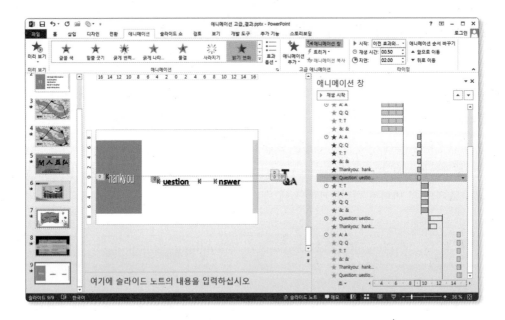

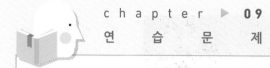

연습문제 1

다음 2개의 슬라이드를 조건에 맞춰 또는 결과파일과 비슷한 모양으로 재생되게 애니메이션을 적용 해 보자.

슬라이드 1

Happy New Year!

슬라이드 2

» **작성조건**

❶ 음악은 Sleep Away.mp3 파일을 추가하고 음악이 계속해서 모든 슬라이드에 배경으로 반복적으로 흘러나오게 한다.

❷ 슬라이드는 1번에서 2번으로 15초 후에 자동으로 넘어가게 하고 2번에서 1번으로 20초 후에 자동으로 넘어가게 지정하여 슬라이드 1과 2가 계속 반복하게 한다.

❸ 모든 애니메이션은 시작을 '이전 효과와 함께'로 지정하고 지연시간을 이용하여 비슷한 순서로 동작되게 한다.

» **슬라이드 1**

애니메이션 적용

❶ '달'

- [강조]–[흔들기] 애니메이션 적용
- 처음부터 슬라이드가 끝날 때까지 반복하여 애니메이션이 진행
- 재생시간 3초

❷ '별'

- [강조]–[펄스] 애니메이션 적용
- 처음부터 슬라이드가 끝날 때까지 반복하여 애니메이션 진행
- 재생시간 0.5초
- 지연은 0초, 0.5초, 0.75초, 1.5초를 각각 번갈아가며 적용

❸ '포인트가 12개인 별'

- [강조]–[회전] 애니메이션 적용
- 처음부터 슬라이드가 끝날 때까지 반복하여 애니메이션 진행
- 지연을 2초, 4초, 6초씩 두어 진행, 재생시간: 5초, 시계방향 360°, 시계반대 방향 360°

❹ '나뭇잎'

- [나타내기]–[밝기변화] 애니메이션 적용
- 오른쪽부터 왼쪽 순서대로 진행
- 재생시간 1초
- 각각 지연은 0.3초씩 간격 둘 것

❺ '2014'

- 흰색 글씨는 [나타내기]–[밝기변화] 애니메이션 적용
- 재생 시간 0.5초, 지연 4초 적용
- 빨강색 글씨는 [나타내기]–[닦아내기] 애니메이션 적용
- 재생시간 4초, 지연 4초 적용

❻ 슬라이드 전환은 시작 후 15초 지난 후에 다음 페이지로 자동으로 넘어간다.

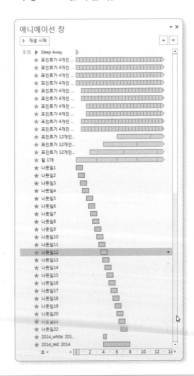

» 슬라이드 2

애니메이션 적용

❶ '포인트가 12개인 별'

- 슬라이드1과 동일하게 적용

❷ '달'

- [끝내기]−[밝기 변화] 애니메이션 적용
- 재생시간 3초, 지연 2초 적용

❸ '해'

- [나타내기]−[밝기변화] 애니메이션 적용
- 재생시간 3초, 지연 2초 적용
- [강조]−[회전] 애니메이션 적용
- 재생시간 5초, 지연 4초 적용

❹ '나뭇잎'

- [끝내기]−[밝기변화] 애니메이션 적용
- 오른쪽부터 왼쪽 순서대로 진행
- 재생시간 1초
- 각각 지연은 0.3초씩 간격 둘 것

❺ '직사각형' (배경)

- [끝내기]−[닦아내기] 애니메이션 적용, 효과옵션은 '오른쪽에서' 적용
- 오른쪽부터 왼쪽 순서대로 진행
- 재생시간 10초, 지연 0초

❻ 'happy new year' 텍스트

- [나타내기]−[닦아내기] 애니메이션 적용, 효과옵션은 '왼쪽에서' 적용
- 재생시간 4초, 지연 8초

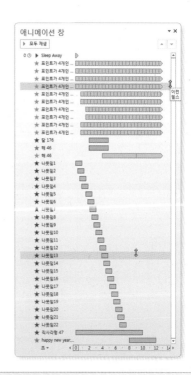

» 슬라이드 자동 전환

슬라이드마다 자동으로 다음 슬라이드로 진행할 수 있다.

❶ [슬라이드쇼]─[슬라이드쇼 설정]에서 'Esc 키를 누를 때까지 계속 실행'에 체크한다.

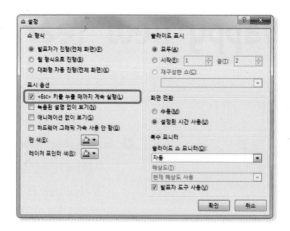

❷ 슬라이드 1은 애니메이션 창을 보면 전체 애니메이션이 8초쯤에서 끝이 난다. 그래서 [전환]─[타이밍]─[화면전환]에서 '마우스를 클릭할 때'는 체크를 해제하고, 다음 시간 후에 체크한 '15초'로 지정한다.

Part 3

프레젠테이션
기획하기

프레젠테이션 이해하기

학습목표

성공적인 프레젠테이션 작성을 위한 몇 가지 규칙과 이상적인 프레젠테이션에 대해 알아보자. 프레젠테이션의 첫 번째 단계인 기획에서부터 청중들이 만족하는 정보전달 방법과 슬라이드의 각 구성요소들의 역할과 특성들을 다루게 된다.

01 프레젠테이션 준비하기

이 장에서는 성공적인 프레젠테이션 작성을 위한 몇 가지 규칙과 이상적인 프레젠테이션에 대해 설명한다. 프레젠테이션의 첫 번째 단계인 기획에서는 제작하고자 하는 프레젠테이션의 용도를 정확하게 분석한 후 이에 맞게 기획해야 한다.

1.1 프레젠테이션 4대 프로세스

프레젠테이션은 발표자와 청중의 상호작용으로 형성되는 커뮤니케이션 과정으로, 크게 기획(Content), 디자인(Visual), 발표(Delivery), 발표자 이미지(Presenter Image)의 4단계가 필요하다. 전달하고자 하는 이야기를 구성하고, 시각적으로 표현한 후 청중을 고려한 이미지 연출과 발표 진행 모두 성공 프레젠테이션을 위한 중요 요소다. 실제 프레젠테이션에서는 청중의 이익을 논리적으로 제시하고, 상호작용 방식으로 스토리를 전개한다. 발표자의 일방적인 정보전달은 곤란하다. 일방적으로 진행하면 청중은 수동적인 태도로 일관하며, 의사결정에 참여하지 않는다. 그러므로 발표자의 이미지 또한 프레젠테이션에서 매우 중요한 요소다.

❶ 기획(Content)

프레젠테이션에서 기획은 가장 먼저 준비해야 하는 단계이며, 프레젠테이션의 전체적인 계획을 세우는 단계다. 프레젠테이션 목적에 따라 컨셉(Concept)을 만들어가는 과정이라 할 수 있다. 만일 기획에서 충분한 준비를 하지 않고 슬라이드를 만드는 작업부터 한다면 그것은 승객이 다 타기도 전에 버스를 출발시키는 것과 같다. 기획단계에서는 3P분석, 레이아웃 설계, 문자계획, 색채계획, 스토리보드 등과 함께 전체 일정에 대해 철저한 기획서가 만들어져야 한다. 만약 프레젠테이션 기획단계에서 철저한 준비가 되지 않으면 원하는 목표를 달성하기 어렵다.

❷ 디자인(Visual)

프레젠테이션에서 디자인은 비주얼(Visual)화라 말할 수 있다. 이러한 프레젠테이션에서 비주얼을 사용하는 목적은 청중에게 흥미를 주고, 이해를 촉진하며, 시간을 절약하고, 기억에 오래 남기려고 하는 것이다. 사람의 오감 가운데 시각이 가장 많은 정보를 흡수하는 기관이다. 만약 이러한 시각적 자료를 사용하지 않고 단지 청중의 청각에만 호소한다면 청중은 3시간 후에는 들은 내용의 70%를 기억하지만 3일 후에는 겨우 10%밖에 기억하지 못한다. 단지 시각에만 호소할 경우 각기 72%와 20%가 된다. 그러나 시각과 청각 양쪽을 사용하면 기억률은 85%와 60%가 된다. 이처럼 비주얼을 사용하여 프레젠테이션하는 것이 청중의 이해도와 기억률을 훨씬 높일 수 있다. 그러므로 디자인 과정은 파워포인트와 같이 프레젠테이션을 제작할 수 있는 도구를 사용하여 청중의 이해를 돕기 위한 시각적 자료를 만드는 과정이라 할 수 있다.

❸ 발표(Delivery)

프레젠테이션은 사람과 사람 사이의 커뮤니케이션이다. 그러므로 아무리 좋은 기획과 잘 만든 디자인을 보여주어도 발표자가 청중에게 정보를 효과적으로 전달하지 못하면 프레젠테이션은 성공할 수 없다. 발표자의 표정, 태도, 말투에서 청중은 성실하고 신뢰할 수 있는 사람인지를 판단한다. 그러므로 발표자는 밝은 표정과 예의바른 태도, 적절한 언어의 사용 등으로 청중의 눈과 귀를 자극해야 한다. 청중과 눈을 맞추면 진실을 말하고 있다는 것을 전할 수 있고, 청중의 현재 감정을 살펴볼 수 있다.

최고의 발표자는 자기가 하고 싶은 이야기에 20%의 시간을, 상대가 듣고 싶은 이야기에 80%의 시간을 사용한다. 프레젠테이션은 발표자와 청중 간의 양방향 커뮤니케이션임을 잊지 않아야 한다. 결과적으로 성공하는 프레젠테이션은 청중과 눈을 맞추며 서로 교감하고 상호작용하는 과정에서 실현된다.

❹ 발표자 이미지(Presenter Image)

프레젠테이션이 진행되는 동안 청중의 시선은 무대 위의 발표자를 향한다. 이때 청중에게 기억되는 발표자의 모습을 '발표자 이미지(Presenter Image)'라 한다. 발표자는 말뿐 아니라 여유로운 표정과 웃는 얼굴로 진행하며, 손짓, 몸짓, 제스처 등도 자연스럽게 사용해야 한다. 또한 발표자는 움직이는 동선과 청중에 대한 시선 교환까지 치밀하게 준비되어 프레젠테이션에 임해야 한다. 발표자의 의상은 최대한 단정히 입고, 프레젠테이션 디자인 컨셉에 맞는 포인트를 주는 것도 좋은 발표자 이미지로 기억될 수 있다.

1.2 프레젠테이션의 준비 프로세스

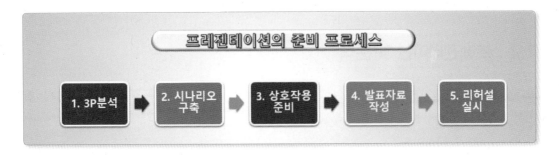

❶ 3P분석

프레젠테이션의 3P는 청중(People), 목적(Purpose), 환경(Place)의 첫 글자를 합친 단어다. 3P 분석은 누구를 향해 어떤 목적으로 어떤 장소에서 프레젠테이션을 하는지 전체적으로 전망할 수 있다. 프레젠테이션 준비 프로세스의 첫 번째 단계이며, 정확하게 분석되지 않으면 심각한 오류가 생길 수 있다.

❷ 시나리오 구축

3P의 분석결과를 토대로 무엇으로부터 시작하여 어떻게 끝낼 것인지 시나리오를 작성한다.

❸ 상호작용 준비

시나리오 구축을 통해 청중과의 상호작용을 준비한다. 이러한 상호작용 준비 과정이 필요한 이유는 성공하는 프레젠테이션은 청중을 적절히 통제하면서 서로 교감하는 것이다. 그러므로 상호작용 준비 과정을 통해 청중의 적극적인 관여를 유도하며, 예상하지 못한 일에 대한 임기응변적인 대응을 준비할 수 있다. 아울러 원활한 커뮤니케이션을 준비할 수 있다.

❹ 발표자료 작성

발표자료 작성에 있어서는 발표자료와 배포자료를 구분하여 준비한다. 발표자가 이야기를 하는 도중에 청중은 필기도구를 꺼내 메모를 시작한다. 이러한 현상은 청중의 적극적인 참여로 보일 수 있다. 그러나 메모를 시작하는 순간 발표자의 이야기를 경청할 수 없을 뿐 아니라 시선 교환 또한 이루어지지 않는다. 프레젠테이션은 단순히 지식을 전달하는 과정이 아니다. 또한 발표자료를 프레젠테이션 시작 전에 배포하면 이 또한 청중과 시선을 마주칠 수 없다. 그러므로 발표자료와 배포자료는 구분하여 준비해야 한다.

❺ 리허설 실시

실제 상황을 가정하고 리허설을 준비한다. 리허설에는 3단계가 있다. 첫째, 전체를 보고 이야기하는 단계다. 시나리오 검증과 논리적 검증, 언어 사용과 적절한 표현을 검증하는 단계다. 둘째, 비언어에 주의하며 리허설한다. 말의 속도 검증, 목소리 크기 검증, 제스처 검증, 시선처리 등을 검증한다. 셋째, 비주얼 기기를 사용하여 리허설한다. 이 단계에서는 기기 조작 검증, 제시할 타이밍 검증, 설명 순서 검증, 청중의 시야 검증 등을 점검한다.

1.3   프레젠테이션 3P분석

프레젠테이션을 성공적으로 기획하기 위해서는 언제, 어디에서, 누구를 위해, 어떤 내용을 발표할 것인지 점검하고 분석해야 한다. 이를 프레젠테이션의 '3P분석'이라 한다.

❶ 청중(People)

청중은 누구인가? 프레젠테이션은 청중을 대상으로 하는 '일:다수'의 커뮤니케이션이다. 프레젠테이션을 할 때 최우선으로 고려해야 하는 요소가 청중이다. 만약 청중 수준에 비해 지나치게 전문적이거나, 발표 내용이 현실과 동떨어진 내용이라면 청중의 관심을 잃게 된다. 프레젠테이션 대상의 성향과 수준을 고려하여 프레젠테이션을 제작해야 하는 것은 물론 발표자 역시 말의 빠르기, 사용 단어, 옷차림 등을 신중하게 선택해야 한다.

❷ 목적(Purpose)

프레젠테이션의 목적은 무엇인가? 프레젠테이션은 목적을 갖고 내용을 전달하거나 설득하기 위한 행위다. 만약 발표자의 목적과 청중의 목적이 다르다면 어떻게 될까? 어떤 프레젠테이션에서나 일어날 수 있다. 발표자는 제품의 사양과 기술력을 알려주고 싶은 것이 목적이다. 그러나 청중은 그 제품을 선택했을 때 자신에게 돌아올 이익이 궁금하다면 발표자와 청중의 목적은 다른 것이 된다. 그러므로 발표자는 프레젠테이션을 통해 청중에게 전달하려는 내용이 무엇인지 정확하게 파악하여 정확한 목적과 방향성을 제시할 수 있도록 프레젠테이션을 기획해야 한다.

프레젠테이션의 목적에 따라 제안형 프레젠테이션, 설명형 프레젠테이션, 동기부여형 프레젠테이션, 오락형 프레젠테이션으로 나눌 수 있다.

프레젠테이션의 본실이나 폭식을 파악힐 경우에는 단순히 표면적이고 일시적인 것보다는 진정 고객이 원하는 것이 무엇인지 거시적 관점에서 보아야 한다. 그런 다음에는 처음부터 끝까지 프레젠테이션의 목적을 잊지 않아야 한다.

👆 TIP

프레젠테이션의 목적 분석

프레젠테이션 유형	비중
정보전달	%
설득	%
동기부여	%
엔터테인먼트	%
합계	100%

출처: 프레젠테이션의 목적분석, p336

❸ 환경(Place)

프레젠테이션할 장소의 환경은 어떠한가? 장소는 프레젠테이션을 진행하는 장소만을 일컫는 것이 아니라 프레젠테이션에 쓰일 기자재, 스크린 수와 크기, 발표순서 및 시간과 같이 프레젠테이션에 필요한 모든 환경요소를 의미한다. 프레젠테이션 장소를 사전에 답사해보고 현장분석을 반드시 해야 한다. 만약 장소 분석을 소홀히 하면 프레젠테이션에 실패할 가능성이 매우 높다. 따라서 발표자는 프레젠테이션을 시작하기 전에 리허설을 충분히 해봄으로써 발표 환경을 정확히 이해하여 갑작스러운 변화에도 능동적으로 대처할 수 있어야 한다. 혹시 모를 상황에 대비해 화면을 넘겨주는 사람을 한 명 배치해두는 것도 좋다. 프레젠테이션 중에는 한 자리에 머물기보다는 자연스럽게 움직이는 것이 효과적이다.

👆 TIP

프레젠테이션의 시작 전, 3P 필수 체크 리스트

3p	체크리스트
목적	• 프레젠테이션 성격: 제안형, 설명형, 동기부여형, 오락형
청중	• 청중의 속성: 연령, 경력, 지역, 성별, 직종, 인원 • 청중의 수준: 지적 수준, 금기사항, 관심사 • 청중의 이익: 발표자 제안 vo 청중의 관심
환경	• 청중 규모, 좌석 배치, 기자재, 스크린, 조명, 주변 환경 • 발표 시간, 발표 순서, 복장

출처: 파워포인트 2013, 파워피티 지음, 길벗, p.21

1.4 프레젠테이션의 용도와 형태

1 프레젠테이션 용도

프레젠테이션의 용도는 크게 커뮤니케이션, 제안, 광고로 분류할 수 있다.

❶ 커뮤니케이션을 위한 프레젠테이션

커뮤니케이션을 위한 프레젠테이션은 상호작용을 위해 청중이 이해하기 쉽고 논리적으로 설득력이 있어야 한다. 청중들과 교감할 수 있는 친근한 내용, 재미있는 장면이 포함되면 더 효과적이다.

❷ 의사결정을 위한 제안형 프레젠테이션

의사결정을 위한 제안형 프레젠테이션은 청중이 발표자가 원하는 방향으로 의사를 결정하도록 유도하는 것이 목표이다. 그러므로 의사결정에 필요한 중요 부분만 요약해서 전달하고, 발표자는 청중의 의도를 명확히 파악한 후 진행해야 목표를 달성할 확률을 높일 수 있다.

❸ 광고용 프레젠테이션

광고용 프레젠테이션은 보통 프로젝트 단위의 일회성으로 진행되지만 해당 기업의 이미지를 심어주는 효과적인 광고 수단이다. 진취적인 색상과 역동적이며 심플한 디자인의 프레젠테이션은 기업의 브랜드 가치를 높이는 것은 물론 광고효과까지 얻을 수 있다.

2 프레젠테이션 형태

프레젠테이션 형태는 크게 제안형과 설명형으로 구분할 수 있다. 어떤 형태로 결정하느냐에 따라 프레젠테이션 전체 방향이 결정되므로 신중히 선택해야 한다. 각 형태에서 주의할 사항은 다음과 같다.

❶ 제안형 프레젠테이션

- 문제의식이나 제안 목적을 반드시 나타낸다.
- 내용을 논리적으로 구성한다.
- 청중에게 이익이 될 수 있는 부분을 부각해 청중이 납득하고 동의할 수 있게 한다.
- 기업 비전이나 긍정적 이미지를 심어줄 수 있는 이미지나 슬로건을 사용하는 것이 좋다.

❷ 설명형 프레젠테이션

- 설명하고자 하는 내용을 이해하기 쉽게 표현하고, 너무 많은 내용을 전달하기보다는 핵심만으로 구성한다.
- 대부분 정보 전달이 목적이므로 목적에 맞는 용어를 사용한다.
- 피드백이 약하기 때문에 자세한 내용을 별첨 자료로 준비한다.

1.5 프레젠테이션 발표하기

효과적인 발표를 위해서는 철저한 준비가 필요하므로 발표 단계를 다시 준비와 실제 발표단계로 나누어 각 단계에서 고려해야 할 사항을 알아보자.

1 청중과 소통하는 발표를 하자

프레젠테이션의 마지막 단계인 실제 발표 단계에 대해 알아보자. 발표를 위해 단상에 서면 아무리 경험이 많은 발표자라도 떨리기 마련이다. 긴장을 풀기 위해 크게 심호흡을 한 후 시작한다. 다음은 두려움을 떨쳐내고 자신감 있는 발표를 하기 위한 몇 가지 주의사항이다.

❶ 시선의 방향에 따라 신뢰감이 결정된다.

청중의 눈을 보며 말한다. 청중과 눈을 맞추면 진실을 말하고 있다는 것을 전할 수 있고, 청중의 현재 감정을 살펴볼 수 있다. 결과적으로 청중과 교감하는 프레젠테이션이 가능하다. 발표자가 스크린이나 원고를 응시하면 청중과의 상호작용을 외면하고 있는 것이다. 커뮤니케이션 관점에서는 최악의 상황이다.

청중과의 시선처리는 '스크린 20 : 청중 80' 정도를 유지한다. 만약 발표자가 전체 프레젠테이션에서 20% 이하의 비율로 청중의 시선과 마주친다면 '냉정하다, 자신이 없다, 신뢰성이 부족하다' 등의 인상을 줄 수 있다. 반면 전체 프레젠테이션에서 80% 이상의 비율로 청중의 시선과 마주친다면 '성실, 친근감, 자신감, 신뢰할 수 있다' 등의 인상을 준다.

프레젠테이션에서 청중은 집단이 아닌 개인으로 취급해야 한다. 그러므로 청중을 한 사람씩 차례로 전체에게 시선을 분산해야 한다. 마지막까지 청중과 시선 교환을 하지 않으면 청중은 반대편으로 돌아설 가능성이 많다. 그러므로 발표자와 청중이 충분히 시선교환을 하는 것이 프레젠테이션의 기본이다.

❷ 적절한 언어를 선택한다.

발표자와 청중은 대등한 관계다. 그러므로 표준적인 표현을 사용한다. 프레젠테이션 장에서 발표자와 청중은 대등한 관계다. 그러므로 존경어와 겸양어의 표현은 자제해야 한다.

프레젠테이션의 주목적은 효율적인 의사전달을 통한 메시지를 전달하여 최적의 의사결정을 내리는 것이다. 청중의 연령이 높다거나 조직에서의 상위계층이라 해도 존경어를 쓰지 않아도 실례가 되지 않는다. 물론 무신경한 표현이나 은어와 속어를 쓰는 것은 곤란하다. 또한 자기비하적인 말투와 자기자랑, 정치 또는 종교적인 발언도 하지 않는 것이 좋다.

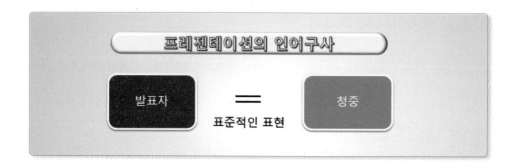

❸ 목소리에 변화를 준다.

발표자가 중요하다고 생각하는 부분은 낮은 소리로 천천히 이야기한다. 청중을 흥분시키고 싶다면 조금 빠른 소리로 재촉하듯 이야기한다. 발표할 때는 속도가 너무 빨라도 안 되고 너무 느려 긴장감이 없어도 안 된다. 적당한 강약 조절로 긴장감을 놓치지 않으면서 천천히 정확히 말한다. 짧고 쉽게 말하고 고저장단에 변화를 주며 적절히 사용한다.

　　마이크의 사용은 가능하면 피하는 것이 좋다. 사람의 음성은 기계를 통과하면 인공적인 음(音)으로 바뀐다. '소리(聲)'와 '음(音)'은 다르다. 청중은 사람의 소리에는 흥미를 보이며 감동한다(출처: 프레젠테이션 박사, 야하타 히로시, 21세기북스, p.218).

❹ 침묵의 효용도 활용한다.

일방적으로 말을 내뱉는 것은 프레젠테이션이 아니다. 틈새를 두어 청중을 끌어들인다. 단순히 말을 하지 않고 있는 상태가 아니라 비언어로 침묵을 메우는 것이다. 잠시 생각에 잠긴다. 청중에게 질문을 던지고, 침묵하고, 생각하는 표정을 보여준다. 그렇게 함으로써 청중도 함께 생각하기 시작한다. 침묵을 견딜 수 있는 인내력도 필요하다.

❺ 비언어를 활용한다.

프레젠테이션에서 청중은 발표자의 말을 듣는다. 들으면서 동시에 어떤 태도로 이야기하는지 무의식적으로 발표자를 관찰한다. 그리고 언어보다는 비언어 쪽을 중시하며 판단의 주제를 삼으려 생각한다. 그러므로 아무리 청중의 이익을 설명하여도, 신뢰감을 줄 수 있는 태도가 나오지 않으면 청중은 발표자의 이야기를 신뢰하지 않는다. 비언어가 발표자의 속마음, 진짜 기분을 나타내주기 때문이다(출처: 프레젠테이션 박사, 야하타 히로시, 21세기북스).

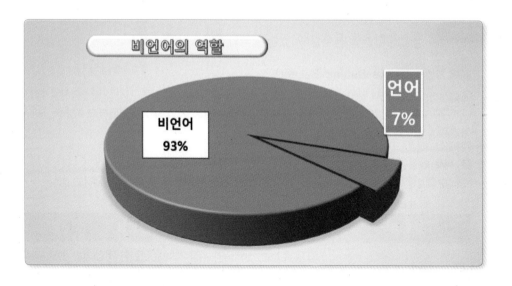

❻ 자연스러운 표정을 유지한다.

발표자는 말뿐 아니라 여유로운 표정과 웃는 얼굴로 진행하며, 손짓, 몸짓, 제스처 등도 자연스럽게 사용한다. 몸짓언어는 손 전체를 사용하여 되도록 크고 확실하게 하는 것이 좋다. 제스처는 시선과 같은 곳을 향해야 하며, 전달하고자 하는 내용에 알맞게 몸짓을 사용하도록 신경 써야 하며, 너무 지나치면 가볍게 보일 수 있으므로 주의한다.

❼ 전략적인 패션을 연출한다.

의상은 최대한 단정히 입고, 프레젠테이션 디자인 컨셉에 맞는 포인트를 주는 것도 좋다.

🖑 TIP

자세는 인격이다!

발표 진행	비언어
사회자의 소개	• 바른 자세로 기다린다. • 곧바로 일어선다. • 자세를 바로하고 천천히 걷는다. • 손은 옆에 가지런히 두고 청중을 본다.
사회자에 대한 예의 표시	• 사회자와 시선을 맞춘다. • 사회자에게 예의를 표시한다.
자기소개	• 바른 자세로 인사한다. • 자기소개를 한다.

출처: 프레젠테이션 박사, 히로시, 21세기북스, p.234

✋ TIP 청중의 마음을 움직일 수 있는 설득화법

EOB 화법 (Example-Outling-Benefit)
예시(에피소드)를 먼저 말하고, 해당 예시의 내용을 정리한 후 이에 따른 시사점을 설명하는 방식이다. EOB 화법에서는 예시를 풍부하게 설명하기 때문에 이야기처럼 재미있게 들리고 이해를 쉽게 하여 청중의 설득을 이끌어낼 수 있는 장점이 있다.

홀-파트 화법 (Whole-Part)
앞으로 전달할 내용의 핵심 정보를 먼저 이야기한 후 세부 정보를 하나씩 풀어 설명하는 방식이다.

발표 주제	새로운 결제 시스템 도입
홀(Whole)	발표의 주제는 신제품의 시장 개척에 관련한 것입니다. 먼저 새로운 제품에 대해 설명 드린 후 기존 제품과의 차이점, 새로운 시장 개발에 대해 설명해 드리도록 하겠습니다.
사회자에 대한 예의 표시	1. 신제품 출현 2. 기존제품과의 차이점 3. 새로운 시장 개발

출처: 파워포인트 2013, 파워피티 지음, 길벗, p.25

❽ 질의응답도 미리 준비하고 적절히 대처한다.

발표를 마치고 질의응답을 하는 경우가 있다. 질의응답도 발표의 연장선에 있는 것이므로 신중히 잘 대처한다. 질의응답할 때의 주의사항은 질문자를 바로 응시하고 질문을 경청한 후 질문의 요지를 청중에게 간단히 언급한 후 답변해야 한다는 것이다. 이때 질문자와 상호작용을 활성화 하려면 질문자를 칭찬해준다. 답변은 결론부터 대답해야 하며 답변이 끝나면 질문자에게 원하는 답변이었는지 확인한다. 질문을 중간에 자르지 않아야 하며, 최대한 호의를 가지고 질문을 받는다. 현장에서 답하기 어려운 질문은 언제까지 전달하겠다는 약속을 하고 차후에 별도로 답을 전한다.

❾ **적절한 피드백을 한다.**

발표를 마치면 발표자는 긴장을 놓게 된다. 힘든 발표일수록 발표한 것을 가능한 빨리 잊고 싶은 마음일 것이다. 그러나 발표는 일회성이 아니다. 다음에도 발표할 기회는 다시 온다. 그러므로 발표 자료와 발표 상황을 되돌아보며 문제점을 살펴보고, 다음 발표에는 더 나은 발전이 있도록 반드시 기록을 한다. 현재의 실패가 다음 성공의 밑거름임을 잊지 말아야 한다.

2 　발표할 때 주의사항

❶ **시작: 청중의 시선을 집중시키고 산뜻하게 출발한다.**

- 사회자에게 예의를 표한다.
- 청중에게 정중히 인사하고 자신을 간단히 소개한다.
- 프레젠테이션의 배경, 주제, 목적, 중요성을 간략히 언급한다.
- 전체 진행 안내(Road Map)와 질의응답 방법을 알려준다.
- 청중을 사로잡을 수 있는 멘트와 화면으로 시작한다.

❷ **본문: 결론을 명쾌하게 증명한다.**

- 청중의 목적에 맞는 증거, 자료, 메시지를 말한다.
- 청중이 이해할 수 있도록 내용을 입증한다.
- 중요한 내용은 액션을 구사하며 이야기를 전개한다.

❸ **마무리: 감동적으로 마무리한다.**

- 본문의 내용을 요약한다. ― 청중의 이익을 한번 더 강조한다.
- 마무리 메시지를 전달한다. ― 지금까지의 경위와 약간의 고생담도 소개하며, 앞으로의 의지와 열의를 솔직하게 전달한다.
- 청중에게 반드시 프레젠테이션이 끝났음을 알린다.
- 청중에게 승인을 얻는다. ― 청중의 협력을 요청하고, 감사의 뜻을 표현한다.

02   청중에 대하여

여러분은 지금 슬라이드쇼를 통하여 청중들을 고문하고 있지는 않는가? 대부분의 프레젠테이션은 지루하고 딱딱해서 기대한 효과를 못 내고 있다. 슬라이드를 넘기면서 하는 회의는 일상이 되어버렸으며 모두들 그 시간을 참고 견딘다. 1980년대 후반에 나온 파워포인트는 오늘날 회사나 학교에서 쓰지 않는 곳이 드물게 되었지만 모두 다 비슷한 배경을 사용하고 발표 방식도 비슷하게 진행된다. 이제 이 지루한 딜레마에서 어떻게 하면 빠져나올 수 있을지 생각해보자.

프레젠테이션에서 청중을 파악하는 것은 자료조사에서 가장 핵심적인 사항이다. 일반적인 조사로는 청중의 연령대와 학력, 직업, 청중의 목적 등에 대하여 기본 조사자료를 준비한다. 이러한 기본 사항과 함께 구체적으로 중요한 사항은 '청중의 만족도를 높이기 위해 무엇을 알아야 하는가'라는 문제이다. 이 사항은 매번 프레젠테이션할 때마다 각각 달라질 수 있다.

2.1   청중은 누구인가?

청중이 어떤 사람들인지, 그룹의 성격은 활달한지, 근엄한지 등에 따라 발표 방향이 결정된다. 될 수 있는 한 자세하게 청중에 관한 자료를 조사한다. 기본 조사와 함께 청중의 입장까지도 상세히 조사한다.

1   기본적인 조사

청중 개개인이 어떤 사람인지를 나타내는 연령대와 학력, 직업, 성격 등을 조사한다. 이러한 개인의 특성이 청중의 요구사항을 분석할 때 도움이 된다. 청중 개개인의 조사 후에는 그룹의 성격도 파악한다. 각자의 특성이 있지만 그룹 특성이 발표장의 분위기를 좌우할 수 있다.

2 발표 환경

발표자에게 주어진 시간은 한정되어 있으며 이 시간을 엄격하게 지켜야 되는 것이 발표의 기본자세다. 발표장의 특징도 조사해야 한다. 발표장의 크기와 미디어 기기들의 상태는 물론 스크린의 해상도도 미리 조사하면 발표 시에 당황하지 않고 대비할 수 있다. 발표장 환경에 따라 어울리는 미디어를 미리 파악해놓는다.

- 청중은 누구인가?
- 어떤 성격의 모임인가?
- 주어진 시간은 얼마인가?
- 발표장에서 가장 적절한 미디어는?

3 어떤 메시지를 전달할 것인가?

청중에 대한 기본 조사를 한 후 다음과 같은 항목을 체크한다. 청중은 무엇 때문에 발표를 듣는가? 이것은 '나에게 무엇을 기대하는가?'라는 말과 같다. 내가 하고 싶은 발표를 하는 것이 아니라 청중이 듣기를 원하는 내용에 초점을 맞추어 발표하는 것이 기본이다. 청중의 기대에 맞추어 내용을 구상하면 발표 후의 청중 만족도는 더 높아진다. 좋은 프레젠테이션은 끝나고 돌아가는 청중들의 높은 만족도에 있다. 먼저 청중의 기대가 무엇인지 파악한 후 어떤 메시지를 전달할지 결정한다.

- 나에게 무엇을 기대하는가?
- 왜 내가 발표를 해야 하는가?
- 나는 청중이 어떤 결과를 가지고 돌아가기를 바라는가?
- 어떤 메세지를 전달할 것인가?

2.2 청중의 입장에서 구성하기

주어진 발표 시간 내내 글머리 기호와 문상으로 가득한 슬라이드를 똑같이 읽어나가는 발표를 청중들은 즐거워할까? 발표 내용에만 신경을 쓰고 청중은 고려하지 않는지 발표자는 생각해봐야 한다. 그림이나 동영상으로 이루어진 발표도 단지 글자가 없을 뿐 지루하기는 마찬가지이며 너무 가벼워서 식상할 정도는 아닌가도 고려해야 한다. 청중의 입장에서 생각하는 프레젠테이션을 고려해보자.

1 청중들이 즐거워하는 발표란?

어떤 내용을 발표해야 청중들은 즐거워할까? 사실 문제는 발표하는 내용에 있지 않고 발표 방식에 있지는 않을까? 똑같은 내용이라도 방식을 전환하면 청중에게 즐거움을 줄 수 있다. 즉 어려운 내용을 단순하게 구성하고 시각적인 아름다움을 주는 구성을 하였다면 어떨까?

또한 중요한 포인트는 발표자는 잘 아는 내용이지만 청중 대부분은 처음 듣는 내용일 수 있다는 배려도 해야 한다. 될 수 있는 한 쉽고 단순하게 구성하여 점차적으로 내용을 깊이있게 소개해야 한다.

다음의 슬라이드는 같은 내용을 다루는 슬라이드다. 한 슬라이드는 텍스트를 나열식으로 작성하였고 다른 슬라이드는 배경과 도형을 이용하여 마치 산책하면서 편안함을 느끼는 분위기로 작성하였다. 과연 청중은 어느 슬라이드를 좋아할까?

힐링(Healing)

- 사전적 정의
  - 몸이나 마음의 치유
  - 갈등·감정
  - 골을 메우다
- 통상적 정의
  - 편안한 쉼터에서의 휴식
  - 지친 몸과 마음을 회복하는 것

텍스트를 나열한 슬라이드

청중을 배려한 슬라이드

2 청중에게 이익이 될까?

성공적인 프레젠테이션은 청중 입장에서 생각하고 청중의 요구에 발표 초점을 맞추어야 한다. 발표를 듣기 위해 모인 청중의 목적이 무엇인지 명확하게 조사하여 발표 내용의 방향을 결정한다. 불필요한 내용을 과감하게 제거하여 청중의 시간을 최대한 절약하는 배려도 잊지 말아야 한다. 흔히 발표자의 의욕이 앞서 너무 많은 내용으로 청중을 힘들게 하거나, 혹은 반대로 들을 내용이 명확하지 못해 실망스런 프레젠테이션이 되는 경우가 있다. 청중의 마음을 읽고 청중의 이익을 제시하면서 발표자의 목적을 달성할 수 있는 지혜가 필요하다.

3 정보 이상의 무엇을 제공하라 – 지식과 의미, 감성을 전달

발표를 듣다보면 어느새 발표자에게 빠져들어 재미있게 내용을 듣고 있는 자신을 발견할 때가 있다. 이처럼 어떻게 하면 자연스럽게 청중이 발표에 몰입하게 할 수 있을까? 많은 사람들이 이 부분에서 좌절감을 느낀다. '왜 청중은 듣지 않는 것일까?', '나에게는 쇼맨십이 부족한 것일까?', '개그콘서트를 더 열심히 봐야 할까?' 등등……

그러나 방법은 있다. 예를 들어 부산 여행을 소개하는 발표를 한다고 하자. 그러나 청중은 부산 교통편이나 유명한 맛집 등은 이미 미디어를 통해 많이 알고 있으므로 별다른 기대감을 갖지 못한다. 그런데 발표를 시작하자 청중은 발표에 집중하고 있었다. 그 원인은 발표자가 프레젠테이션을 본인의 이야기로 시작하는 데 있었다. 자신이 사귀던 연인과 헤어진 후 슬픔을 달래려고 부산여행을 다녀왔다고 시작하면서 텅 빈 바닷가에 홀로 걸어가는 이미지로 발표를 시작한 것이다. 그리고 부산의 유명한 관광지나 맛집을 소개할 때 자신의 경험을 함께 발표하여 생생하고 재미있었다. 마지막 슬라이드는 다시 발표자가 쓸쓸한 해변을 걸어가는 뒷모습으로 마무리를 하였는데 발표자는 많은 박수를 받았다. 발표를 마친 후 청중은 '부산에 한번 다녀와야겠다!'는 생각을 하였다고 했다.

이렇게 정보에 감성을 얹어 포장하면 청중은 지루해하지 않으며 시간이 지나도 쉽게 잊히지 않는 오래 남을 수 있는 발표가 될 수 있다.

03   정보전달은 어떻게?

이 장에서는 정보전달 방법에 대하여 알아보자. 정보의 내용에 열중한 나머지 청중의 입장을 고려하지 않고 지루한 나열방식으로 정보를 전달하지는 않았는지 점검해보고 청중을 배려한 정보 전달 방법에 대하여 살펴보자.

3.1   단순하게 구성하기

많은 내용을 전달하겠다는 생각으로 화면 가득 자료를 채운 슬라이드보다 단순하고 핵심만 전달하는 슬라이드가 청중에게 더 설득력이 있음을 기억하자. 보통 발표를 잘하겠다는 욕심이 앞서 많은 자료를 준비하고, 그 자료를 화면 가득 배열하여 열심히 설명하는 발표자가 많다. 그런 발표를 듣는 청중은 무슨 생각을 할까? 정말 발표자처럼 열정을 가지고 나열되는 정보를 하나하나 따라갈 것이라고 생각한다면······.

스티브 잡스는 아이패드의 판매량을 자랑하면서 화면에 단지 큰 숫자로 판매 대수만을 표시하여 즐겁게 발표를 하였다. 물론 효과로 숫자 주변에 연기가 피어오르기는 했다. 청중은 직관적으로 알아들었다. '저만큼 많이 팔았구나!' 하면서. 잡스 이후로 프레젠테이션 방법에서 많은 변화가 생겼으며 이제는 모두 단순하게 만드는 것을 당연하게 여기는 추세다.

다음 슬라이드를 보자. 수면장애 진료를 받는 환자수와 치료비를 2008~2012년까지 비교한 차트다. 환자 수는 2008년부터 계속 증가하고 있음을 알 수 있는데 얼마나 증가하는지는 수치를 분석해야 알 수 있다.

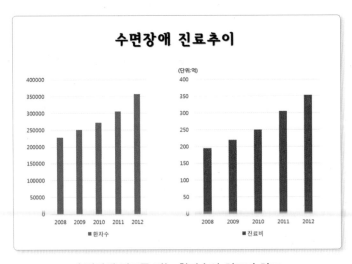

수면장애 진료를 받는 환자수와 치료비 차트

1 간결하게 표현하기

같은 내용을 다음과 같이 간결하게 표현하면 어떨까? 불필요한 자료를 제거한 후 시작과 결과를 직관적으로 비교할 수 있는 자료를 제시하면 청중을 배려한 자료라 할 수 있다. 자료를 보면 한눈에도 환자수가 50% 이상 증가하고 있다는 것을 알 수 있다. 그리고 진료비는 더 크게 증가하여 진료비 증가가 크다는 것을 쉽게 알 수 있다. 물론 정확한 수치를 알아야 하는 전문가 집단의 업무회의라면 다르지만 일반 청중을 대상으로 발표한다면 이렇듯 많은 수치자료보다 단순하고 직관적인 자료가 필요하다.

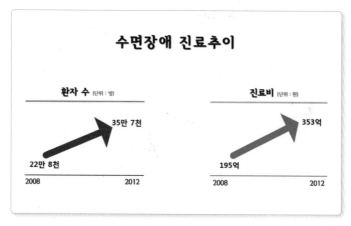

복잡한 수치를 제거한 차트

2 분석 자료와 이미지 사용하기

자료를 제시할 때 더 나아가 얼마나 증가했는지를 분석하여 나타낸다면 더 진보된 슬라이드라 할 수 있다. 22만8천에서 35만7천으로 환자수가 증가했는데 이러한 수치는 1.57배라고 나타내주면 청중들은 더욱더 쉽게 자료를 받아들일 수 있다. 이제 발표자는 자료를 제시할 때 분석까지 해서 나타낼 수 있는 배려가 필요하다.

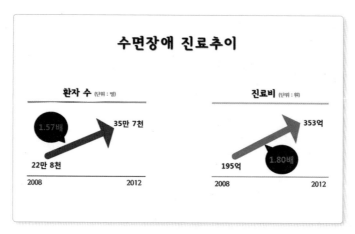

분석 자료를 추가한 차트

여기에서 분위기를 주제에 맞춰 수면을 연상하는 이불을 배경 그림으로 사용하고 환자를 암시하는 클립아트를 삽입한다면 훨씬 재미있게 발표를 들을 수 있다. 이처럼 단순하면서도 명확하게 분석자료를 첨가한 후 주제에 알맞은 배경과 그림을 적절히 넣으면 보기 쉬우면서도 청중의 시선을 끌 수 있는 재미있는 슬라이드를 만들 수 있다.

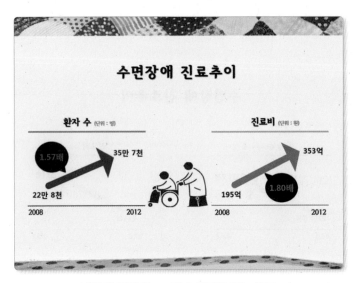

내용에 어울리는 그림과 배경이 있는 차트

3.2   정보를 구조화하라

청중에게 정보를 전달할 때 글머리 기호를 이용하여 나열하는 형식이 많이 사용된다. 이러한 방식은 파워포인트의 기본 서식이기도 하므로 자연스럽게 사용한다. 하지만 청중 입장에서는 늘 보아오던 지루함을 또 다시 경험하는 시간이 될 수 있음을 기억하자.

이러한 방식에서 벗어나기 위해 어떻게 해야 할지 다음과 같은 내용의 슬라이드를 다른 구성으로 변형해보자.

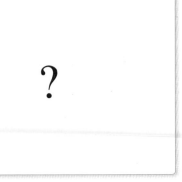

| 목록형 슬라이드 | 구성 변경 슬라이드 |

1 시각적인 이미지 사용하기

글머리기호 대신 내용에 관련된 이미지를 이용하여 정리하면 복잡한 내용이라도 시각적으로 재미있게 청중에게 다가갈 수 있다. 다음 슬라이드는 글머리기호 대신 그림을 이용하여 각 목록을 시작하였다. 배경에는 주제에 알맞은 그림을 삽입하여 주제를 강조한다.

시각적인 이미지를 사용한 슬라이드

2 도형으로 표현하기

항상 보아오던 텍스트 목록보다 도형을 이용하여 단락을 구분하면 쉽고 빠르게 구조화 할 수 있다. 텍스트로 표현하면 복잡하던 내용이 도형으로 정리하고 각 배경을 다르게 사용하면 정리가 잘 되어 보이면서 가독성도 좋아진다. 스마트아트를 사용할 때는 기본 스타일에서 클립아트를 추가하고 배경 색상을 내용에 맞게 수정하여 사용한다면 식상한 모양에서 벗어날 수 있다.

도형과 이미지로 구조를 바꾸어 표현한 슬라이드

3 표를 이용하기

복잡하고 내용이 많다면 표를 이용해보자. 표의 복잡한 선을 단순하게 정리하고 내용에 어울리는 이미지를 사용하면 단순하게 표현할 수 있다. 이렇게 많은 자료를 표로 표현하면서 클립아트 등을 이용해 부드럽게 분위기를 변경할 수 있다. 그리고 표가 주는 특징인 비교하는 기능도 덤으로 얻을 수 있다.

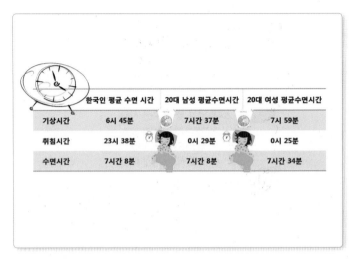

표를 이용하여 표현한 슬라이드

4 나만의 개성 있는 구조로 표현하기

이번에는 다른 구조를 생각해보자. 슬라이드 화면을 다양하게 분할하여 간단하면서도 직관적인 구조로 변형하고 자료의 강조하려는 내용 색상을 다른 자료의 색상과 다르게 설정하여 시각적으로 포인트를 준다.

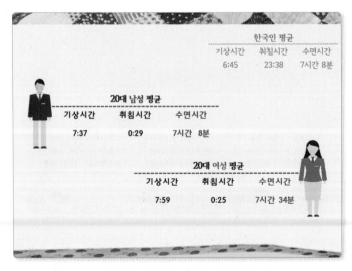

개성 있는 구조로 표현한 슬라이드

5 복잡하면 분리하라

한 장의 슬라이드에 들어갈 내용이라도 분리하면 훨씬 단순해진다. 나열하여 열거하기보다는 그림을 이용하여 여러 장의 슬라이드에 배치하면 청중은 흥미 있게 느낄 것이다. 다음 슬라이드는 1장의 내용을 3장으로 분리하여 청중의 시각적 부담을 줄여 단순하게 만든 슬라이드다.

분리하여 표현한 슬라이드

3.3 정보에서 스토리로

1 진솔하게 자신의 이야기를 하기

우리가 아는 모든 스토리에는 기승전결이 있다. 즉 시작을 재미있게 풀어가면서 이야기의 정점에 이르며 자연스럽게 결과에 이르는 구조를 가진다. 발표하려는 정보를 이런 스토리와 결합하면 재미있는 프레젠테이션을 할 수 있다. 익숙하게 아는 동화나 영화 스토리를 이용하여 발표 내용을 구성하고 내용에 적합한 이미지를 사용하면 청중은 새로운 정보에 낯설지 않아 편안하고 즐겁게 발표를 들을 수 있어서 좋은 점이 있다. 하지만 너무 식상한 스토리를 사용하면 오히려 깔끔하게 정보를 전달하는 것보다 더 지루해질 수 있으니 주의한다.

스토리를 고를 때 발표자 자신의 경험을 스토리에 이용하면 본인만의 이야기를 할 수 있어서 청중의 관심을 끌 수 있다. 딱딱한 정보를 전달하기보다 발표자만의 경험이나 생각 등을 정보와 함께 조합해서 발표하면 독특하고 재미있으며, 개성 있는 발표가 된다.

다음 슬라이드는 버킷리스트를 발표하면서 우리에게 익숙한 SNS를 빌려 슬라이드를 전개해 나간 경우다. 발표자 본인의 이름을 적고 20대, 30대, 40대의 희망사항을 마치 대화하듯 구성하였다.

SNS 형식으로 내용을 구성한 슬라이드

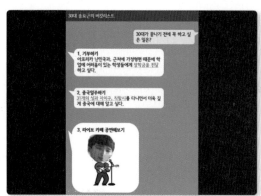

SNS의 대화창으로 내용을 표현한 슬라이드

2 내용에 정서적인 요소 넣기

다음의 두 슬라이드는 자전거 여행에 관한 목차를 소개하는 슬라이드다. 왼쪽은 정보만 나열하여 표시했으며 오른쪽은 자전거 바퀴를 이용하여 정보를 표현했다. 왼쪽 슬라이드를 보는 청중은 과연 자전거 여행을 떠올릴 수 있을지 의문이지만 오른쪽 슬라이드를 보는 청중은 시원한 하늘과 들판을 자전거를 타고 닳리고 싶지 않을까? 이렇게 같은 정보를 표현할 때 내용에 어울리는 이미지는 청중의 마음을 열리게 한다.

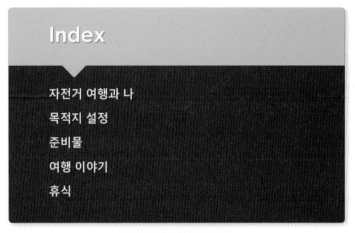

정보만 나열한 슬라이드

정서적으로 정보를 표현한 슬라이드

다음 슬라이드는 어린왕자의 이미지를 배경으로 만든 것으로 마치 동화책을 읽는 듯 따스한 기분이 들게 하는 슬라이드이다. 자신의 이야기의 분위기를 표현하기 위해 어린왕자의 고독하지만 따뜻한 이미지를 사용한 예이다. 일단 분위기를 감성적으로 이끌어가면 청중은 마음을 열기 시작하며 더 쉽게 발표자의 주제에 공감할 준비가 된 것이다.

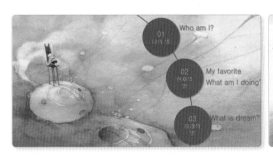

어린왕자의 이미지를 이용한 슬라이드

04   슬라이드 구성요소

일반적으로 슬라이드는 제목과 목차, 그리고 내용과 엔딩부분으로 구성되어있다. 각 부분들의 역할과 특징들을 살펴보고 역할에 맞게 슬라이드를 제작하는 방법에 대하여 알아보자.

4.1   제목 슬라이드

제목 슬라이드는 프레젠테이션을 시작하는 슬라이드로서 매우 중요한 역할을 한다. 슬라이드의 내용으로는 주제를 개괄적으로 소개하며 너무 깊은 내용까지 들어가거나 어려운 내용은 피하는 것이 좋다. 청중의 마음을 열기 위한 재미있는 말이나 흥미를 끌 만한 소재를 이용하면서 발표를 시작하는 것이 좋으며 뒤에 나오는 슬라이드와 서로 연관성이 있어야 한다.

자전거 여행을 소개한 제목 슬라이드

1   제목 슬라이드의 역할 – 청중의 공감을 끌어내기

제목 슬라이드는 프레젠테이션을 시작하는 슬라이드로 매우 중요한 역할을 한다. 청중은 제목 슬라이드를 보면서 '저런 분위기의 프레젠테이션이구나' 흥미를 가질지, 지루할 것 같으니 눈 감고 잠이나 자야지 하는 입장을 의식 혹은 무의식적으로 하게 된다. 그러므로 발표를 성공적으로 시작하고 싶다면 제목 슬라이드를 만드는 데 공을 들여야 한다.

    제목 슬라이드의 내용으로는 발표할 내용을 개괄적으로 소개할 수 있는 소재를 이용한다. 배경 색상이나 사용된 이미지는 발표 내용과 관련성이 있으면서 시선을 끌 만한 것으로 고른다. 이때 해상도가 떨어지는 이미지나 흔히 보던 식상한 이미지는 사용하지 않는다. 청중의 마음을 열기 위한 재미있는 말이나 흥미있는 소재를 이용하면서 발표를 시작해 청중의 공감을 처음부터 이끌어내야 한다.

2 다른 슬라이드와 연결성

전체 슬라이드는 서로 연결성 있게 구성되어야 청중의 흐름을 이어갈 수 있다. 제목에서 나타난 이미지나 글꼴, 아이콘 등은 뒤에 나오는 슬라이드와 서로 연관성이 있어야 하며 색상의 연결성도 매우 중요하다. 물 흘러가듯 편안하게 진행되면서 변화가 이루어져야 한다. 그러므로 제목 슬라이드에서 사용하는 모든 소재는 뒤에 이어나오는 다른 슬라이드에 영향을 미칠 것이므로 신중하게 선택한다. 다음 슬라이드는 태백의 탄광마을을 소개하는 슬라이드로 오래전 느낌이 나는 색채와 내용의 이미지를 검은색과 함께 사용했다. 색감이나 글꼴, 이미지 선정이 뛰어난 슬라이드다.

탄광촌 여행을 소개한 제목 슬라이드

4.2 도입 슬라이드

제목 슬라이드에서 시간을 길게 사용하면 청중은 슬라이드에 지겨워한다. 이때 도입 슬라이드를 이용하면 효과적이다. 이제 도입 슬라이드에 대하여 알아보자.

2007년 1월 아이폰 발표 프레젠테이션에서 화면 가득 애플 로고가 빛을 발하고 있는 가운데 스티브 잡스는 이렇게 말했다.

"오늘은 제가 2년 반을 기다려온 날입니다. 항상 그랬듯이 혁명적인 제품은 모든 것을 바꿔놓습니다. 이러한 혁명적인 제품 중 어느 하나라도 여러분의 손으로 만들 수 있다면 그것은 커다란 행운입니다. 그런 면에서 애플은 매우 운이 좋았습니다. 몇 가지 혁명적인 제품들을 세상에 선보일 수 있었기 때문입니다."

이어 지금까지 나왔던 애플 제품들을 소개하였고 이들 모두를 합한 것이 아이폰이라면서 애플은 오늘 전화기를 다시 발명하려 한다고 소개했다. 아이폰의 출시를 밝히는 도입부였으며 이날의 프레젠테이션은 세기적인 프레젠테이션이라 평가받는다.

그는 자신이 이 제품을 얼마나 기다려왔는지, 청중에게 얼마나 이 제품을 소개하고 싶었는지 등을 절절하게 감정적으로 표현하였다. 이제 청중은 도대체 아이폰이 어떻게 생겼는지 무척 궁금하고 보고 싶었다. 이처럼 청중의 관심을 자극하는 이야기를 시작하여 본론으로 들어가는 부분이 도입부이다. 도입부 슬라이드의 수는 제한이 없으며 주제의 흥미를 끌 수 있다고 생각되는 이미지나 동영상, 음악 등을 사용한다.

4.3 목차 슬라이드

목차 슬라이드에서는 내용의 구성과 순서를 소개하여 청중의 관심을 어느 곳에 집중시켜야 될지를 미리 알려주는 슬라이드이다. 청중은 앞으로 전개될 슬라이드의 순서에 따라 관심 있는 부분의 차례를 기다린다. 그러므로 단순히 제목을 읽는 방식으로 소개하지 않고 핵심되는 단어들을 언급하면서 소개한다.

탄광촌 여행 목차 슬라이드

1 목차 슬라이드의 역할 – 청중들의 집중도 선택

목차 슬라이드에서는 내용을 구성하는 소제목을 소개한다. 단락이 너무 많다면 적절하게 합하거나 대표되는 단락으로 구성해도 무방하다. 청중은 발표 내내 최상의 집중도를 투입하지는 않는다. 목차를 보고 자신이 집중해서 들을 목록을 눈여겨보며 그 부분에서 집중력을 높여 듣는 방식을 취한다.

슬라이드 구성은 흔히 목록을 이용하여 나열하는 방식으로 작성해왔다. 그러나 내용에 적합한 이미지를 이용하여 부드럽게 소개하면 재미있게 순서를 소개할 수 있다. 다음은 이미지를 이용하여 순서를 구성한 점이 돋보이는 슬라이드다.

배경 이미지가 좋은 목차 슬라이드

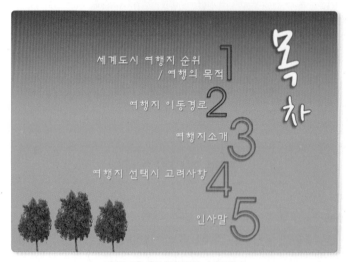

자유로운 형식의 목차 슬라이드

2 목차 슬라이드 소개 방식

흔히 무모한 의욕적인 발표자는 너무 많은 목차를 제시하고 그 제시된 목록을 하나하나 읽어나가는 소개로 지루한 프레젠테이션을 예고한다. 청중의 눈은 발표자의 말하는 속도보다 빠르다. 그러므로 똑같은 내용을 읽어나가는 실수는 어느 슬라이드에서도 하지 말아야 한다. 목차의 목록을 자연스럽게 연결하여 물 흘러가듯 소개하며 목록 중 일부는 소개를 하지 않고 넘어가도 무방하다. 하지만 목록만을 소개하기보다 내용에 대한 중요한 포인트를 같이 소개하여 청중의 관심을 유도할 수 있다.

4.4   구역 머리글 슬라이드

구역 머리글 슬라이드는 목차에서 소개한 순서를 개별적으로 소개하는 슬라이드다. 소주제의 슬라이드가 3~4장보다 많은 경우는 작은 주제의 시작을 알리는 구역 머리글 슬라이드가 유용하다.

디자인 면에서도 내용 슬라이드의 반복되는 형식을 벗어나 새로운 분위기를 제공할 수 있으므로 시각적 지루함을 덜어줄 수 있다. 다음 슬라이드는 소주제를 알리는 슬라이드로 같은 이미지를 배치를 다르게 사용하여 변화를 줬다. 이전 슬라이드 내용이 무거울 경우에도 가볍고 재미있는 이미지를 사용하여 분위기의 변화를 주는 것도 좋은 방법이다.

다양한 구역 머리글 슬라이드

4.5 엔딩 슬라이드

발표장에서 보면 발표자가 본론을 이야기하다가 'THANK YOU'나 '감사합니다'가 나오면 갑자기 멋쩍어 하면서 발표를 끝내는 경우를 종종 본다. 그러면 발표자나 청중은 다 같이 허전하다는 느낌이 든다. 엔딩 슬라이드에서는 발표 내용을 다시 상기시키면서 간단하게 요약해서 마무리하는 것이 좋다. 그러므로 엔딩 슬라이드의 디자인은 제목 슬라이드와 비슷한 분위기로 구성하는 것이 효과적이다. 갑자기 심각한 내용을 새로 시작하거나 어려운 내용을 언급하기보다 앞의 내용을 부드럽게 요약하면서 들어준 청중에게 감사를 표시한다.

많은 의미를 담고 있는 엔딩 슬라이드

다음 슬라이드는 주제에 알맞은 시나 명언으로 발표를 마무리한 엔딩 슬라이드다. 발표 내용을 부드럽게 한번 더 상기시키면서 마무리하여 청중의 마음을 편안하게 유도하는 효과가 있다.

시 구절이 있는 엔딩 슬라이드

컨셉과 스토리텔링

학습목표

멋진 프레젠테이션을 만들기 위해서는 무엇보다 아이디어를 찾아내고, 찾아낸 아이디어를 잘 표현하기 위해 나만의 컨셉을 찾아야 한다. 컨셉의 의미를 알아보고, 마인드맵을 활용해 컨셉을 찾아내고, 컨셉을 재미있게 풀어 공감하는 발표를 위한 스토리텔링을 생각해보자.

01 컨셉

기획하지 않고 제작하는 슬라이드는 시간이 지날수록 더 많은 정보를 찾아내고 찾아낸 정보를 표현하는 과정에서 혼란스러워진다. 따라서 파워포인트 슬라이드를 제작하기 전에 기획서를 만들어 생각을 정리하고, 특징을 잘 표현할 수 있도록 적합한 컨셉을 찾아 표현함으로써 자신만의 특징을 담을 수 있는 프레젠테이션을 할 수 있다. 즉 기획과 컨셉은 거의 하나로 볼 수 있다.

1.1 컨셉이란?

컨셉의 사전적 의미는 '**개념, 구상, 생각**'이다. 자신의 생각에 대한 아이디어를 구상하고 자신만의 특징을 잡아 간단하고 분명하게 단어, 보이는 실체 등으로 표현하는 것을 말한다. 컨셉은 단어로 표현할 수도 있고 문장으로 표현할 수도 있다.

따라서 어떤 새로운 것에 의미를 부여하고 특징을 나타내기 위한 말, 이미지, 사물 그 자체, 개념, 아이디어, 개성, 특징, 특성 및 의도를 표현하는 모든 것이 컨셉이라 할 수 있다.

기획의 주제를 정하거나, 소비자에게 상품을 파는 광고이거나 선거를 위한 구호를 결정하거나, 설득을 위한 프레젠테이션에서도 남과 다른 특징을 이용하여 시선을 사로잡아야 한다. 더구나 프레젠테이션에서 새로운 무언가를 나타내거나 표현하고 설명하고, 설득해야 할 경우 가장 중요한 것은 차별적이고 핵심적인 특성을 표현하고 특징적 이미지를 나타내는 것이다. 이것이 '컨셉'이다.

아파트
자연·사물 그 자체

신문
나타내고자 하는 방향

앙드레 김
이미지 메이킹

컵라면
아이디어

초코파이
정·추상적 단어

핫식스
정신차려·행동

컨셉의 정의

예를 들어, 자연을 컨셉으로 하는 아파트는 아파트 내부 놀이공간에 자연과 연관지을 수 있도록 시냇물이 흐르고 돌다리도 만들고 나무를 심어 자연을 표현한다. 이때는 **자연을 표현하는 사물** 그 자체가 컨셉이다. 신문의 경우 그 **신문이 나타내는 경향**, 추구하는 방향이 컨셉이라 할 수 있다. 컵 라면은 접시문화를 지닌 미국에 라면을 컵에 담아 파는 **아이디어 그 자체**가 컨셉이 될 수 있고, 초 코파이라면 '정'이라는 **추상적인 단어** 그 자체가 컨셉이 될 수 있다.

1.2 컨셉 구상하기

컨셉을 결정하기 위해 정해진 형식은 없다. 작은 것이라도 항상 관찰하고 기록하여 자료를 수집하고, 분석하여야 한다. 무엇보다도 떠오르는 아이디어에 대한 문제점을 생각해보고 문제점을 해결하려는 방향으로 컨셉을 정하는 것이 쉽다.

남과 다른 독특함을 찾아내야 한다. 예를 들어 대형마트 가운데 e마트의 경우 마트 내에서 모든 쇼핑을 하고, 한꺼번에 물건 구입이 가능하므로 편리하고, 주차시설이 좋은 장점이 있는 반면 너무 많은 경쟁사들이 존재하며 이러한 경쟁사와 차별화된 전략을 위해서는 최저 가격 등의 컨셉을 이끌 어낼 수 있다.

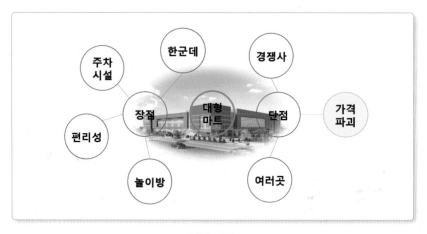

컨셉 예제

컨셉을 결정하는 일반적인 방법으로는 컨셉트리와 컨셉 매트릭스, 브레인스토밍 등 다양하게 활 용할 수 있다. 컨셉트리는 나무 모양의 설계도이고 컨셉 매트릭스는 표를 이용하는 것이다. 브레인스 토밍은 머릿속에 떠오르는 단어들을 폭풍처럼 쏟아놓고 요점을 추려 컨셉을 결정하는 방식이라 할 수 있으며 팀워크로 하는 경우가 많다. 이 장에서는 브레인스토밍의 한 방식인 마인드맵에 대해 설명 한다.

1 마인드맵(Mindmap)

'마인드맵'은 문자 그대로 '생각의 지도'라는 뜻으로 아이디어를 정리하여 컨셉을 구상해내기 위해 모든 일들을 연관 지어 생각해보면서 자신의 생각을 지도 그리듯 이미지화 하여 창의력을 업그레이드 시키는 방법이다. 종이의 중심으로부터 머릿속에 떠오르는 생각들을 직관적 단어로 나열하고, 나열된 키워드를 가지로 연결하면서 생각의 지도를 그려 생각을 도식화하고 시각화 하여 정리할 수 있다.

이유와 목적에 대한 생각을 정리하여 마인드맵으로 표현하여 한꺼번에 보면서 생각을 정리하게 되고, 전혀 연관성이 없는 것에서 연관성을 찾게 되고, 그 연관성을 컨셉으로 이끌어낼 수 있다. 즉 이유와 목적이 비전이 되고 그 비전이 컨셉이 된다.

마인드맵은 연필로 직접 그릴 수도 있고, 컴퓨터에서 제공하는 디지털 마인드맵 프로그램을 이용해서도 가능하다.

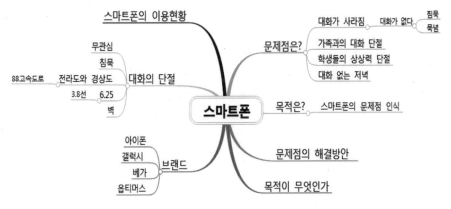

스마트폰 컨셉을 찾기 위해 마인드맵을 활용한 예

스마트폰에 대한 마인드맵을 그리며 떠오르는 단어들을 나열하고 컨셉을 찾아내기 위해 문제점과 목적을 도출해낸다. 도출 과정에서 스마트폰과는 전혀 관계없을 것 같은 단어 '벽'도 도출한다. 벽은 대화의 단절에 의해 생겨나고, 스마트폰의 문제점은 가족, 친구, 주변 사람들과의 대화가 사라지고 모두 묵념하듯 스마트폰을 바라본다는 과정을 도출한다. 대화의 단절과 보이지 않는 벽에 대한 문제점을 해결하기 위한 컨셉은 '묵념'이라는 추상적 단어의 형태로 나타나며 이러한 컨셉을 스토리화 하기로 한다.

2 컨셉트리

컨셉트리는 컨셉을 도출해내기 위한 도출 과정, 즉 순서도로서 기본적인 흐름도의 형태이다. 따라서 각각의 요소가 유기적으로 연결되어 있다.

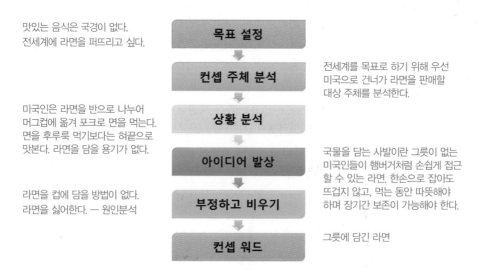

컵라면 컨셉을 유도하기 위한 컨셉트리

❶ 목표 설정 단계

목표를 무엇으로 할 것인지에 대해 결정하기 위한 생각이 컨셉이 시작되는 단계다. '라면을 전 세계에 판매할 수 없을까?'라는 아이디어가 떠올랐다면 이것이 바로 컨셉 프로세스의 시작이 된다.

❷ 컨셉 주체 분석

누구를 대상으로 할 것인가? 라면이라는 인스턴트를 가장 필요로 하는 세대는 어느 세대일까? 어느 장소에서 소비가 많을까? 어느 공간에서 소비가 많을까? 이처럼 누가, 언제, 어디서, 어떤 상품을, 선호하는가에 대한 시장을 분석하여 컨셉의 주체를 결정한다. 따라서 세분화 내용은 구체적일수록 좋다. 컵라면이라면 소비 대상이 누구일지, 대상 중에서도 어떤 연령층을 대상으로 할 것이며 시간적, 공간적으로 많이 먹을 수 있는 소비 대상은 누구인지 등에 대한 분석들이다.

❸ 상황 분석

상황 분석 단계는 앞서 분석한 내용을 세분화하여 시장에 대한 상황, 경쟁사, 소비 형태 등 생각해볼 수 있는 다양한 요건들을 정밀하게 세분화하여 고려하고 분석한다. 즉 3P 분석을 활용한다.

❹ 아이디어 발상

상황 분석의 세분화에서 정해진 가이드라인 아래 풍부한 여러 가지 아이디어를 발상해낸다. 라면을 끓여 담을 사발이 없는 미국 시장에 수출하기 위해 라면에 어울릴 그릇에 대한 아이디어, 그릇 모양에 대한 아이디어, 라면 그릇 재질에 대한 아이디어, 판매전략을 위한 아이디어 등 주체의 입장에서 아이디어를 찾고 앞서 예제의 경우 '가볍고 라면을 다 먹을 때까지 온도가 유지되도록 하기 위해 재질은 스치로폼을 사용하는 컵라면' 아이디어를 도출해냈다. 아이디어는 나쁘고 좋은 것이 있을 수 없다. 아이디어는 즉흥적이며 중복될 수 있다. 컨셉은 아이디어 그 자체가 컨셉이 되기도 한다.

❺ 부정하고 비우기

정해진 모든 내용에 대한 긍정과 부정 요인을 분석하고 부정적 내용에 대해 시간적 여유를 가지고 분석한 모든 내용을 부정해보고 제3자의 시선으로 여유를 두는 것이다.
비즈니스 컨셉에서 초짜는 성공할 가능성이 높다고 한다. 그 이유는 기존의 것들을 모두 부정하고 뒤집어 보기가 가능하기 때문이다. 그리고 생각을 비우고 가능한 실패 가능성을 모두 생각해보고, 컨셉트리를 바라보면 컨셉이 풍부해진다.

❻ 컨셉 워드

쉽고 간결하면서도 명확하게 드러낼 수 있는 단어들을 찾아낸다. '아름다운', '풍부한'과 같은 추상적 표현은 피하고 '아주', '매우'와 같은 모호한 표현도 사용하지 않는 것이 좋다. **'그릇에 담긴 라면'** 정도가 될 것이다.

1.3 좋은 컨셉의 조건

❶ 차별성 ─ 다른 것과 차별적이고 특징이 잘 나타나야 한다.

컨셉은 본질적인 특성이다. 다른 것들과 차별적으로 구분될 수 있고, 유일해야 한다. 청중이 가질 수 있는 고정관념을 깰 수 있어야 한다.

스타벅스는 '비싼 가격의 테이크아웃 커피전문점'이라는 컨셉으로 성공했다. 패션 디자이너 앙드레김은 디자인이나 색상, 소재 등에서 자신만의 독창적이고 유일하고 차별적인 컨셉을 가지고 있다.

❷ 우위성 ─ 다른 것보다 우수해야 한다.

'박카스'는 타우린이 주성분인 최초의 알약을 시작으로 '박카스 D', 1991년 성분을 강화한 지금의 '박카스 F'까지 주요 성분은 과거나 현재나 변함이 없다. 맛 역시 거의 변화가 없지만 '피로회복'이라는 컨셉은 다른 드링크제의 광고를 대표하는 것으로 흡수해 버렸다.

❸ 본질 응축성 ─ 나타내고자 하는 본질을 잘 표현할 수 있어야 한다.

장황하고 복잡한 내용은 청중에게 혼란을 줄 수 있다. 오히려 단순하게 정리된 핵심 메시지를 잘 나타내야 한다. 간단하면서도 구체적인 본질을 잘 나타내야 한다.

❹ 설득력 ─ 공감하고 설득할 수 있어야 한다.

전체적인 논리 구조를 완벽하게 소화하고 진실성이 있어야 한다. 그러기 위해서는 청중의 감성을 자극해야 하며 스토리를 이용하여 신뢰를 부여하고 설득해야 한다. 나이키의 컨셉 'Just Do It'은 창업 스토리와 함께 엄청난 시너지 효과를 냈다. 또한 스토리는 청중의 입장에서 공감할 수 있어야 한다.

1.4   프레젠테이션 컨셉의 예제

주제: 나트륨을 줄이자

1   기획 의도

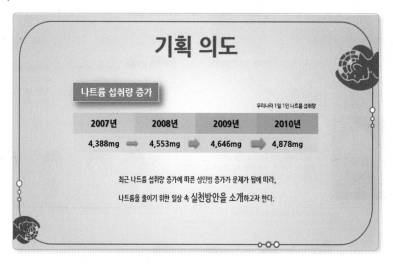

최근에 나트륨 소비량이 증가하면서 성인병이 증가하였으므로 나트륨을 줄이기 위해 일상에서 쉽게 실천할 수 있는 나트륨 줄이기 실천방안들을 소개한다.

2 마인드맵과 컨셉

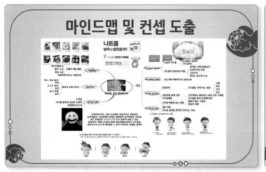
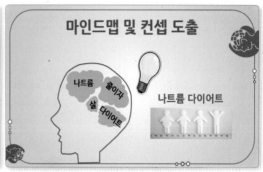

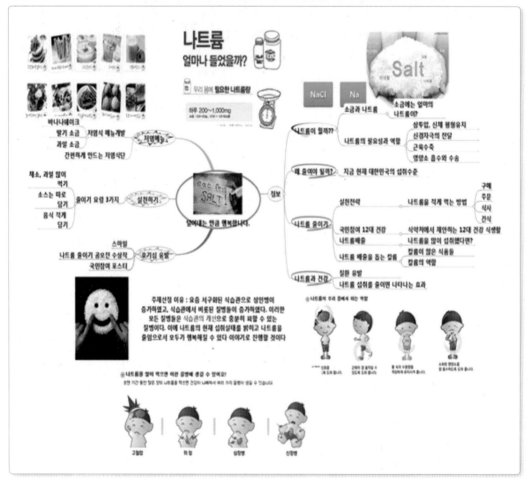

나트륨을 키워드로 하여 나트륨의 정의, 나트륨을 줄여야 하는 이유, 나트륨과의 관계 등 생각나는 내용들에 대한 마인드맵을 그린다. 나트륨을 줄이자는 캠페인은 곧 살을 줄이자, 즉 다이어트와 연관 지어지며 여기서 '나트륨 다이어트' 라는 컨셉을 도출한다.

3 컨셉 표현하기

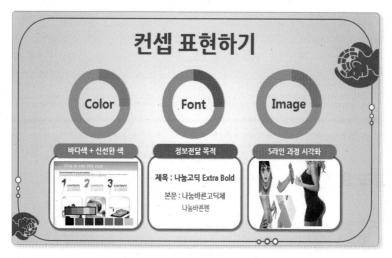

❶ 나트륨을 다이어트에 접목시켜 나트륨을 줄이는 것, 즉 다이어트하는 것만으로 몸이 날씬해지는 것을 시각화한다.

❷ 나트륨 다이어트에 대한 컨셉이기 때문에 바다의 느낌을 줄 수 있는 하늘색과 소금의 흰색을 전체적인 색감으로 이용하고, 내용 구성은 텍스트보다는 이미지로 시각화하여 실천 방안들을 소개한다.

❸ 프레젠테이션을 위한 글씨체로는 정보 전달이 잘 될 수 있도록 가독성이 높은 글자를 고려한다.

❹ 세부적인 스토리 진행은 다이어트할 때 살이 빠지기 쉬운 순서 1)얼굴 2)팔 3)허리 4)다리 순서로 살이 빠지기 쉬운 순서를 나트륨을 줄이는 순서와 접목한다.

02   스토리텔링

"아무리 새롭고 신선한 아이디어를 가졌더라도 효과적으로 설명하지 못하면 쓸모가 없다"

— 그레고리 번스(Gregory Berns)

2.1   스토리텔링이란?

스토리텔링은 스토리(Story)와 말하다(Telling)의 합성어로서 '이야기하다'라는 의미다. 즉 전달하고자 하는 메시지를 이야기를 통해 더 생동감 있게 말이나 글로서 표현하는 것을 말한다.

재미있는 이야기는 듣는 사람이 몰입하게 되고, 상상의 힘을 주기 때문에 스토리텔링을 할 필요가 있다. 스토리텔링은 매체 특성에 따라 영화·비디오·애니메이션·만화게임·광고 등의 원천적인 콘텐츠로 활용되고 있다.

프레젠테이션 발표에서 무작정 논리로 설명하기보다는 적절한 사례나 직접 경험했던 일들을 통해 스토리를 들려주면, 청중은 발표자의 프레젠테이션을 더 쉽게 기억할 수 있고 공감하게 된다. 이러한 효과 때문에 프레젠테이션에서 주장이나 설명할 내용에 대한 논리적 전개보다는 적절한 스토리를 찾는 것이 아주 중요하다.

스토리텔링이 된 프레젠테이션은 청중의 마음과 생각을 변화시킬 수 있다. 취업생이라면 스토리가 있는 자기소개서를 준비하여 자기를 표현하면 효과를 높일 수 있다.

스토리는 내용을 연결하여 이야기 구조가 될 수도 있고, 개인의 짧은 일화나 동화, 실제 사건 등의 원래 이야기를 일부 변경하여 대체할 수도 있다. 또한 스토리는 언제 어디서나 존재할 수 있으며 형식도 매우 다양하다. 그러나 진실성이 있어야 한다.

그러므로 공감하고 설득력 있는 프레젠테이션을 만들기 위해서는 무작정 제작하는 것보다 컨셉과 스토리 전개를 명확히 하여 준비하는 것이 완성도가 있다. 컨셉에 내용을 붙이면 스토리가 되고 흥미롭고 재미있는 스토리를 슬라이드에 실현화시켜 나가면 멋진 프레젠테이션을 구성할 수 있다. 구성된 이야기는 스토리보드를 통해 이미지화하여 내용을 시각화한 다음 제작하여 완성도를 높일 수 있다.

2.2 스토리텔링의 원칙

성공적 스토리텔링을 위하여 기본 구성요소와 아리스토텔레스의 설득력을 살펴보자.

1 스토리텔링의 기본 요소

잘 짜여진 스토리텔링에는 5가지 기본 구성요소가 있다. 스토리를 구성할 경우 기본 구성요소를 조합하여 구성하고 적절하게 가감하여 활용할 수 있다.

❶ 청중을 바라보며 진실성 있는 이야기로 자연스럽게 이야기하라.

❷ 노래에 리듬이 있고 듣기에 편안하듯이 이야기도 리듬을 만들어라.

❸ 여러 가지 다양한 경험담과 사례들을 이야기하라.

❹ 자신이 경험한 이야기와 함께 청중과 소통하라.

❺ 이야기 속에 갈등과 위험요소를 활용하라.

비타민워터 라벨의 스토리텔링

훗. 아침밥을 든든히 챙겨먹고 여유롭게 집을 나서는 건 일일연속극에서 나올 법한 일 아닐까요? 보통 알람 끄고 더 자다가, 눈썹을 휘날리며 뛰쳐나오잖아요?
택시비 이야기는 꺼내지도 마세요. 1초가 급한데, 왜 꼭 내 앞엔 모범택시만 있는 건지... 울며 겨자 먹기로 타고 말았다는, 그래서 오늘도 간신히 세.이.프 ;-□-) 꼬르륵

어쨌거나 느긋한 아침 식사와는 거리가 먼 우리 같은 사람도 영양을 채우고 살아갈 방법은 있더라고요. 이 음료 안에는 풍부한 비타민 C와 칼슘이 숨어 있어서 하루에 놓치기 쉬운 영양을 보충할 수 있다네요. 근데 도대체 몇 시에 일어나야 아침을 먹을 수 있을까요.

스토리텔링의 사례로는 비타민워터를 생각해볼 수 있다. 비타민워터는 제품을 둘러싸고 있는 라벨을 통해 소비자에게 스토리텔링을 하고 있다. 각각의 맛에 대한 스토리가 있으며 이러한 스토리를 통해 소비자들로부터 공감을 이끌어내고 있다.

2 아리스토텔레스의 설득력 3법칙

고대 그리스 철학자 아리스토텔레스는 사람을 설득하기 위해서는 3가지 법칙이 있다고 했다. 설득력 있게 말하기 위해 윤리적, 감성적, 이성적 측면이 모두 중요하다고 주장했다.

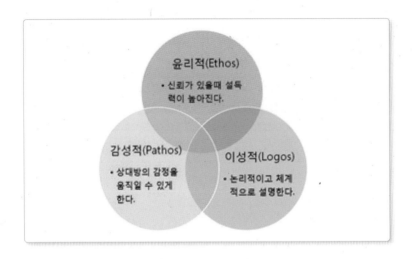

뛰어난 프레젠터로 알려진 스티브 잡스의 프레젠테이션에는 아리스토텔레스가 이야기한 설득력 있는 주장의 5단계를 따른다.

❶ 청중의 관심을 자극하는 이야기를 꺼낸다: 청중에게 전달하고 싶은 내용을 재미와 감동이 조화된 이야기로 구성하여 설득력을 더한다.

❷ 해결해야 할 문제나 대답해야 할 의문을 제시한다: 사례나 질문 등을 이용해 청중의 호기심을 효과적으로 자극한다.

❸ 제기한 문제에 대한 해결책을 제시한다.

❹ 제시한 해결책에 따른 구체적인 해택을 설명한다.

❺ 행동을 요청한다: 잡스의 경우 "이제 가서 사세요!"라는 말이 될 것이다.

출처: 스티브 잡스 프레젠테이션의 비밀, 카마인 갈로, 랜덤하우스

3 프레젠테이션에서 스토리텔링의 예

프레젠테이션을 시작할 때 청중의 주의를 환기하여 주의를 집중시키는 것이 중요하다.

❶ 프레젠테이션의 오프닝에서 스토리 시작의 좋은 예

청중에게 발표 내용에 대한 흥미를 불러일으키고 발표자에게 집중하도록 하는 말로 시작한다.

> 안녕하십니까?
> 와 주셔서 감사합니다.
> 오늘, 우리는 역사를 만들 것입니다.

❷ 프레젠테이션 오프닝에서 스토리 시작의 나쁜 예

일상적이고 평범한 인사말로 시작한다면 청중의 시선을 사로잡지 못하고 청중을 집중시킬 수 없다

> 안녕하세요.
> ABC 회사의 ○○○입니다.
> 먼저 저희 회사에 대해 말씀드리고,
> 새롭게 출시된 제품을 소개해
> 드리겠습니다.

❸ 스토리를 이용한 프레젠테이션 오프닝 예제

평범하고 지루한 인사보다 잔잔한 배경 음악을 바탕으로 이야기를 풀어내 청중들이 발표 내용에 대한 흥미를 느끼고 발표자에게 관심을 집중하게 된다.

2.3   스토리텔링을 위한 스토리보드

프레젠테이션의 슬라이드를 제작하기 전에 컨셉이 들어있는 스토리로 전개된 이야기의 흐름을 미리 각 슬라이드마다의 이미지로 시각화하여 표현함으로써 완성도를 높일 수 있다. 스토리보드는 각 슬라이드 내용을 어떻게 설정하고 표현할 것인가에 대한 핵심을 미리 나타내 표현해보는 계획서로서 최종 결과물을 위한 화면의 설계도라 할 수 있다. 예를 들어, 영화의 경우 제작을 위한 콘티 정도로 생각할 수 있다.

스토리보드의 구성에서는 전체적인 흐름을 만들고, 슬라이드를 기본 단위로 하여 슬라이드에 들어갈 내용, 기본 효과 등을 나타낸다.

이렇게 먼저 종이 위에 모든 것을 나타내 봄으로써 프레젠테이션 전체의 큰 그림을 볼 수 있고, 자신이 나타내고자 하는 내용을 순서에 맞게 정리함으로써 자연스럽게 연결할 수 있다.

스토리텔링화의 예

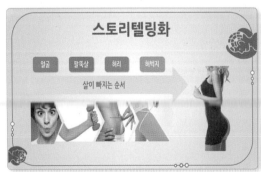
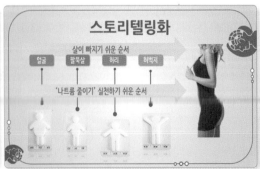

전체적인 발표 내용을 생각해보고 실천 방안에 대해 스토리텔링한다. 먼저 다이어트에서 비교적 빼기 쉬운 얼굴살−팔뚝−허리−허벅지 순서대로 가장 실천하기 쉬운 실천방안을 소개한다.

스토리보드의 예

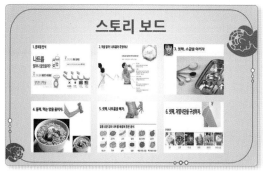
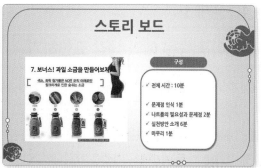

❶ 한국인의 현재 나트륨 섭취 현황을 소개하고 문제점을 인식하게 한다.

❷ 나트륨과 소금은 다르다. 소금에 있는 나트륨 함량과 나트륨의 필요성, 과다 섭취 시 생기는 문제점을 제시한다.

❸ S라인으로 가기 위한 필수코스! 나트륨을 배출하는 것이다. 배출을 돕는 칼륨이 많은 식품이 무엇인지 알아보자.

❹ 우리가 실천하기 조금 어려울 수 있는 저염식단을 구성해 하루 먹은 나트륨양을 계산해보자.

❺ 몸에 볼륨 넣기! 야채로 만드는 숨쉬는 소금 만들기에 대해 소개한다.

기존의 프레젠테이션 형식은 시대에 뒤처지고 있다. 이제는 이런 프레젠테이션에서 한 단계 업그레이드가 필요한 때다. 프레젠테이션 스토리는 발표자가 원하는 대로, 자신만의 스타일로 언제든 변화를 줄 수 있다. 발표자가 재미있다면 청중도 재미있어 할 수 있기 때문이다. 프레젠테이션은 결국 공감이다.

👆 TIP

스토리텔링의 아이디어를 고민할 때는 되도록 종이에 직접 펜으로 나타내는 것도 좋은 방법이 된다. 자신이 생각하는 내용을 단어나 그림, 연상되는 글 등으로 나타내보는 것이 필요하다.

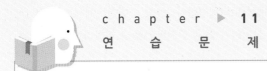

c h a p t e r ▶ **11**
연　습　문　제

연습문제 1

컨셉이 적용된 예와 색감 표현하기

❶ 광고로 유명해진 간식을 무의식적으로 선택했다면 그 이유는 무엇인가? 어떤 특징이 있는지 생각
해보자.

❷ 자신이 생각할 수 있는 주변 컨셉의 예제들을 찾아 토론해보자.

❸ 찾아낸 컨셉 예제에서 컨셉을 표현하기 위한 색감에 대해 토론해보자.

연습문제 2

자기소개에 대한 기획서 작성하기

자기소개에 대한 컨셉을 생각해보고, 스토리텔링이 포함된 기획서를 작성해보자. 기획서에서 마인드
맵을 활용하여 컨셉을 찾아내고, 스토리보드로 전체적인 흐름을 구성해보자.

TIP　자신의 멘토에 대한 이야기나 배운 지혜를 스토리로 구성해 포함시켜본다.

» **프레젠테이션 기획서**

1	**주제**	나트륨 줄이기
2	**기획 의도**	최근에 나트륨 소비량이 증가하면서 성인병이 증가하였으므로 나트륨을 줄이기 위해 일상에서 쉽게 실천 할 수 있는 나트륨 줄이기 실천방안들 소개
3	**컨셉**	<u>나트륨 다이어트</u>

4	컨셉 내용 컨셉표현 방식	나트륨을 다이어트하자. 나트륨을 다이어트에 접목시켜 나트륨을 다이어트 하는 것만으로 몸이 날씬해지는 것을 시각화한다. 세부적으로는 다이어트 할 때 살이 빠지기 쉬운 순서가 있다. 먼저 1.얼굴 2.팔 3.허리 4.다리 순서로 빠지는 데 이 순서를 나트륨을 줄이는 실천하기 쉬운 순서대로 접목한다. 나트륨 다이어트에 대한 컨셉이기 때문에 바다의 느낌을 줄 수 있는 하늘색과 소금의 흰색을 전체적인 색감으로 이용할 예정이고, 내용구성은 사람들이 받아들이고 쉽게 따라 할 수 있도록 글 보다는 그림으로 시각화하여 실천 방안들을 소개하는 것이 도움이 될 것이다.
5	마인드 맵	

6	자료 조사	인터넷 (나트륨 줄이기 운동본부), (식약처 사이트)활용
7	기획의 스토리텔링화	1. 현재 나트륨 섭취수준을 밝히고 문제점을 인식하게 하자. 2. 체내의 나트륨을 다이어트 해 보자. 적을 알고 나를 알자. 나의 몸에 대해서 파악하기 전에 나트륨이 뭔지에 대해서 알아본다. 3. 나트륨 다이어트를 시작해보자. - 첫 번째, 가장 쉬운 얼굴살빼기-> 조리시 소금을 아끼자. - 두 번째, 팔뚝 살 빼기->먹는 음식의 양을 줄여보자. - 세 번째, 허리 살 빼기->몸에 쌓인 나트륨을 빼내 보자. 칼륨은 나트륨을 빼내줄 수 있는 최고의 약이다. 칼륨은 과일과 채소에 많다! 과일과 채소를 찾아서 먹도록 하자. 채소와 과일 쉐이크 만들기 소개 - 네 번째, 허벅지 살 빼기 - 다이어트의 난코스. 모든 식단을 저염식으로 구성해 보자. - 보너스! 몸에 볼륨 넣기 -S라인을 위한 필수 코스! 빵빵하게 볼륨넣기 과일소금에 대해서 아시나요? 과일소금에 대한 소개. -마무리 작은 실천만으로도 체내에 있는 나트륨을 최소화 할 수 있고 건강을 지킬 수 있다!
8	스케줄 관리	10/20~10/25 기획서 제작 (ppt 활용) 10/26~11/1 기획서 발표 준비 (중간) 11/3~11/12 자료수집 11/13~22 PPT 제작 11/24~ 발표연습 (시뮬레이션, 발표시간 조정)

9	마인드맵	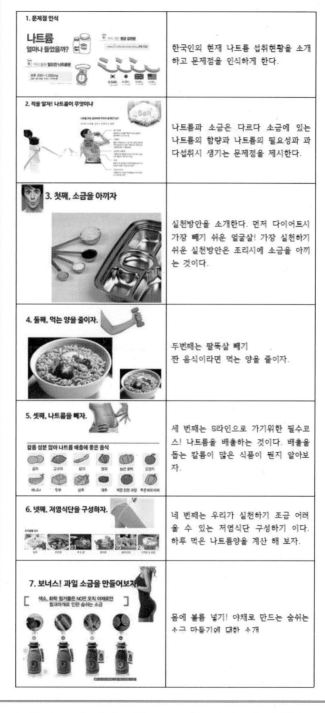

		1. 문제점 인식	한국인의 현재 나트륨 섭취현황을 소개하고 문제점을 인식하게 한다.
		2. 적을 알자! 나트륨이 무엇이냐	나트륨과 소금은 다르다 소금에 있는 나트륨의 함량과 나트륨의 필요성과 과다섭취시 생기는 문제점을 제시한다.
		3. 첫째, 소금을 아끼자	실천방안을 소개한다. 먼저 다이어트시 가장 빼기 쉬운 얼굴살! 가장 실천하기 쉬운 실천방안은 조리시에 소금을 아끼는 것이다.
		4. 둘째, 먹는 양을 줄이자.	두번째는 팔뚝살 빼기 짠 음식이라면 먹는 양을 줄이자.
		5. 셋째, 나트륨을 빼자.	세 번째는 S라인으로 가기위한 필수코스! 나트륨을 배출하는 것이다. 배출을 돕는 칼륨이 많은 식품이 뭔지 알아보자.
		6. 넷째, 저염식단을 구성하자.	네 번째는 우리가 실천하기 조금 어려울 수 있는 저염식단 구성하기 이다. 하루 먹은 나트륨양을 계산 해 보자.
		7. 보너스! 과일 소금을 만들어보자	몸에 볼륨 넣기! 야채로 만드는 숨쉬는 소금 만들기에 대한 소개

10	마무리	S라인을 완성하기 위해서는 나의 모든 식습관 하나하나가 개선되어야 하고, 그것을 유지하기 위해서는 습관을 만들어야 한다. 습관을 만들어 S라인을 완성하자!

스토리 구상하기

M 햄버거 회사에서 새로운 메뉴가 출시되었다. 햄버거 회사의 장점을 살려 새로운 메뉴를 선전하고 가치를 알릴 수 있도록 자신만의 프레젠테이션을 구상하려 한다. 더 효과적으로 스토리를 구성할 수 있는 방법을 생각해보자.

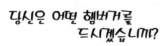

슬라이드 디자인 원리

학습목표

슬라이드 디자인 원리에서는 레이아웃, 타이포그라피, 컬러, 이미지, 스토리텔링으로 나누어 살펴본다. 전체적으로 통일성과 조화를 이루어 내기 위한 요소들로 5가지 원리로 구분하고 이를 효과적으로 적용하는 방법을 알아본다.

01   레이아웃 다루기

레이아웃은 기본적으로 파워포인트에서 디자인을 적용하면 레이아웃이 구성되어 있다. 그러나 주제에 맞는 레이아웃이 아닐 수도 있으므로 직접 레이아웃을 제작한다.

1.1   레이아웃 기본

레이아웃은 전체 화면의 비율을 다양하게 구성할 수도 있지만 기본적으로 2:1, 2:2, 3:1, 4:1, 1:3, 1:4로 구성할 수 있다. 이러한 레이아웃을 변형하면 더 다양하게 디자인을 구성할 수 있다. 레이아웃에 맞춰 구성한 슬라이드는 전체적으로 균형 잡힌 슬라이드를 제작할 수 있고, 개체의 배치가 쉬워진다.

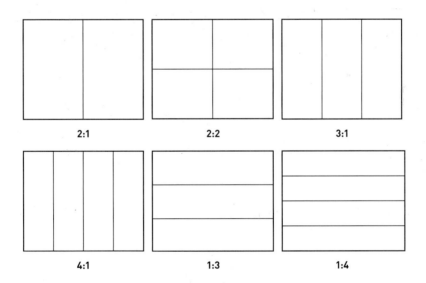

1.2 눈금선과 안내선 이용

레이아웃을 구성할 때 슬라이드의 눈금선과 안내선을 이용하면 편리하다. 눈금선과 안내선은 [보기]-[표시] 메뉴에서 체크를 하면 볼 수 있다. 단축키로서 눈금선은 Shift + F9 , 안내선은 Alt + F9 로 사용할 수 있다.

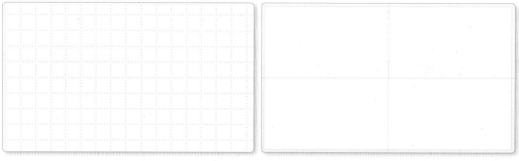

눈금선   안내선

눈금선과 안내선의 설정값을 바꾸기 위해서는 [표시]의 [자세히] 버튼(⬛)을 클릭하여 [눈금 및 안내선] 창을 연다. 눈금의 간격을 값으로 정확하게 설정할 수 있다. 안내선 설정에서는 [도형 맞춤 시 스마트 가이드 표시]에 체크해두면 맞춤 명령을 사용하지 않더라도 도형을 움직일 때 스마트 가이드에 따라 정렬할 수 있어 편리하다.

일반적으로 제안용 레이아웃은 다음의 형태를 많이 띤다. 맨 위쪽이 슬라이드 제목이 들어가고 요약 부분에는 본문을 요약하여 나타낸다.

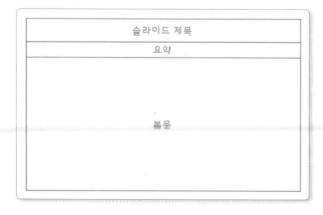

1.3 레이아웃 사용 비교

레이아웃을 사용하지 않고 무작위로 이미지들을 배치한 사례와 레이아웃을 이용한 이미지 배치의 사용 비교를 살펴본다. 다음은 레이아웃을 사용하지 않은 그림 배치다. 슬라이드에서 무엇을 강조하고 이야기하고자 하는지 주제가 분명하지 않다. 물론 제목에서 그 주제를 찾을 수 있지만 각 이미지마다 자르기 기능 및 배치를 조절함으로써 이미지 자체에서도 주제를 표현할 수 있다.

레이아웃 사용 전

위의 슬라이드에 있는 이미지를 이용하여 주어진 레이아웃을 기반으로 이미지를 배치한다.
레이아웃을 이용하면 이미지들을 배치하기 쉽고 레이아웃뿐만 아니라 이미지, 컬러 등을 모두 활용하면 같은 이미지라도 다른 느낌을 낼 수 있으며, 슬라이드에서 주제를 살릴 수 있다.

레이아웃 사용 후

02　타이포그래피 다루기

타이포그래피(글꼴)는 메시지 전달과 조형 목적에 매우 중요한 요소이다. 폰트의 선택이나, 사이즈, 스타일, 단락, 행간 등을 보기 좋게 꾸미는 것으로 멋있는 디자인을 만들어내는 것이 가능해진다. 플랫디자인에서는 그래픽 요소들을 최대한 심플하게 표현하는 대신 사용자가 인지를 돕기 위한 또 다른 수단으로 타이포그래피를 활용한다. 타이포그래피는 텍스트로 정보를 전달하기 때문에 아이콘에 비해 목적을 명확하게 전달할 수 있는 장점을 가진다. 정보를 가장 직관적으로 전달하는 수단이라는 점에서 정보 전달 표현수단으로 타이포그래피가 중요하게 다뤄진다.

2.1　추천 글꼴 및 텍스트 크기

기본적으로 추천하는 글꼴은 한글은 HY견고딕, 맑은고딕(B), HY헤드라인M, 영문은 Arial(B), Tahoma(B), Trebuchet MS(B)이다. 슬라이드 분위기에 따라 더 가늘거나 포인트 부분에 특이한 서체를 하나씩 사용해도 좋다. 그러나 슬라이드 전체에 가늘거나 예쁜 서체를 사용하면 가독성이 떨어지거나 집중력이 떨어지는 경우가 발생한다.

전체 글꼴

한글	영어
HY견고딕	Arial(B)
맑은 고딕(B)	Tahoma(B)
HY헤드라인M	TrebuchetMS(B)

텍스트 크기

	발표용	인쇄용
제목	40pt	24pt
수준1	28pt	18pt
수준2	24pt	14pt
수준3	18pt	11pt

타이포그래피는 매번 포인트를 바꿔가면서 적용하는 것이 아니라 슬라이드 마스터에 적용해 놓거나 테마 글꼴 만들기를 통해 미리 테마로 만들어놓고 사용할 수 있다.

[디자인]-[적용]-[글꼴]을 통해 전체 글꼴을 테마로 지정한다.

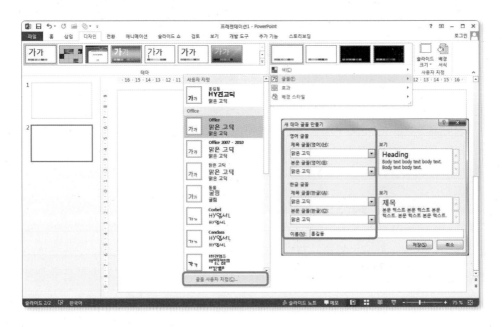

또한 제목인 경우나 시각적으로 돋보이는 텍스트를 사용해야 할 경우에는 WordArt 스타일을 이용하는 것도 좋은 방법이다.

2.2 타이포그래피 사용 시 고려 사항

타이포그래피에 관해서는 여러 가지 룰이 있다. 이 룰을 잘 지키면 품질 좋은 디자인을 할 수 있으며, 거의 모든 사항에서 나쁜 디자인은 되지 않는다. 몇 가지 룰을 살펴보면 다음과 같다.

■1 3가지 정도의 폰트를 사용한다.

가장 많은 실수 중 하나가 여러 가지 다양한 폰트를 사용하는 것이다. 하나의 요소에 여러 종류의 폰트를 사용하면 읽기 어려워지고 메시지 전달이 어렵다. 되도록 3개 정도로 정하는 것이 좋다.

■2 적절한 자간과 행간을 사용(텍스트 효과)한다.

문장이 여러 줄이 되는 경우에, 충분하게 위/아래 행간을 넓혀야 한다. 공간이 너무 좁으면 가독성이 떨어지기 때문이다.

3   가독성이 높은 폰트를 사용한다.

강조나 포인트를 주고 싶은 부분에 유니크한 폰트를 사용하는 것은 좋지만, 본문에서 데코레이션의 특성이 강한 폰트를 많이 사용하면 쓸데없는 디자인이 단순한 문장의 가독성을 어렵게 만든다. 특히 본문 내용에는 어려운 폰트를 사용하지 않고 가독성이 좋은 폰트를 사용한다. 또한 워드아트 스타일은 제목에 주로 사용한다.

4   배경이 복잡하여 사진이나 문자를 읽기 어렵다.

아무리 멋있는 디자인이라 해도 문자를 읽어내는 것이 안 된다면 의미가 없다. 사진을 배경으로 하고 그 위에 문자를 올리는 패턴이 보통이지만 이때 문자의 가독성을 유지해야 한다.

5   문장의 들여쓰기 시작점이 맞지 않거나 주변에 여백이 부족하다.

들여쓰기, 목록수준을 맞추는 것은 타이포그래피의 기본이다. 이것이 잘 되지 않은 경우가 많이 발생하는데 특히 상부와 좌측이 조금이라도 빗겨나간 경우에는 콘텐츠에 흥미를 잃기 어렵다. 틀네티 기호를 잘 활용하여 문장을 전체적으로 깔끔하게 정리하는 것이 가독성에 좋다. 특히 타이틀과 본문, 본문에서도 수준별로 문자 사이즈의 밸런스를 잘 조절해야 한다. 이 문제도 목록수준을 활용하면 쉽게 해결할 수 있다. 이외에도 문자 균형맞추기(종결어미, 글자 수) 등이 있다.

SW교육 못지않게 보안윤리교육도 중요

➢SW교육 의무화 방침이 확정되면서 관련 업계와 학계의 관심이 뜨겁다. 이미 초.중학생을 대상으로 한 SW교육을 선보임

➢SW교육도 중요하지만 충분한 준비가 되지 않은 상태에서 교육이 진행되면 오히려 역효과가 날 수 있다는 우려도 있음

➢한국인터넷진흥원

• 초등학생 • 고등학생
• 중학생 • 대학생

SW교육 못지않게 보안윤리교육도 중요

➢ SW교육 의무화 방침이 확정되면서 관련 업계와 학계의 관심이 뜨겁다. 이미 초.중학생을 대상으로 한 SW교육을 선보임.

➢ SW교육도 중요하지만 충분한 준비가 되지 않은 상태에서 교육이 진행되면 오히려 역효과가 날 수 있다는 우려도 있음

➢ 한국인터넷진흥원 조사
 ▪ 초등학생 40% ▪ 고등학생 50%
 ▪ 중학생 20% ▪ 대학생 70%

✋ TIP   무료서체 사용

기업마다 무료서체를 제공하는 곳이 많다. 예쁜 서체를 직접 다운로드 받아 컴퓨터에 설치해서 사용하는 것도 좋은 방법이다. 다만 다른 컴퓨터로 이동할 경우 기본 서체가 아니면 꼭 서체를 가지고 다니거나 파일을 저장할 때 폰트를 포함시키는 방법이 필요하다.

네이버 자료실의 무료폰트를 제공하는 곳에 다양한 서체들이 제공되고, 'KT&G 상상체'와 같은 경우도 기업서체로 제공된다.

출처: 네이버자료실

2.3   타이포그래피 사용 전/후

일반적으로 기본 서체를 많이 사용하는데 서체를 조금만 바꾸어도 다른 분위기를 낼 수 있다. 이때 타이포그래피는 [서식]–[WordArt 스타일]–[텍스트 효과]–[변환]–[휘기]–[사각형]을 이용하면 장체와 평체 등 글자 크기를 마음껏 변형시킬 수 있다.

03   컬러 다루기

컬러를 다루는 것은 다소 어려운 점이 있다. 컬러는 미묘한 분위기를 자아내고 싶으면 3가지 유사색을 선택하고, 더 흥미롭고 극적인 효과를 노린다면 5~7가지 색을, 패션에 적용할 때는 3가지 색을 선택하는 것이 효과적이다. 디자인에서 컬러를 선택할 경우에는 다음 사항들을 고려한다.

3.1   주제에 맞는 색을 사용

주제에 따라 색상 선택도 달라진다. 예를 들어 부와 관련되면 금색을 주로 사용하고 자연을 주제로 하면 녹색 종류를, 하늘이나 바다를 주제로 할 경우 파랑색을 선택한다. 이렇듯 주제에 따라 색을 선택하면 주제를 더 잘 살릴 수 있다.

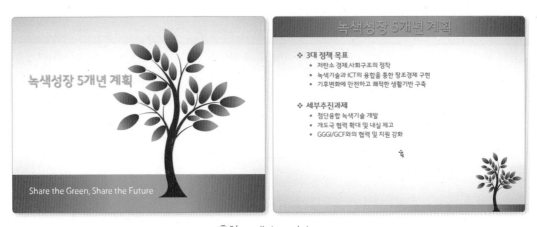

출처: smiletemplates

1 색상표 사용하기

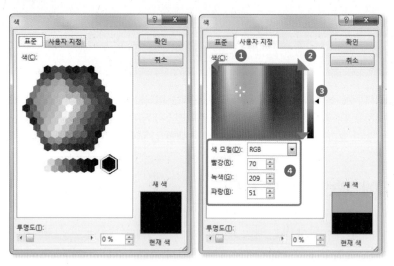

표준색상표에서는 한 가지 색을 지정해서 사용할 수 있다. 아래쪽의 투명도는 색상 투명도를 나타낸다. 사용자 지정에서 색에는 색의 3속성인 색상, 명도, 채도를 모두 나타내고 있다. ❶은 색상을 나타내며 빨강, 주황, 노랑, 초록, 파랑, 남색을 말한다. ❷는 색의 맑고 탁함을 나타내는 채도이다. 채도는 색 모델을 HSL로 선택하고 색상표에서 위 아래로 움직이면 위치에 따라 채도값이 변화되는 것을 알 수 있다. ❸은 왼쪽의 색에서 지정한 색의 밝기를 나타내는 명도이다. 바에서 위아래로 움직이면 HSL 색 모델을 선택하여 맨 아래 명도값이 변화되는 것을 알 수 있다. ❹는 RGB값으로 색상을 설정할 수 있다.

2 밝기(명도)를 조정

컬러 사용 시 3가지 이하의 색을 사용하면 좋다. 그럴 경우 색 사용이 제한되어 사용하기가 어렵다. 그러면 테마색에서 명도를 조절해서 사용하면 다양한 색상의 표현이 가능하다. 그림에서 맨 아래는 표준색이라고 하여 기본색상표가 보여지고 테마색은 테마마다 색상 구성이 다르게 구성되어 있으므로 테마색을 다른 색으로 선택해서 사용해도 된다. 테마색에서 아래쪽으로는 밝기로 표현되므로 같은 그룹의 색상은 밝기 조정으로 다른 색처럼 표현하는 것이 색 구성에 좋은 방법이다.

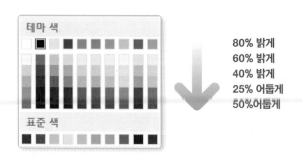

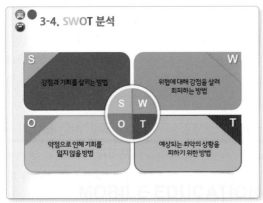

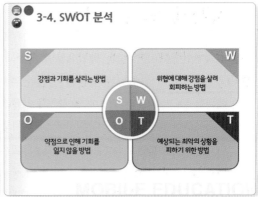

색 적용 일반적 슬라이드   명도대비, 유사대비 적용 슬라이드

출처: ppt월드

③ 테마색을 이용하는 방법

테마색을 선택하는 방법은 [디자인]−[적용]−[색]을 이용하면 다음과 같이 테마 이름이 나타난다. 테마를 선택해서 사용하면 적용된 디자인에 다른 색 구성표를 사용할 수 있다. 사용자 지정에서는 주어진 테마 외에 사용자가 직접 색을 구성하여 사용할 수 있다.

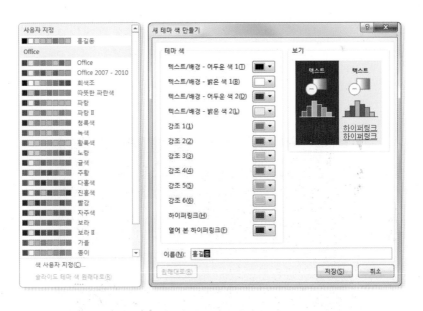

3.2   유사색/보색을 사용

색상 선택에서 실수하지 않는 방법으로 유사색과 보색을 이용하는 방법이 있다. 유사색은 색상환에서 ❶과 같이 바로 옆에 있는 색들을 말한다. 이 색들은 색의 대비가 낮아 조화롭고 눈에 거슬리지 않게 배색할 수 있어 컬러 조합에 실패하지 않을 확률이 높다.

보색은 색상환에서 ❷와 같이 맞은편에 있는 색을 말하다. 보색은 색상 거리가 가장 멀리, 색상 차이가 크며, 서로 마주보면서 강한 대비를 이루므로 강렬하고 화려한 느낌을 표현한다. 대표적인 보색의 예로 빨강-청록, 연두-보라, 주황-파랑, 노랑-남색 등을 들 수 있다. 보색은 서로에게 놀라울 만큼 아름다운 영향을 미칠 수도 있으나 잘못 사용하면 부조화가 일어날 수도 있다.

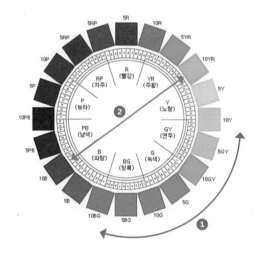

유사색/보색적용 색 구성표

1 색채 이미지 공간

색에 관한 감각적 판단을 보다 객관적으로 전개하기 위해 개발된 체계다. 색채 이미지를 형용사의 의미분별법을 이용하여 측정하고 이를 통계적으로 처리하여 색채 이미지를 결정하는 기준을 추출하였다. 그리고 그 기준에 따라 이미지 공간을 설정하고, 각각의 색을 고유한 이미지 공간상의 위치에 배치시킨 것이다.

색채 이미지 공간은 가로 방향의 동적인(dynamic) – 정적인(Static), 세로 방향의 부드러운(Soft) – 딱딱한(Hard)으로 이뤄지며 이러한 공간은 단색 공간, 배색 공간, 형용사 공간 모두 동일하게 이뤄져 있으므로, 상호 이미지적 대입/전환이 가능하도록 되어 있다. 따라서 다양한 디자인 분야에서 색채 이미지적 해석을 보다 객관적이고 쉽게 전개할 수 있도록 하는 도구이다. 공간 위의 모든 단색. 배색은 색상(Hue) & 색조(Tone) 120색에 의한 것이고 모든 형용사는 배색 DB와 연결되어 있어 보다 편리하고, 폭넓은 활용이 될 수 있도록 하였다.

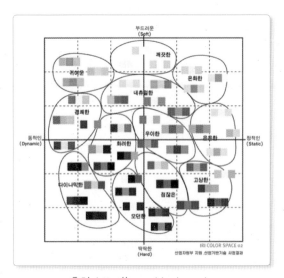

출처: http://www.iricolor.co.kr

2 주조색, 보조색, 강조색을 구분

전체 슬라이드에서 되도록 색상을 3가지 이하로 사용하는 것이 좋으나 특별한 경우에는 다양한 색을 사용할 수도 있다. 그중에서는 모든 색을 골고루 사용하는 것이 아니라 주조색과 보조색, 강조색을 나누어 사용하는 것이 좋다. 주조색은 전체의 70%, 보조색은 25%, 강조색은 5%로 하여 강조색을 보자마자 눈에 띄어 강조의 느낌이 들도록 하는 것이 좋다.

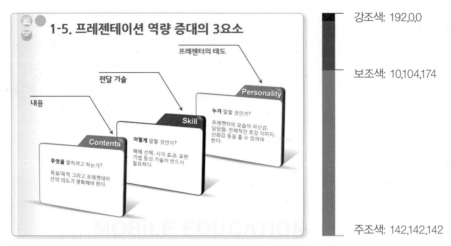

출처: PPT월드

3.3 브랜드 색을 사용

기업이나 학교와 관련되어 슬라이드를 작성하고자 할 경우 브랜드 색을 사용하면 호감을 받을 수 있다. 예를 들어 CNHTEC 기업의 브랜드 색은 연두색과 파란색이다. 슬라이드를 디자인할 때 연두색이나 파란색을 주조색으로 하고 다른 컬러는 보조색과 강조색으로 지정한다. 전체의 70%는 주조색, 25%는 보조색, 5%는 강조색으로 사용하면 적당하다.

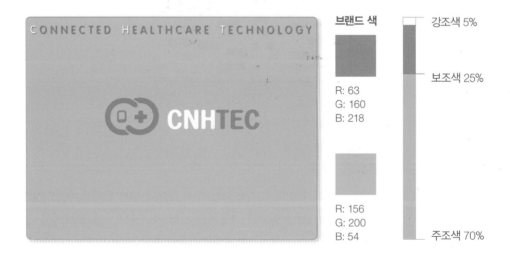

04 이미지 다루기

슬라이드에 이미지 사용은 내용을 이해하기 쉽고 정확하게 전달하는 역할을 한다. 따라서 이미지는 배치하는 구도, 방향, 자르기 등을 신경써야 한다.

4.1 이미지 3분할 및 트리밍

이미지를 배치할 때는 3분할법을 이용하여 이미지와 다른 개체들을 배치하면 매우 좋은 구도로 안정감 있는 구도를 사용할 수 있다. 특히 이미지의 특정 부분을 강조하고자 할 경우에는 적당한 이미지 트리밍이 효과적이다.

1 이미지 3분할

3분할법은 화면을 가로/세로 3개의 선으로 화면을 9등분하여 나누고 개체를 점에 위치시키거나 선에 위치시키는 것을 말한다. 가장 기본적인 구도이고 화면 구도를 잘 모르는 초보자에게 개체의 배치를 구도에 맞게 할 수 있는 가장 쉬운 방법이다.

2 이미지 트리밍

트리밍은 이미지의 특정 부분을 잘라내기 하는 것을 말한다. 전체 이미지를 모두 사용하는 것보다 특정 영역만 사용하는 것이 이미지를 부각시키는 데 효과적이다. 아래의 이미지를 보면 왼쪽 이미지는 전체 슬라이드에서 시선이 전체 이미지로 분산된다. 그러나 트리밍을 통해 이미지를 자르기 하면 집중되는 영역을 한 곳으로 시선을 모을 수 있다.

트리밍 사용 전   트리밍 사용 후

3 이미지 시선처리

우리의 시선 흐름은 왼쪽에서 오른쪽, 오른쪽에서 왼쪽 아래쪽, 또는 왼쪽 위에서 오른쪽 아래로 흐르는 경향이 있다. 따라서 이미지의 시선처리는 강조하려는 메시지 방향으로 향하게 하는 것이 메시지에 시선을 집중시키는 데 아주 효과적이다.

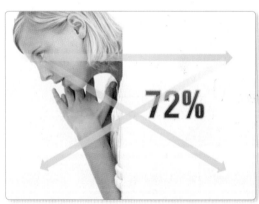

시선처리 사용 전   시선처리 사용 후

4.2 이미지 배경 활용하기

이미지가 jpg 파일인 경우 배경이 흰색으로 나타나는 경우가 많다. 이때 배경을 투명처리만 하여도 배경과 이미지가 자연스럽게 보일 수 있다.

1 이미지 배경 투명처리

포토샵에서 배경을 투명처리하여 png 파일로 저장한 후 사용하면 가장 좋은 방법이다. 그러나 파워 포인트에서 쉽게 이미지 배경을 투명처리 하고자 할 경우에는 [서식]—[조정]—[색]—[투명한 색설정]에서 투명하게 설정하고 싶은 색을 클릭하면 된다. 이때 아래 이미지를 보면 배경색이 흰색이고 사람들의 옷도 흰색이 있을 경우 흰색 옷도 함께 투명 처리될 수 있다. 이럴 경우에는 [서식]—[조정]—[배경 제거]를 이용하면 포토샵만큼 정교하지는 못하지만 그런대로 배경을 투명하게 처리할 수 있다.

이미지 배경 투명처리 전

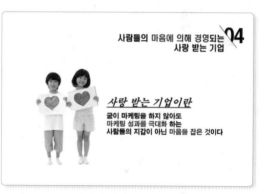

이미지 배경 투명처리 후

2 이미지를 배경으로 사용

이미지를 배경으로 사용할 경우에는 세심한 주의가 필요하다. 만약 아래 그림과 같이 정보의 일부분으로 사용할 경우에는 이미지 투명도를 100%해도 무방하다. 이때 텍스트를 넣으면 텍스트에 집중할 수 없다. 이 경우 텍스트 배경에 상자의 투명도를 낮게 하면 텍스트도 잘 보이고 집중도 잘 된다.

이미지 배경 텍스트 부각 전

이미지 배경 텍스트 부각 후

4.3   텍스트 표현을 이미지로

많은 초보자들은 슬라이드를 텍스트로 만들기 좋아한다. 아마도 텍스트가 담고 있는 의미를 하나의 이미지로 전달하기가 쉽지 않기 때문일 것이다. 텍스트는 되도록 도형이나 스마트아트, 이미지로 전달할 수 있으면 더 풍부하게 전달하고 오래 기억에 남게 할 수 있다. 다음 그림에서 어느 것이 더 기억에 오래 남을까?를 생각해보면 답을 얻을 수 있다.

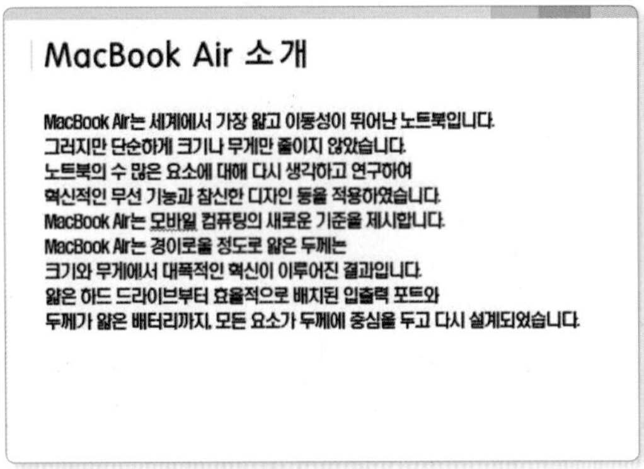

이미지로 정보 전달 전

이미지로 정보 전달 후

05 스토리텔링 활용하기

프레젠테이션을 스토리로 전개하면 재미와 감동이 달라진다. 사실을 그대로 전달하는 것보다는 스토리로 전개하면 독자들을 집중시키고, 논리적으로 유인할 수 있다. 이것은 청중들로 하여금 잡념을 쫓아버리는 역할을 하는 동시에 흥미 유발의 기회를 만들 수 있다.

5.1 스토리에 맞는 이미지 사용

스토리에 부합하는 이미지나 멀티미디어적 요소를 찾는 것은 쉽지 않다. 설명하고자 하는 내용에 적합한 이미지를 합께 삽입하여 표현해야 독자들이 쉽게 이해하고 전달받을 수 있기 때문에 스토리에 부합하는 이미지를 찾는 것은 매우 중요하다. 스토리에 맞는 슬라이드를 디자인하기 위해서는 높은 해상도의 이미지와 더불어 단순하면서도 직관적 이미지를 사용하는 것이 좋다.

5.2   질문을 통한 호기심 자극하기

마케팅 기획 전략을 설명하는 프레젠테이션에서 처음부터 답답한 이론이 나열된 슬라이드를 보여주면서 그 중요성을 전달하려 한다면 청중의 반응은 어떨까? 아마도 졸지는 않더라도 관심과 호기심을 자극할 수는 없을 것이다. 이때는 사례나 질문을 통하여 호기심을 자극하면서 주제를 효과적으로 전달하는 스토리 전개 방법을 사용하는 것이 좋다.

5.3   복잡하면 내용을 분리하여 구성하기

하나의 슬라이드에 많은 내용을 담으려 하지 말고 슬라이드 내용이 복잡하면 내용을 분리하여 구성하는 것이 좋다. 단, 내용을 분리할 때는 스토리 흐름에 따라 내용을 분리하여야 한다. 내용을 보지 않더라도 슬라이드를 넘김으로써 자연스럽게 이야기가 흘러가도록 한다. 이렇듯 스토리의 극적 전개는 슬라이드와 내용을 분리하는 방법만으로도 효과적인 결과를 만들 수 있다. 인트로(시작)와 엔딩(끝)에서 전체 요약을 보여주고 중간에 내용을 분리하여 전개하는 방법을 사용한다.

5.4   뻔하지 않은 스토리 찾기

프레젠테이션에서의 스토리는 거창한 것만 있는 것은 아니다. 어떠한 내용을 효과적으로 보여줄 때 나름대로의 컨셉과 구성을 적용하면 그것 또한 스토리라 할 수 있다. 특히 차트나 표로 정보를 표현하는 것은 너무나 당연하다. 그러나 남들과 똑같은 뻔한 표현은 식상하기 쉽다. 제시된 슬라이드는 기본적 차트로 되어 있는 것을 사람 형태의 모양으로 바꾸어 직관적으로 표현하였다.

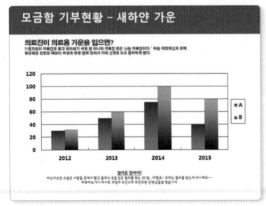 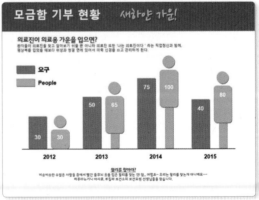

출처: PPT월드

찾아보기

영문 찾아보기